米良文库

米良随笔

主编：陈良臣

光启文库

光启随笔　　光启讲坛

光启学术　　光启读本

光启通识　　光启译丛

光启口述　　光启青年

主　编：陈　恒

学术支持：上海师范大学光启国际学者中心

策划统筹：鲍静静

责任编辑：朱　健

多重面孔的克尔凯郭尔

王 齐 著

商务印书馆
The Commercial Press

图书在版编目（CIP）数据

多重面孔的克尔凯郭尔 / 王齐著. — 北京：商务印书馆，
2023
（光启文库）
ISBN 978 － 7 － 100 － 22500 － 7

Ⅰ.①多…　Ⅱ.①王…　Ⅲ.①克尔凯郭尔 (Kierkegaard,
Soeren 1813-1855) — 人物研究②克尔凯郭尔 (Kierkegaard,
Soeren 1813-1855) — 哲学思想 — 研究　Ⅳ.①B534

中国版本图书馆 CIP 数据核字（2023）第091795号

权利保留，侵权必究。

多 重 面 孔 的 克 尔 凯 郭 尔
王 齐 著

商 务 印 书 馆 出 版
（北京王府井大街36号 邮政编码 100710）
商 务 印 书 馆 发 行
山 东 临 沂 新 华 印 刷 物 流
集 团 有 限 责 任 公 司 印 刷
ISBN 978 － 7 － 100 － 22500 － 7

2023年8月第1版　　　开本 889×1194　1/32
2023年8月第1次印刷　　印张 11½

定价：86.00元

出版前言

梁启超在《清代学术概论》中认为，"自明徐光启、李之藻等广译算学、天文、水利诸书，为欧籍入中国之始，前清学术，颇蒙其影响"。梁任公把以徐光启（1562—1633）为代表追求"西学"的学术思潮，看作中国近代思想的开端。自徐光启以降数代学人，立足中华文化，承续学术传统，致力中西交流，展开文明互鉴，在江南地区开创出海纳百川的新局面，也遥遥开启了上海作为近现代东西交流、学术出版的中心地位。有鉴于此，我们秉承徐光启的精神遗产，发扬其经世致用、开放交流的学术理念，创设"光启文库"。

文库分光启随笔、光启学术、光启通识、光启讲坛、光启读本、光启译丛、光启口述、光启青年等系列。文库致力于构筑优秀学术人才集聚的高地、思想自由交流碰撞的平台，展示当代学术研究的成果，大力引介国外学术精品。如此，我们既可在自身文化中汲取养分，又能以高水准的海外成果丰富中华文化的内涵。

文库推重"经世致用"，即注重文化的学术性和实用性，既促进学术价值的彰显，又推动现实关怀的呈现。文库以学术为第一要义，所选著作务求思想深刻、视角新颖、学养深厚；同时也注重实用，收录学术性与普及性皆佳、研究性与教学性兼顾、传承性与创新性俱备的优秀著作。以此，关注并回应重要时代议题与思想命题，推动中华文化的创造性转化与创新性发展，在与国外学术的交流对话中，努力打造和呈现具有中国特色的价值观念、思想文化及话语体系，为夯实文化软实力的根基贡献绵薄之力。

文库推动"东西交流"，即注重文化的引入与输出，促进双向的碰撞与沟通，既借鉴西方文化，也传播中国声音，并希冀在交流中催生更绚烂的精神成果。文库着力收录西方古今智慧经典和学术前沿成果，推动其在国内的译介与出版；同时也致力收录汉语世界优秀专著，促进其影响力的提升，发挥更大的文化效用；此外，还将整理汇编海内外学者具有学术性、思想性的随笔、讲演、访谈等，建构思想操练和精神对话的空间。

我们深知，无论是推动文化的经世致用，还是促进思想的东西交流，本文库所能贡献的仅为涓埃之力。但若能成为一脉细流，汇入中华文化发展与复兴的时代潮流，便正是秉承光启精神，不负历史使命之职。

文库创建伊始，事务千头万绪，未来也任重道远。本文库涵盖文学、历史、哲学、艺术、宗教、民俗等诸多人文学科，需要不同学科背景的学者通力合作。本文库综合著、译、编于一体，也需要多方助力协调。总之，文库的顺利推进绝非仅靠一己之力所能达成，实需相关机构、学者的鼎力襄助。谨此就教于大方之家，并致诚挚谢意。

清代学者阮元曾高度评价徐光启的贡献，"自利玛窦东来，得其天文数学之传者，光启为最深。……近今言甄明西学者，必称光启"。追慕先贤，知往鉴今，希望通过"光启文库"的工作，搭建东西文化会通的坚实平台，矗起当代中国学术高原的瞩目高峰，以学术的方式阐释中国、理解世界，让阅读与思索弥漫于我们的精神家园。

上海师范大学光启国际学者中心

2020年3月

前　言

克尔凯郭尔在他的日记中曾写下这样的句子："我是具有两副面孔的雅努斯，我以一副面孔哭，以另一副面孔笑。"这句话被广泛引用，作为对克尔凯郭尔充满矛盾的生活及其反讽的写作风格的佐证。我以《多重面孔的克尔凯郭尔》作为克尔凯郭尔研究论文集的标题，主要是想表达这样一个意思：面对克尔凯郭尔这样的非学院派哲学家，我们在立足其原始文本的前提下，要不断从当代的视角、从研究者所处文化的视角出发，与原始文本对话，开掘出文本的多重意义。从这个角度出发，无论是"两副面孔"还是"复调结构"，都不足以概括克尔凯郭尔作品的全部内涵。这个认识，我想或许可以推至哲学史研究。

感谢商务印书馆上海分馆鲍静静总编辑慷慨接纳本文集入"光启文库"，荣幸之至。收入本文集的24篇文章，主体是研究论文，外加研究报告、书评和著译者言。我把它们分为三辑：多重面孔的克尔凯郭尔，哲学史上的克尔凯郭尔，克尔凯郭尔研究剪影。在这些旧作中，最早的论文《克尔凯郭尔著述中的"伦理"概念释义》发表于1996年，那时我刚进哲学所工作不久；2015年发表的《看、听、信——克尔凯郭尔和尼采视域下的信仰》或可作为我个人研究历程的新起点。其中，2003年可谓一个转折点，之前的文章从思想到文笔都很青涩。简略地说，这个转折点的形成可归诸两个原因：一是1999—2001年我在哥本哈根大学克尔凯郭尔研究中心的博士后工作经历。我在那里学习了丹麦语，增加了对西方文化的感性认识，并通过对国际克尔凯郭尔研究的历史和现状的了解开阔了视野。二是对基督教思想的学习。1994年，当我选定以克尔凯郭尔研究为博士学位论文主题的时候，汝信先生就对我提出了要求：必须了解基督教史和基督教思想史。他还向我介绍了傅乐安前辈在基督教思想研究领域的造诣，描述了他们一同参观比利时鲁汶大学中世纪藏书时的震撼情景。但以当时的图书资料、时间分配和个人能力，我在写作论文时只能避开涉及基督教的深层问题，但这个计划一直铭记在心。1999年夏天出国前，我已领受了由叶秀山、王树人两位老师发起并总主编的《西方哲学史（学术版）》第三卷《中世纪哲学》"邓斯·司各脱"一章的写作任务。我有意识地希望通过这个任务，补上中世纪哲学和基督教思想这一课。其实，需要补的又岂止是基督教思想的课。从事西方哲学研究，对于西方哲学、西方文化乃至中国文化，我们一直都需要补课。每当自觉比先前博学之际，我都会深感自己的无知。不过，能够落入苏格拉底的"魔咒"，说明还有进步的空间，总是值得高兴的事。

需要说明的是，由于写作历时二十余年，我所参考的克尔凯郭尔著作的英译本和丹麦文本存在着前后不一致的现象。当年写作博士学位论文时，克尔凯郭尔著作的英译本从国内图书馆找不全，汝信老师把他20世纪80年代初去哈佛访学时搜集的旧书借给我读，那批书是最早把克尔凯郭尔介绍给英语世界的沃尔特·劳瑞（Walter Lowrie）等人的译本，还包括后者撰写的《克尔凯郭尔小传》。2003

年前发表的论文，参考的是这批图书。作为中国克尔凯郭尔接受史的一部分，我原样保留了这些注释，不做更改；论文的观点和文字亦在整体上保留原样。当然错误必须改正。这里要特别向责任编辑朱健先生表达我的敬意和感谢。他不仅纠正了我多年误用的字词、标点符号和有歧义的用法，还发现了因时间跨度、认识变迁和个人疏漏所造成的多处译名的不统一，极大地完善了书稿。

我自出校门就入哲学所工作，哲学所西方哲学史研究室的传统培养了我，我自觉有责任尽己所能将这个传统传递下去。汝信、叶秀山和王树人三位老师，以不同的方式引领我走入哲学之门。汝信先生是国内最早从事克尔凯郭尔和尼采研究的学者。令人惊奇的是，我最后走的道路跟导师惊人地相似。叶秀山老师不仅是我博士培养小组的成员，后来还是我在西方室长达20年的同事。叶老师言传身教，从哲学到音乐，从治学到做人，他对我的影响不可估量——虽然我的哲学趣味不似他那样"古典"。王树人老师对我的教诲也有很多，其中令我印象最深的是他亲口告诉我的话：从任何一个西方哲学大家入手，你都有可能打通西方哲学史的环节。对此我坚信不疑。

我曾经在那里工作过两年之久的克尔凯郭尔研究中心，早已搬离了哥本哈根市中心那座白色的房子。随着学术版《克尔凯郭尔文集》于2013年全部问世，"中心"亦回归哥本哈根大学神学系。听说昔日那个国际化的研究中心已不复存在，真令人惋惜。借我的克尔凯郭尔研究论文集出版之际，我谨向中心和编纂学术版《克尔凯郭尔文集》的发起人尼尔斯·扬·凯普伦（Niels Jørgen Cappelørn）教授表示诚挚的谢意，感谢他一直以来对我的信任，以及对中文版《克尔凯郭尔文集》翻译计划无条件的支持。也要特别感谢乔恩·斯图尔特（Jon Stewart），不仅因为他一直是最可靠的朋友，给予我很多学术上的支持，而且还因为他主持的大型项目《克尔凯郭尔研究：来源、接受史和资源》把克尔凯郭尔研究推向了国际化。有趣的是，乔恩于2018年春天落户斯洛伐克科学院哲学所，没想到我们可以一起聊在科学院工作的趣事了。

2022年岁末于北京夕照寺

目录

第一辑 多重面孔的克尔凯郭尔

克尔凯郭尔著述中的"伦理"概念释义　　　　　　3

克尔凯郭尔关于悲剧的"理论"

　　——兼论悲剧精神的现代意义　　　　　　19

克尔凯郭尔的生存境界论　　　　　　52

《哲学片断》中的"苏格拉底式的问题"及其意义　　72

信仰之不可证明性与不确定性

　　——从克尔凯郭尔的《哲学片断》和《附言》谈起　　86

"非此即彼"抑或"或此或彼"？

　　——作为逻辑和伦理原则的Either/Or　　　　99

威廉法官的多种面孔

　　——读《非此即彼》下卷　　　　　　110

惩罚与自由

　　——克尔凯郭尔笔下的威廉法官对《圣经》的回应　　134

作为基督教哲学家的克尔凯郭尔

　　——克尔凯郭尔的假名写作　　　　　　150

信仰何谓？

　　——再读《畏惧与颤栗》　　　　　　166

第二辑 哲学史上的克尔凯郭尔

唐璜的神话在"说"些什么？	183
康德对克尔凯郭尔的影响	204
面对基督教：克尔凯郭尔和尼采的不同取向	
——兼论尼采对克尔凯郭尔的批判	220
看、听和信	
——克尔凯郭尔和尼采视域下的信仰	236
哲学话语与思想重构	
——从克尔凯郭尔对海德格尔的影响谈起	252
《爱的作为》中的"现实"和"内心性"	
——兼论阿多诺对克尔凯郭尔爱的原则的批判	266

第三辑 克尔凯郭尔研究剪影

克尔凯郭尔研究在丹麦	289
《论反讽概念》：走进克尔凯郭尔思想的门径	296
跨越时空的心灵碰撞	
——读《反理性主义的意义：庄子和克尔凯郭尔的	
宗教思想》	300
谁有资格研究克尔凯郭尔？	310
两百年后的克尔凯郭尔	319
《最后的、非科学性的附言》译者的话	334
后现代语境下的克尔凯郭尔	338
写在十卷本《克尔凯郭尔文集》出版完成之际	348

第一辑
多重面孔的克尔凯郭尔

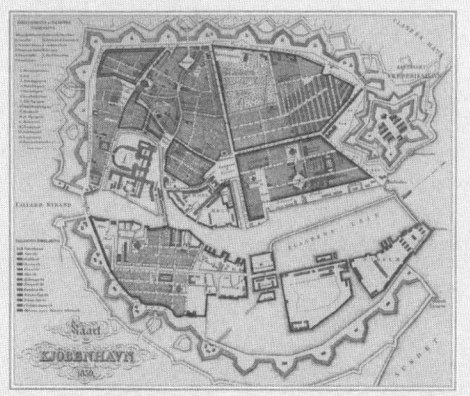

克尔凯郭尔时代的哥本哈根

克尔凯郭尔著述中的"伦理"概念释义

克尔凯郭尔是以反体系的面目出现在西方哲学史上的，无论是从其基于生存哲学而对体系哲学所做的言辞尖利的抨击方式（参见克尔凯郭尔的《最后的、非科学性的附言》），还是从其写作风格中，我们都能切实地感受到这一点。克尔凯郭尔从著述生涯之初，便心怀倾其一生寻找他本人能"为之生、为之死"的真理的目标，为此他不惜成为一个公众心目中的谜而甘遭被曲解的命运。因此，在写作中，他基本上将自身隐匿起来而采用化名、假名，并且从不给出最终的答案，其目的在于让各种不同的思想观点竞相登场，让读者自己去思考和选择只属于自己的"主体真理"。克尔凯郭尔在破除了体系哲学的权威的同时，也破除了传统意义上的作为一个作者的权威，他把审定和评判真理的权力移交给了读者，也就是作为个体的人。无可否认的是，克尔凯郭尔的非体系和无权威写作的风貌为我们解读其思想造成了重重困难。他习惯于在不同场合、不同情境或者不如说是在不同的作者面具下使用拥有同一名称的概念而并不加以辨析，突出的例子便是克尔凯郭尔对"伦理"概念的多层次使用。"伦理"曾作为克尔凯郭尔的生存境界之一而在其文本中占有相当的分量，但是假若深入其思想的"系统"内部做一探查便会发现，克尔凯郭尔文本中所描述的伦理境界、伦理生活与他本人所真正赞同的伦理境界在根本上是对立乃至互相矛盾的。为此，本文将对"伦理"一词在克尔凯郭尔著述中的多层次使用详加辨析，以期达到深入透视克尔凯郭尔的非体系思想"系统"的目的。

一

"伦理"在克尔凯郭尔文本中首先是指其对伦理境界的描绘和展示，具体地说即体现在《非此即彼》下卷中的 B 所代表的"伦理的生活观"中[1]，以及《畏惧与颤栗》里出现的"伦理的目的论的悬置"的命题内。这里，"普遍性"（universal）、"责任"（duty）和"透明性"（transparency）是其主词；这也就是说，支撑着克尔凯郭尔所勾画的伦理境界的是从康德到黑格尔的以普遍有效性和内在目的性为特征的古典哲学和伦理学。他的《畏惧与颤栗》中有一段话最能说明这一特点："伦理是普遍性的，作为普遍性它被运用到每个人身上，换一个角度也可以说它随时被运

---

[1] 参见 S. Kierkegaard, *Either/Or*, Part I, trans. D. F. Swenson & L. M. Swenson, Princeton University Press, 1974, p. 13。

用。它内在地居于自身，无任何外在的目的，但它本身即是所有外在的事物的目的。"[1]

追求普遍性从来就是古典哲学的目标，因为"普遍性"同时也就是"客观性"的代名词，而只有"客观"的方能被称为"真理"。康德就曾指出，"客观有效性"（objective validity）和"普遍有效性"（universal validity）是可以相互换用的概念。[2] 这也就是说，当一条道德法则可以适用于每个人时，这条法则也就成了受客观力量制约的必然性；换言之，它也就成了体系哲学所苦苦追求的客观真理。依此，一个道德法则就是一条命令，是一种"非如此不可"的力量。可是这力量的动力来自何方呢？康德否认了符合西方传统的宗教律法主义的思想，即道德的力量根本上来源于上帝的想法，而将这种"非如此不可"归结于人的理性的自律。他说："对于人类和一切被造的理性存在者来说，道德的必要性就是一种强制，一种义务，而以此为基础的一切行为都当被视作一种职责。"[3] 在他看来，人的实践理性具有立法能力，它所确立的普遍法则即道德法则；它能够直接决定人类意志，且它是决定意志的唯一动机。这么一来，道德法则本质上就是意志的自律，同时也可以说它是理性的自律；其核心概念就落在"职责"上面。因此，有关职责的思想被康德称为"全部道德的最高原理"。他说过："道德的价值，则只当置在下面一个事实中，就是，行为必须

1　S. Kierkegaard, *Fear and Trembling*, trans. A. Hannay, Penguin Books, 1985, p. 83.

2　参见康德：《未来形而上学导论》，庞景仁译，商务印书馆，1978年，第64页。

3　康德：《实践理性批判》，关文运译，商务印书馆，1960年，第83页。

是本于职责，即单单为了法则才成立的。"[1]这也就是说，道德法则对于理性构造物来说是一种义务和强制，人的行为应当且只应当出于职责；职责是人类的人格，它使人类摆脱了自然机械作用，通过把人从周围世界的背景之中凸显出来而使人获得了独立和自由。这样，康德就把道德建基于人的内在的理性自律之上。他破除了外在的宗教律法主义的束缚，但却又树立起了理性的律法主义。古典伦理学与古典哲学追求具有客观必然性的真理体系的目标是一致的，它们的真理根本上是由一系列"你应该"的定言命令形式所组成的体系，在其内里潜藏的是理性主义的权威。

在克尔凯郭尔构筑的伦理境界里，伦理生活的化身B所操持的俨然是一个思辨哲学家的口气。B曾明确地指出，一个人的根本任务即是"实现普遍性"（realize the universal），并将自身转化为"普遍的人"（universal man）[2]；而他实现该目标的手段或媒介即是"责任"。对于"伦理的人"来说，"责任"并非沉重负担的代名词；相反，它是自由的标志。在B看来，"责任"具有辩证性质，因而它可以连接普遍和特殊，并最终促使人实现成为"普遍的人"的目标。B说："责任一方面是普遍性对我的要求；……从另一方面讲，我的职责是专门为我的，它是特殊性，因而它也是普遍性。"[3]每个人在世上都能感受到属于他自己的使命（calling）。也就是说，只要他愿意，他总能在拥有理性秩序的万物中找到自

1　康德：《实践理性批判》，第83页。

2　参见S. Kierkegaard, *Either/Or*, Part II, trans. W. Lowrie, Anchor Books, 1959, p. 265。

3　Ibid., p. 268.

己隶属的位置[1]；因此，实现自己的职责，完成自己的使命，就等于找到了专属于自己的特殊性，同时又具有了人的普遍性。对于B来说，一个人的职责首先表现在工作上。他指出，伦理的人必须"为生活而工作"，只有在工作中，人才可以表达出"普遍人性"，并且还在表达出人优越于自然界的自由的意义上传达出他自身具有的普遍性。工作使人成为自然的主人，使人超升于万物生灵之上；这一超升活动本身即蕴含着美的因素。[2]这也就是说，伦理的人的工作并不是"奴隶式的劳作"，他们是自己愿意工作，因为他们在工作中能够发现乐趣，还能够发展自己、培育自己的人格；有了工作，也才有生活。

此外，婚姻的形式也是达成"实现普遍性"这一伦理境界的最终目标的重要途径。B视婚姻为爱的美学化的表现，他认为，结婚是每个人的职责，婚姻的完成也就表明一个人行走在"实现普遍性"的路途上。[3]B不同意A的"责任是爱的敌人"的论调。相反，他认为"责任坚定地与爱相一致"，在婚姻的责任体中，双方才能更清楚地理解爱的含义。他认为，在婚姻最隐秘的深处，双方是认可责任的。虽说爱可以驱逐忧惧，但爱却会忧惧它自身；而这忧惧出现的瞬间也就是责任登场亮相之际，并且责任以"神圣的养料"的面目来补给和滋润着爱。[4]有了责任，也就

1　参见 S. Kierkegaard, *Either/Or*, Part II, p. 297。

2　参见 ibid., pp. 286–287。

3　参见 ibid., p. 306。

4　参见 ibid., p. 149。

是有了婚姻的形式，爱才不再是飘忽不定的，它才有了稳固的基础，并且能够经受得住时间的考验。时间对伦理的人来说即代表着爱和生活，代表着生命的祝福。

正因为伦理的人以工作和婚姻为己任，以成为"普遍的人"为目标，他们的生活就不仅因其拥有明确的目标和使命而具有稳定和谐、内在统一的特点，而且从外观上看，伦理生活还具有"透明性"的特征。B以婚姻生活为例来阐明"透明性"的含义。他说，在爱这种亲密的感情上，"开放性、坦率性和可设想的最高程度的公开性是爱的生活原则"[1]。

从B的陈述中可以看出，克尔凯郭尔塑造的或者说创造的伦理生活完全是古典式的，也就是说是思辨哲学式的。但是，真正的克尔凯郭尔却一直视思辨哲学体系为死敌，他的哲学著述生涯也即是从批判思辨哲学体系开始的。在他的视野里，只有单独的个体，而根本没有普遍性的位置。究其原因，我们可以追溯到他在婚姻上的失败。这段经历使他认识到，自己根本无法与普遍性相协调，而是一个无可救药的例外。由此，我们可以做一个大胆的推断：克尔凯郭尔笔下的伦理境界并不是他本人所真正赞成的伦理生活；不仅如此，他从理智角度对此还是持反对态度的，只是他一直也未能从心中抹去终因无法企及婚姻而产生的遗憾和感伤之情。

克尔凯郭尔不赞同他笔下的伦理境界中的思想，那么他本人所真正赞同的伦理学又是怎样的呢？下面将进行具体分析。

1　S. Kierkegaard, *Either/Or*, Part II, p. 106.

二

克尔凯郭尔对伦理是有自己的建树的，他的伦理观简单地说可以归结为"个体在神权背景下的选择的伦理学"。这也就是说，克尔凯郭尔视界里的伦理学有三个主词，它们是："个体""上帝"和"选择"。它们共同构成了克尔凯郭尔伦理思想的全貌。

1. 个体主义伦理观

与传统伦理学寻求具有普遍有效性的道德法则的思路相对立，克尔凯郭尔首先将注意的焦点投射于个体之上。针对思辨哲学所提出的"普遍的人"，克尔凯郭尔不仅容忍了例外的存在，而且还指出，"如果你不能解释这些例外，那么你也解释不了普遍性"[1]。所谓"普遍的人"，在他看来只是一个形而上学概念，居身于此中只会看到整个森林而看不到单棵的树木。尤其具有危害性的是，有关普遍性的观点能够扼杀人的行动机能，它使人们尽可以安全地蜷缩于历史必然性或者说世界历史进程里而逃避行动。克尔凯郭尔认为，不管个体的力量在整个历史进程中是多么绵薄而微不足道，对于生存活动而言，个体是单独出场的，个体且唯有个体才是事关重大的，因为个体的作用是任何他人都无法替代的。为此，克尔凯郭尔把成为独立的个体单独出场当成每一个人的根本任务，当成个人的"伦理的真实性"的实现[2]，以此与

1　S. Kierkegaard, *Repetition*, trans. W. Lowrie, Princeton University Press, 1946, p. 153.

2　参见 S. Kierkegaard, *Concluding Unscientific Postscript*, Part I, trans. H. V. Hong & E. H. Hong, Princeton University Press, 1992, p. 135。

伦理境界所提出的成为"普遍的人"的目标相决裂。他说:"伦理的要求是设定在每一个个体头上的,并且它应由该个体自己评判自己。"[1]这也就是说,伦理的含义从寻求普遍有效性转向了对个体性的探求。这样一来,所谓"伦理的真实性"就不再指是否遵循普遍有效或者客观有效的原则,而是指"个人单独地站立着"的事实;也就是说,任何除自己之外的他人都是无权评判,甚至是无权过问别人的生存的。

克尔凯郭尔痛恨普遍性,除了上面所说的个人的原因外,更主要的就在于他看到了隐藏于普遍性思想中的权威主义。他曾不无揶揄地说,所谓"整个人类的思想",只不过是借着人类的名义而使自己拥有普遍的权威的手段而已[2];这个权威,按本文的理解,其实也就是理性的权威。古典伦理学是一个道德法则的规范体系,当面对"应该做什么"和"不应该做什么"的问题时,决定做与不做的是理性;人的行为要由其内心来统辖,理性是行为的依据,从而使人成为自由的。这个思想原本是人在取得自由的进程中的一大进步,但是一旦理性与普遍性相结合,某些人就可以打着"理性""客观性"的旗号而推行自己的意志,行使自己的权威;人在倡导理性自律的同时,也就产生了滥用这理性的危险。克尔凯郭尔根本上是一个宗教思想家,在他的视野里是有着上帝这一最高裁判者的位置的,因而他不仅看到了理性的权威所

---

1 S. Kierkegaard, *Concluding Unscientific Postscript*, Part I, p. 284.

2 参见 S. Kierkegaard, *Either/Or*, Part I, p. 379。

可能造成的危害，而且绝对不能容忍理性的权威对于上帝的权威的僭越。于是，当他不顾一切地把个体从普遍性的桎梏中，也就是从对理性的依托中解救出来之后，他马上又为这个体寻找了一个神学的背景。克尔凯郭尔的个体并非是孤零零地存在着的，这里的个体是在上帝存在的前提下单独出场的，这一个体只对上帝负责。应该说，克尔凯郭尔的个体主义伦理学里实际上存在着相互依存、缺一不可的两极，即个体和上帝。由此，我们进入了他的伦理观的第二个层面，即神权背景下的个体主义。

2. "永恒" 之下的个体主义

克尔凯郭尔在文中总是把"伦理"和"宗教"二词组合成"伦理—宗教"来使用。对此，他曾有过这么一段解说："伦理只与个体性相互关联，以至于每一个个体只能在其自身内理解伦理的本质；因为伦理是个体与上帝的密谋（The ethical is his complicity with God）。"[1]

这也就是说，个体的伦理在本质上是与宗教不可分的，个体虽"单独"出场却并不"孤立"，个体最终要接受直接来自上帝的审判。当人从外在的世俗权威和内在的权威比如理性中脱身以后，他首先面临的便是"怎样"以个体的面目存在的问题：完全依靠自己，还是要另寻一个可以从更高处对其行动加以裁判的力量？成为一个自由的人，要么听从理性的命令，要么听从意志

1　S. Kierkegaard, *Concluding Unscientific Postscript*, Part I, p. 138.

的安排。康德将道德视为"意志的自律"，但同时他又将其等同于"理性的自律"。这样一来，道德就是一种职责，就是理性的必要性，人也因之成了理性的产物。而在存在主义者萨特那里，人是完全自在自为的，因而是"意识上的自由人"。人是依靠自己的力量站着的，或上天或入地，完全要听从自己的安排，也就是意志的安排（实际上，当俄瑞斯忒斯豪迈地宣称"我就是我自己的自由"的时候，也就等同于萨特在此处宣称的"意志是人唯一的法官"；参见萨特的《苍蝇》）。个体总要为自身寻找到一个依靠，不是理性就是意志；即使是"上帝"的观念，归根结底也是人的思想和情感的投射。对于克尔凯郭尔来说，作为个体的人的背景和依托的上帝是神圣的，他即是《新约》中的人格化了的上帝；个体与这个上帝之间横亘着本质的差异，上帝对我们拥有绝对的权威。当克尔凯郭尔极言个体的伦理真实性只属于个人自己的时候，他实际上也是在依循着《圣经》中"不要评判"的论调。《马可福音》有言曰：你用来评判他人的规则将被上帝用到你自己头上，但是要严苛得多。除了自己之外，没有人有资格来评判你，个体与个体之间是没有相互评判的权力和必要的；但是，这个自己反过来却必须接受上帝的最终审判。这也就是说，个体之间的关系是以个体与上帝的关系为前提的，是上帝使人与人发生了关联，上帝使人与人处于平等的关系中；并且，也是上帝阻止了个体陷入单纯主体性的泥淖中。正因为如此，上帝对我们拥有绝对的权威，而人只得以谦卑（humility）的面目来回应之。克尔凯郭尔坚决反对理性的人造律令权威，但他从不讳言

《新约》中的上帝具有的无上权威。在一则《建设性讲演》中，他曾写道："一个人若没有权威，他便不能命令你去相信且仅仅通过命令来帮助你相信……这个神圣的权威只是他（Him），耶稣基督才拥有，他的爱掩盖了我们身上多样的罪。"[1]上帝先爱我们，我们对此的最佳回报方式就是悔悟（repentance），只有在悔悟中，我们才能从上帝中找到自我；而对自我的寻求是克尔凯郭尔生存哲学的主旨。克尔凯郭尔说过："只有伦理的和伦理—宗教的知识才和认识者的生存有着本质的关系。"[2]这也就是说，假如生存哲学最终也未能脱离知识的形态的话，那么其间就只有这伦理—宗教的知识是与人的生存活动有关的，思辨哲学体系及其统治下的传统伦理学所生产的知识充其量不过是一种"偶然的知识"。其言下之意是说，传统伦理学只是打着"客观有效性"旗号的人造律令对于神圣的律法主义的替代行为，真正的权威只应属于上帝。

这样，克尔凯郭尔在破除了理性构造的"你应该"的世俗权威以后，树立起以"你不可"为蓝本和依据的神圣权威。一方面，他树立起了个体的独立性，把个体从普遍性的铁拳下解救了出来；另一方面，他又为个体确立了行动的最后审判者。他将个体从普遍性的桎梏中、从理性主义的权威中解救出来，并重新还之以上帝所拥有的神圣权威。这是克尔凯郭尔全部哲学努力的最

---

1 S. Kierkegaard, "Two Edifying Discourses, at the Communion on Fridays", in R. Bretall ed., *A Kierkegaard Anthology*, Random House, 1959, p. 423.

2 S. Kierkegaard, *Concluding Unscientific Postscript*, Part I, p. 176.

终目标，而创立个体主义伦理学是达成这一目标的第一步。

表面上看，克尔凯郭尔推翻了理性的权威但却又树立起了信仰的权威，他的个体的人虽然不受普遍性和必然性的制约但却又受到了《圣经》文本的制约，这似乎是向中世纪的神权统治的回归。但实际上，克尔凯郭尔为个体提供的神权背景是不同于往昔的，他对"信仰""上帝"的理解和解说是充满矛盾而又具有多义性的。一方面，"上帝"即指《新约》中的被人格化了的"他"，他对我们具有绝对的权威。而另一方面，克尔凯郭尔又指出，对于基督教上帝的信仰还具有更广的一层含义。具体地说，信仰代表了在"个体无限的内心性的激情与客观的不确定性之间形成的矛盾"[1]。这也就是说，广义的"上帝"就是指最高的"客观不确定性"，它实际上代表着个体生存中的终极的、无条件的、无限性的一面。在对待"什么是真理"的问题上，克尔凯郭尔明确说过："主体性即真理。"（Subjectivity is truth）这个命题最初是克尔凯郭尔为了恢复个体与基督教的关系——个体怎样进入永恒——而提出的，但它同样也可以被视为一个具有普泛意义的认识论命题。这样一来，基督教真理从来就不是一个客观真理体系——把基督教真理当作体系的做法，恰恰是克尔凯郭尔本着生存哲学的出发点所要竭力反对的。不仅如此，任何真理都不应该是体系，它并不代表固定的"什么"；真理应该是精神，是内心性（inwardness），真理存在的意义只在于个体与它的关系，即

1　S. Kierkegaard, *Concluding Unscientific Postscript*, Part I, p. 118.

"怎样"的问题。也就是说，个体当以充沛的激情去体验和占有生存，在这期间获得的全部体验便是属于他个人的，同时也是唯一具有意义的真理。因此从这个"主体性即真理"的命题出发，克尔凯郭尔实际上是在瓦解《新约》中的上帝所具有的权威。于是，克尔凯郭尔的个体主义伦理学中的神权背景与传统信仰主义被彻底区分了开来，因为支撑着个体的伦理真实性的还有一重规定，即选择的原则。

3. 选择即伦理

早在克尔凯郭尔冷嘲热讽地说黑格尔的辩证法是"人类可怜的发明"、是一种精致的思维游戏而在现实中无法行得通的时候[1]，他就已经为人提供了在成为个体、自我的进程中所要遵循的唯一的原则，这就是非此即彼（either/or）的选择。在生存哲学的范围内，个体的人是单独出场的。因此，他将时时刻刻感受并承受着生存的两极端——生存的有限与无限，时间与永恒——所带来的张力和斗争；每当这种紧张临近崩溃之际，也就是个体必须面临选择之时。只有这样，在克尔凯郭尔看来，一个人才能有所行动，而不至于像"普遍的人"那样存在于正—反—合式的调和（both-and）的思维游戏之中——那只是思想的武器，而非生存领域里的准则。可以说，"选择"是克尔凯郭尔为已从普遍性中解放出来并且单独出场面对生存实况的个体所提供的行动依据。

1　参见 S. Kierkegaard, *Concluding Unscientific Postscript*, Part I, pp. 172, 199。

为了加重这一行动原则的分量，克尔凯郭尔将其与伦理连接了起来。他说："选择的行为本质上即是伦理性恰当而严格的表达。"[1]这里的"伦理"，我认为，克尔凯郭尔是在传统伦理学的话语范围内使用它的。也就是说，伦理代表着普遍有效性。因此，一个人必须选择；只有这样，他才是符合伦理的要求的，也才是善的；选择是个体的人在生存中所必须实施的具有普遍有效性的原则。对此，克尔凯郭尔亦有进一步的解释。他指出，从绝对的意义上讲，所谓"选择"并不是如常人所认为的那样在善与恶之间选择，选择只意味着选择或者不选择；也就是说，要么同时选择善与恶，要么干脆将其统统舍弃。[2]选择是生存着的个体的行动原则，因而选择的行为之实现比选择的具体内容重要得多。

克尔凯郭尔真正关切的是个体"怎样"生存的问题，而生存领域中并没有恒定的以"什么"面目出现的真理。这里的真理只意味着个体以其自身的方式去体验和占有生存，意味着个体永无休止的行动；换言之，个体"怎样"生存的问题也就是个体选择自己的生存方式的问题。如果我们进一步结合其对"伦理真实性"的规定来看个体的选择的话，事关个体选择"什么"的问题并非任何一个外在于我们的生存者有权利、有能力加以追问的；选择"什么"，也就是说个体将以何种方式来应对生存的世界，只是每个人自己的伦理的真实性，它只能经由个体自身调动意志

1　S. Kierkegaard, *Either/Or*, Part II, p. 219.

2　参见 ibid., p. 173。

的力量来实现并自我负责，任何他人对此是无权过问的。在选择的原则之下，克尔凯郭尔才真正树立起了自己的个体——人之所以成为他现在的样子，完全是出于他个人的选择；由此他也完成了他的个体主义伦理学的建构。

但是，克尔凯郭尔毕竟是一位生活在宗教氛围十分浓厚的19世纪的丹麦的思想家，而且他的家庭深受基督教思想和氛围的浸濡，这使得他的思想内里存在着相互矛盾的两个极端：一方面是自决自为的个体主义，他通过选择来实现自身的价值；而另一方面，其个体主义思想又是不彻底的，这表现在他为单独出场的个体树立了一个最终审判者亦即制约者上帝。在与思辨理性斗争时，他坚执着要恢复基督教信仰的地位；而在他极言个体的内心性、真理的主体性以及伦理的选择原则之时，克尔凯郭尔又等于是在瓦解他对基督教上帝的信仰。他的思想矛盾使其思想意愿与实际效果之间存在着巨大的差异：他的哲学建树的初衷是反对理性对于宗教信仰的瓦解，反对宗教领域中的世俗化倾向，恢复基督教所宣称的"正因为荒谬我才信仰"的论调；而他的思想在发展中又无可避免地孕育出了新思想的因子，只是他并没有承认而已。克尔凯郭尔的矛盾使得他既受到了19世纪的丹麦国教会的抨击，也受到了20世纪的存在主义者的批判。在前者看来，他否认有固定的上帝权威，因为个体的内心性要占有上帝的权威，所谓"权威"来自个体与上帝的共谋；它实际上越过了教会势力的操纵，而直接从基督教中获得启示。这样，教会势力被剔除，传统的基督教神权世界也由于选择引入了个人的因素而遭到了瓦解。

但自后者观之，克尔凯郭尔仍然保留着这个"上帝"实属没有必要。

从克尔凯郭尔矛盾思想的背后，我所听到的潜台词是：人的生活中应该有上帝的位置，但对于这上帝的内涵的把握，人与人之间是有差异的；没有人知道上帝究竟是"什么"，因此选择的原则是最为重要的，关键是去选择、去行动；至于这行动的后果，则不在我们个人的能力范围内，那是任何除了上帝之外的他人所无权过问的。要想理解克尔凯郭尔，就必须接受其因非体系写作而造成的矛盾的面目。

（原载《哲学研究》1996年第10期）

克尔凯郭尔关于悲剧的"理论"
——兼论悲剧精神的现代意义

悲剧是西方文学宝库中一颗璀璨的明珠，它的夺人的光芒引来无数哲学家纷纷操笔，从各自的哲学出发来研讨悲剧，希望能对悲剧的精神实质从总体上做出概括性的解说。与此同时，这颗明珠所放射出的光芒最终又掩盖住了理论思辨所生发的逻辑力量。"理论是灰色的，而生命之树常青"，这句话被用到悲剧作品和悲剧理论的比较之上再恰当不过了。这并不等于说，对悲剧的理论探讨是没有意义的。尽管现有的悲剧理论都只揭示了悲剧的某一侧面，但这种理论探讨却为我们解读悲剧作品提供了启示。对待任何一种艺术"理论"，只要不将其效果绝对化，那么该理论必能发挥其应有的作用。在众多的理论探讨中，19世纪丹麦哲学家、宗教思想家克尔凯郭尔关于悲剧的"理论"值得重视。对于"悲剧的核心要素是什么"这样的问题，他有自己的理解和回答。在展开对克尔凯郭尔的悲剧"理论"的论述之前，有必要就如下问题做出解释。

克尔凯郭尔是以反体系而著称的，他的哲学生涯即发端于对当时流行于丹麦的黑格尔主义思辨哲学体系的批判。对于事关"体系"的思想，克尔凯郭尔都极尽讽刺挖苦之能事。在写作方式上，克尔凯郭尔也相应地破除了构筑哲学体系的传统，开创了"无权威写作"的风格。这个意思是说，在写作中，克尔凯郭尔往往将自身隐匿起来而采用化名、假名，他让各种不同的思想观点同时或竞相登场亮相而并不给出最终的答案。这样做，是为了让读者自己进行判断和选择，让他们经过思考，经过个体的主体性的"占有"，从而得出真正有意义的"主体性真理"。克尔凯郭尔放弃了传统意义上的作为一名作者的权威，而将选择和判断的权力移交给了读者。因此，当我们试图梳理克尔凯郭尔的悲剧观时，首先要给"理论"二字加上引号。严格地说，克尔凯郭尔并没有真正的"理论"形态的悲剧艺术论，他所有的只是关于悲剧的诸论述，它们是一些颇有创见的观点的集合。所有这些观点的阐述也不是为了创立美学或者艺术的"体系"。克尔凯郭尔关心艺术，从根本上说是为了阐发他的生存哲学的思想。"美学的"一词在他那里主要被用来描述个体的一种以感性体验方式见长的生活方式。对于它的展示，克尔凯郭尔或借助对艺术作品的分析，或用生花妙笔来抒写一幅艺术化的生活图景。比如，在《非此即彼》中，A曾赞叹过莫扎特的《唐璜》，分析过歌德的《浮士德》，评述过古希腊的悲剧尤其是《安提戈涅》。美学原指一门研究感觉、感性的科学；美学既然以感觉为对象，那么它就应当与艺术最为切近，也应与人的生活体验、生存感受最为切近。克尔凯郭尔虽然没有也无意去构造美学的或者艺术的"体系"，但他抓住并张扬了"美学"一词所蕴含的本义，对作为形容词的"美学的"一词做出了开拓性的使用。

克尔凯郭尔的悲剧"理论"集中表现在《非此即彼》上卷的一篇题名为《古代戏剧中的悲剧性在现代戏剧中的反映》的短文里。[1]尽管文章标题中出现的是"悲剧性"（tragic）这一早已被泛化同时又具有多义性的词汇，但在克尔凯郭尔的假名作者A的笔下，悲剧性是与悲剧（tragedy）这一发源于公元前6世纪的希腊的文学艺术体裁直接相关的。换言之，克尔凯郭尔的"悲剧性"概念奠基于悲剧这一对"气候"有所选择的艺术形式之上；此概念的全部引申义都出自对于悲剧作品的解读，而不是如有些现代哲学流派所做的那样将"悲剧性"概念建立在一种通常的人类经验之上；同时，它也区别于日常语义中的"悲剧"的含义。可以说，克尔凯郭尔关于悲剧的论述在一定程度上即是悲剧艺术"理论"。

一、古代悲剧和现代悲剧的比较

克尔凯郭尔的悲剧"理论"是围绕着"悲剧性"这一概念展开的。具体地说，克尔凯郭尔是在比较古今悲剧的特点，并

---

1 参见S. Kierkegaard, *Either/Or*, Part I, trans. H. V. Hong & E. V. Hong, Princeton University Press, 1987。

评说亚里士多德和黑格尔的悲剧理论的过程中，提出自己的悲剧观的。

克尔凯郭尔认为，悲剧在古代和现代有相当大的不同，因为两个时代的风气有着很大的差异。克尔凯郭尔是一位批判哲学家，同时也是一位极具讽刺天才的批判现实主义者，他从自身敏锐的观察力出发，对其所处的时代进行了尖刻的抨击。他不止一次地在书中指出，整个19世纪是一个疲软无力的时代，它从根本上呈现出滑稽（comical）的倾向；人们沉溺于反思的游戏中，忘掉了作为个体的人所应有的行动。[1]在这个时代，个人的地位虽然相对于以往而言大大地加强了，但这种对个体性的强调却缺乏深度和内心性。于是，被树立起来的个人实际上处于孤立（isolation）的处境中，他与所有的实体性力量脱离了联系。他认为，这个时代与古希腊城邦解体时有某种类似之处。在这里，每一个人都想去统治，但却都不想承担责任。如果说两个时代有什么不同之处的话，这不同就在于"我们的时代更加忧伤，因而也愈加深地陷入绝望之中"[2]。不同的时代造就不同的艺术风貌，在悲剧艺术的领域更是如此。但是，对于因时代风气差异而造成的艺术风格的差异，克尔凯郭尔认为它们并不能被绝对化；如果一些戏剧能够被称为悲剧，那么它们之间必定存在着某种联系的纽带，这纽带就是"悲剧性"概念。也就是说，不管今天的悲剧和

1　参见S. Kierkegaard, *Either/Or*, Part I, p. 141。

2　Ibid., p. 142.

古希腊悲剧有多少不同，决定什么是一出真正的悲剧的"悲剧性"概念应是不变的。为了揭示悲剧的核心概念"悲剧性"的含义，我们首先来看看克尔凯郭尔借代言人之口对古今悲剧所做的比较和分析。

1.悲剧的核心：动作和性格

谈及悲剧，不能不提到亚里士多德的《诗学》，克尔凯郭尔也是如此。可以说，他对于古代悲剧的特征的总结是以亚里士多德《诗学》中的基本原则为依据的。克尔凯郭尔曾明确指出，要讨论悲剧问题，是不能绕开亚里士多德的；亚里士多德所创立的诗学传统，既有值得借鉴之处，又由于其定义建基于较普遍的范围内而免不了要受到批判。[1]

亚里士多德认为，在悲剧的六大要素（动作或情节，性格，思想，言词，歌曲，形象）中，"最重要的是情节，即事件的安排；因为悲剧摹仿的不是人，而是人的行动、生活和幸福"[2]。在亚里士多德看来，情节就是悲剧的灵魂，一出悲剧中可以没有人物的性格（character），但却不能没有人物的动作（action）。在亚里士多德的时代，这个结论的确有一定道。亚里士多德对于悲剧艺术的研究是在对当时上演和获奖的作品的分析和总结的基础上归纳出来的。戏剧艺术活动要受到演剧条件的严格限制，古希腊

1　参见 S. Kierkegaard, *Either/Or*, Part I, p. 140。

2　亚里士多德：《诗学》，罗念生译，人民文学出版社，1984年，第21页。

并没有类似今天的舞台，当时的悲剧是露天上演的，每一个演员都必须面向数千人。为了能让所有观众听见和看见，演员得穿上宽大的衣服和高底靴，还要带上传声筒。在这样的情形下，精心刻画人物的性格是不大可能的，所以悲剧的重心便落在了悲剧主人公的动作之上。只有到了现代，随着室内剧场的建成和现代化声光设备的投入，戏剧才有可能去挖掘人物的内心世界，甚至是潜意识领域。因此可以说，古希腊的演剧条件限制了古希腊悲剧向人的性格同时也是人的内心世界的纵深处开掘。与此同时，这种形式也使得古希腊的悲剧英雄显得比常人要高大，要超出日常生活的层次和水平。

亚里士多德推崇情节的另一个原因是，在他的世界观里，"写诗比写历史更具有哲学意味"。生活中发生的一切只不过是没有任何逻辑和理性联系的单个的偶然事件而已，而诗人的高妙之处就在于他能够从单个的现实生活的事件中提炼出具有普遍意义的事件，因而诗人的写作更具哲学意味。[1]由此，亚里士多德自然地就会推崇悲剧中的动作或者情节，因为只有动作或情节才能把戏剧中发生的单个的偶然事件组合并串联起来，使其成为有意义的整体。他说："悲剧是对事件的摹仿，主要是为了摹仿行动，才去摹仿在行动中的人。"[2]

正是在明察亚里士多德悲剧要素论的基础上，克尔凯郭尔才

---

1 参见亚里士多德:《诗学》，第28页。
2 同上书，第23页。

展开了他对古今悲剧差异的比较。他认为，古代悲剧以动作为中心，而现代悲剧则以情境和性格（situation and character）为主导。[1]这么说，基本上等于承认了亚里士多德对于古代悲剧核心要素的观察和总结的正确性。亚里士多德认为，悲剧中可以没有性格，但是不能没有动作。同时他又指出，悲剧中的动作可以有两个来源，即思想和性格；只是个体的动作并不是为了去展示性格，他行动只是为了行动本身。克尔凯郭尔则指出，古代悲剧中的动作并不仅仅来自性格，因为动作还没有达到必要的主体性的反思的深度；但是这动作并非是单纯的，因为古代悲剧中的"动作本身就相对蕴含苦难的成分"（The action itself has a relative admixture of suffering）[2]。这也就是说，古代悲剧的动作中还有一个重要的构成因素"苦难"，这苦难最终决定着悲剧人物的命运。悲剧英雄的遭遇并不仅仅是其自身行动的结果，而且还是苦难的产物。古代的悲剧英雄携带着自身的史诗般的前景（epic foreground）出场，一个人物总是在他身处其中的国家、民族、家族等关系网络中显现的。俄狄浦斯从出场伊始便被笼罩其家族的不可逃脱的命运的阴影所追逐，尽管他以大无畏的英雄气概、以坚韧的意志力行动着来反抗命运的吞噬，但命运的力量最终还是导致了他的毁灭。克尔凯郭尔在这里明确指出了古代悲剧中的苦难或者进一步说命运的因素，并把它和人物的动作绞结在一起，从而使得古代

1　参见 S. Kierkegaard, *Either/Or*, Part I, p. 143。

2　Ibid.

悲剧中的动作区别于现代悲剧中个体独立自为的行动。在现代悲剧里，悲剧英雄是孤身一人出场的，他没有随身携带任何史诗般的成分，他的毁灭中根本上也没有苦难的作用；悲剧人物的起伏升降完全在于个体的行动。由此，克尔凯郭尔得出结论：在悲剧作品中，有无"史诗般的遗留物"、有无苦难的因素是古今悲剧的首要差别。他把"苦难"作为动作的一个重要组成因素提了出来，这可以说是一个对亚里士多德悲剧理论的补充。

但是，古今悲剧为什么会有上述的差异？克尔凯郭尔并没有从古希腊的历史和文化特征的角度出发来研讨该问题。他的解说不是学究式的，而是带有鲜明的生存哲学的色彩。他认为，理解古今悲剧之差异的根源的关键，在于认识古代和现代是否具有反思性，以及这反思所达到的程度。古希腊反思的力量还很薄弱，那时的个体尚且隶属于一些"实体性的决定因素"（substantial determinants），具体地说即"国家""家庭"或"命运"，它们构成了古希腊悲剧中的"本质性的命运的因素"，这一点恰恰是古希腊悲剧的根本特点。[1] 而这些实体性的因素在现代被反思活动瓦解了。在反思的天地里，个体无限地夸大了个人的力量，他成了他自己的创造者，或上天或入地都由他自身决定。"悲剧英雄意识到了自身为一主体，他是完全反思性的。这反思性不仅使他脱离了其与国家、民族、自身的命运的直接性的关联，而且甚至常常使他脱离了与自身的生活经历的关联。……现代的悲剧英雄的起

1　参见 S. Kierkegaard, *Either/Or*, Part I, p. 143。

伏完全取决于个人的行动。"[1] 因而，悲剧的重心自然也就应围绕着个体的性格而展开。其实，悲剧的形式特点也是由反思的程度决定的。古希腊悲剧中并没有发展出完美的对话，对话的要素是由独白和合唱来传达的。只有在现代悲剧中，才有反思性极强的对话出现。

如果结合克尔凯郭尔的"个体在永恒下的生存"的哲学观点来看上述比较的话，显然他对现代是持批判态度的。克尔凯郭尔的思想中存在两个极端。一方面，他极力推崇个体的地位，将个体与大众区分开来，将个体活动的轨迹与普遍的历史发展的进程区分开来。但是另一方面，他又坚决反对个体的无背景的生存；具体来说，他无法容忍个体抛弃上帝的行为。他说过："一个个体无论多么具有原创性，他都总是上帝的孩子，时代的孩子，民族、家庭的孩子。"[2] 可见，克尔凯郭尔分析古今悲剧的差异的基本出发点与他的哲学出发点是一致的。古希腊时期的个体不管怎样自由地行动，他们最终都要落在"实体性的决定因素"之中；换言之，他们还没有成为具有自我反思能力的主体。到了现代社会，个体的反思性大大地加强。但克尔凯郭尔认为，反思的步子走得太远了，以至于到19世纪，反思性僭越了个体的人的生存领域；反思只造就了"思想的人"，反思使人的行动迟滞。反思水平的提高本是人类自我意识增强的表现，是人类的一大进步，但

1　S. Kierkegaard, *Either/Or*, Part I, p. 143.

2　Ibid., p. 145.

它也带来了新的危险。反思和行动之间似乎存在无法消解的矛盾。克尔凯郭尔不仅认识到了这一点，而且还将这一结论运用到了他对于悲剧艺术的发展、变化的考察之中。

2. 悲剧的效果：忧伤和痛苦

古希腊悲剧与现代悲剧的表现核心不同，它们引发的悲剧效果自然也相应地呈现出了差异。在亚里士多德的悲剧理论中，悲剧最突出的效果即在于引起观众的"忧惧和怜悯"，并最终达到对这些情感的"净化"（katharsis）。在西方学界，对eleos和phobos这两个希腊词汇的翻译一直是存在争议的。将eleos译成pity、sympathy或compassion，并不能解释我们在观看悲剧时所产生的情感变化现象。我们并不简单地因悲剧人物的毁灭而产生同情或者怜悯；相反，我们更多会不由自主地生发出对悲剧英雄的仰慕或者崇拜之情。怜悯往往带有一种居高临下的优越感，这个词语中含有向下的倾向，而实际上我们观看悲剧时所生发的是一种向上的情感力量。而phobos所传达的fear或者terror之义也很容易引起我们的深思和怀疑：我们所忧惧的对象是什么？是悲剧作品中那毁灭一切的恶的力量，还是隐藏于我们生存深处的任何人都无法逃避的某种无名的力量？比如说命运，再比如说虚无。悲剧并不是让人因忧惧而成为命运（假如真有命运的话）的奴隶，恰恰相反，悲剧旨在让人挥洒过泪水之后更高地扬起高贵的头。悲剧所欲告诉我们的是，人并不是命运的仆从，我们的生命可以被毁灭，但人的尊严却是不可侵犯、不可摧毁的。悲剧所引发的忧惧并不一定使人意志消沉而陷入绝望之境。忧惧也可能会使人起而反抗这忧惧：或逃避或斗争。对于古代悲剧而言，它所唤起的是人的不屈不挠的斗争，因而悲剧带来的忧惧不是坏事。面对那不知来由的生存本身，面对命运的强大与人的渺小无力之间的对比，人若能够产生忧惧倒并不是坏事；有了忧惧，说明人在认识和了解自身的道路上前进了一步。不过，单用"忧惧和怜悯"还不能准确地表达我们在观看悲剧时的感受，幸好亚里士多德在此提出了"净化"概念。我认为，正是由于这一概念的提出，有关悲剧效果的论述才更准确、完整；也由于有了"净化"概念，我们才可以把亚里士多德关于艺术的社会功用的理论贯彻到对悲剧的阅读和欣赏过程之中。

所谓"净化"并不是说，在观看一部悲剧作品之后，人的情感可以变得更纯洁或者更高贵。实事求是地讲，悲剧并没有这么强大、直接的作用力。悲剧首先是一种艺术形式，艺术的初始功能并不在于教化，而在于娱乐；即使艺术有教化的功能，这功能的发挥也应该通过娱乐的方式潜在地发挥出来。这么看来，悲剧的目的不是净化人的情感。悲剧的净化首先在于，它能提供给人一种娱乐的情感宣泄方式；通过情感的宣泄，因观看悲剧而生发的忧惧和怜悯之情可以经过调节而最终达到平衡和健康。情感的意义以及正当的情感宣泄在古代哲学那里是不受重视的。在柏拉图眼中，只有理性才是高贵的，理性是治国之君所必需的品德；而情感则是人性中的低劣成分，它只是下等人才具有的品格。因而，情感的宣泄在古希腊并不是高贵的标志，与情感密切相关的艺术也因此遭到了贬斥。柏拉图公然宣称要将诗人驱逐出他的理想国，其主要原因即在于诗"对于真理没有多大价值"，它是对理念的摹仿之摹仿，因而"与真理隔着三层"；既然与真理无缘，诗自然也就于国家和政治无益；不仅如此，诗还于国家和政治有害，因为诗人"逢迎人性中低劣的部分"。[1]这也就是说，作为摹仿的诗只能摹仿人的无理性的部分，也就是人的容易激动的情感和容易变动的性格。无论是从理性至上论出发还是从政治统治者的立场出发，柏拉图都完全有理由将诗人作为有害无益的分子驱逐出境。作为柏拉图的学生，亚里士多德则在对待诗同时也是在对待情感的态度方面，以委婉、含蓄的方式提出了自己的反对意见。在他看来，人性的构成成分并不是单一的，在人的身上同时存在着知、情、意三个部分，它们有机地组合成了完整的人。亚里士多德并没有像柏拉图那样一味否定情感的作用，他从他所信奉的科学的世界观出发，认为情感与人性中的其他成分应达成一种和谐与平衡的关系。即使在试图理解和解答"人性"这样的抽象概念之时，亚里士多德仍然暗示了一个有机的、科学的图景。从他对情感的态度中我们可以推断，亚里士多德不会拒绝艺术在感染和激发人的情感方面的作用；同时，当他面对艺术尤其是悲剧艺术所唤起的强劲的艺术感染力的时候，他也更应强调净化的功能，因为经由净化，人的情感可以最终达到平衡，人性的构成也最终达到了完满。总之，亚里士多德承认艺术是有一定的正面

---

[1] 参见柏拉图：《理想国》，郭斌和、张竹明译，商务印书馆，1994年，第387—392页。

作用的，这作用主要表现在艺术对于人的情感的培育上。从某种角度说，这等于说他对其老师对待艺术的极端否定态度提出了委婉的反对意见。其实，正文可以反读。从柏拉图反对艺术的极端态度和缘由中，我们也能够领悟出柏拉图对艺术的社会功用的深刻理解。从治国之道来看，艺术的确不具备改造社会现实之力，诗人也谈不上能成就治国之大业；但是艺术却可以陶冶和培育人的情感，它能够使人的内心世界更加丰满、充实和滋润。

如果说亚里士多德的悲剧效果论更多的是在强调悲剧对于人的情感的谐调作用的话，那么到了黑格尔那里，悲剧的作用就集中体现在调节感（mediation）之上。所谓"调节感"表现为两个层次：一是悲剧内部的冲突将最终得到和解；二是指悲剧将对人的情感起到调节的作用。黑格尔认为，"冲突"是悲剧的核心，但是冲突的双方各自代表一种合理的伦理力量，因而它们同时又是片面的，其目的相互否定，所以它们才会在实现各自的伦理目标的过程中陷入矛盾和斗争之中。但是，冲突的双方最终将在和谐统一的伦理实体的胜利的前提下得到和解。与这种和解相一致的是，观众也会在经历悲剧冲突所带来的紧张之后获得平静和松弛的感觉，他们的精神由此获得了因矛盾和解而生发的调节感。与亚里士多德一致，黑格尔在论及悲剧的效果时也主要围绕"悲剧对人的情感的作用"这个问题而展开；他同样认为，在悲剧所带来的跌宕起伏的情感经历之后应该是一派宁静、祥和的景象，人的情感最终应以平衡、和谐为归宿。古代理性主义哲学家都认识到了情感在培育人性、丰满心灵方面的卓越功效。无奈，情感与他们所倡导的理性至上的方针相违背。所以，无论是柏拉图还是亚里士多德，抑或是黑格尔，他们的哲学都以构建理性的大厦为归宿，这就决定了他们对于情感从根本上采取的是排斥的态度。其中，柏拉图表现得最为极端，亚里士多德的态度小心谨慎，黑格尔则较多地带有调和主义色彩。

克尔凯郭尔对古今悲剧效果论所做的比较研究有着不同于亚里士多德和黑格尔的哲学前提。克尔凯郭尔的哲学出发点和重心在于使人重视生存，他批判理性主义者只把人当作理性的动物而忘掉了人是活生生的生命存在。既然人是有生命的存在，那么人的情感和体验就不容忽视。"生存"（existence）中的"生"本来就意味着"活着"，古代汉语中就有用"生人"来表示活人的说法；而"存"则表示"在"，表示活的一种持续的状态。生存应该是一个过程，这个过程并不是靠思辨、思想就能够完成的，生存必须靠人亲自在时间中去体验才能完成自身的实现。从生存哲学的角度出发，克尔凯郭尔不仅没有轻视情感的意思，而且他还在著述中专门提到"情感自身的辩证法"，把情感提高到有规律可循的高度。他的意思是说，情感并非是人身上的无理性的组成成分，它也不是人性中低劣的部分；情感是有规律可循可依的，而且情感因与人的生命节律相一致而成为分别人性高贵与否的标识。从生存哲学的情感观出发，克尔凯郭尔检索了亚里士多德和黑格尔的悲剧效果论，但他没有对亚里士多德的理论做任何评论，而是将批判的矛头指向了黑格尔。他认为，黑格尔实际上是接过了亚里士多德悲剧效果论的调子，但又做出了自己的并不彻底的"两面的观察"(double observation)。亚里士多德所说的悲剧引起的怜悯和忧惧之情,实际上指的是两种具体的、确定的情绪(mood),可是黑格尔所做的观察则将这确定的情绪分成了两种类型,即所谓"具体的"和"普遍的"。克尔凯郭尔认为,这种观察虽然正确但却没有多大意义,因为所谓"普遍的情感"终归是种误解;情感只能是具体的、隶属于个体的或者因具体事件而发的。[1] 在对待情感的态度上,克尔凯郭尔的生存哲学与思辨哲学传统有了根本的区别。

正是在对"情感的辩证法"的深刻认识和理解的基础之上,在对亚里士多德和黑格尔悲剧理论的检索的前提下,克尔凯郭尔才提出了他对悲剧效果的看法。他认为,古代悲剧中忧伤(sorrow)更深刻些,而现代悲剧里痛苦(pain)则更浓重些。[2] 对这个差别的原因进行分析,克尔凯郭尔仍然集中在当今时代的反思性特征上,反思的发达造就了现代悲剧注重对人物的性格特点的摹写,进而使得现代悲剧的情致以痛苦为中心。他说:"忧伤中有一种比痛苦更具有实体性的东西在内。痛苦总是指示着对苦难的反思,而这反思是忧伤本身根本不知道的。"[3] 克尔凯郭尔还进一步解释说,与整个希腊生活相一致,古希腊悲剧的忧伤是现在时态的。这也就是说,这忧伤的情致只能在现在的时刻内发生,它

---

1 参见 S. Kierkegaard, *Either/Or*, Part I, p. 147。

2 参见 ibid., pp. 147–148。

3 Ibid., p. 148.

不具有反思或者说后思（Nachdenken）的性质。[1]

至此，我们已考察了克尔凯郭尔对于古今悲剧所做的比较研究和批判。但是这并不是克尔凯郭尔的悲剧"理论"所要解决的根本问题；他要在比较的基础上，提出并解答联结着古今悲剧的核心概念——悲剧性。这也就是说，克尔凯郭尔在此真正要解决的问题是：一部好的悲剧作品所应具备的条件是什么？

二、"悲剧性"概念阐述

1.悲剧性：介于动作与苦难之间

尽管古今悲剧在表现核心和所引发的悲剧效果方面都有所不同，但是决定一出戏剧是否能被称为悲剧的核心概念"悲剧性"却是共通的。那么，真正的悲剧性存在于何处呢？克尔凯郭尔回答说，真正的悲剧性应该存在于主体和客体之间，存在于主体的"动作"和客体的"苦难"之间。纯粹的动作和纯粹的苦难，或者说绝对的纯洁和绝对的罪恶，都不能使我们产生真正的悲剧感。[2]

克尔凯郭尔认定，绝对的两极端不具有悲剧性。这首先是因为在他眼里，所谓"绝对的东西"在现实中是根本不存在的，绝对的东西本身只能是形而上学的产物，是思辨哲学体系的副产

1　参见 S. Kierkegaard, *Either/Or*, Part I, p. 155。

2　参见 ibid., p. 144。

品。[1]如果结合观看悲剧的感受来看这一论断的话，这种介于主体和客体之间的说法的确有其道理——悲剧性的感受只能存在于两种极端之间，在这两极端间，我们的心理张力达到了最大的承受限度。具体来看，所谓"绝对的纯洁"，我认为指的是我们从主人公身上几乎找不到罪或者说过失的成分，他完全依靠自己的力量或上天或入地。表面上看，从英雄身上找出过失是对其形象的损害，但事实上恰是这过失的出现或者说罪的成分的存在才能够将我们从悲剧性的世界的重压中解救出来。假如说我们在悲剧中看到一个毫无瑕疵的高、大、全式的人物在一夜之间毫无缘由地遭受灭顶之灾，这样的世界将是何等可怕！好的悲剧并不是要把我们的生存世界描写成一个地狱式的场所（也许现实世界真的是一个并无最终目的的混乱场所），而是要为我们提供一个将深刻的同情与思想隐藏起来的、带有一定秩序的生存空间。

相应地，绝对的罪也不具备悲剧的吸引力。对于这一点，克尔凯郭尔费了较多的笔墨来解释。所谓"绝对的罪"，克尔凯郭尔在此是指基督教的原罪。原罪从本质上说不同于古希腊悲剧中的罪，前者是一个宗教—伦理概念，而后者是一个美学—艺术概念。克尔凯郭尔认为，古希腊悲剧人物的动作中蕴含苦难的成分，这苦难表现为罪的成分，并最终以不可更改的命运的形式环绕着主人公的生活。表面上看，古希腊悲剧中的命运因素始终和人物的行动相连，而且这罪的降临似乎像原罪一样没有缘由，它

1　参见 S. Kierkegaard, *Either/Or*, Part I, p. 150。

给个人带来的折磨也是没有终结的。但是，这里的罪却绝不是原罪，此处的罪具有一种"美学的模糊性"（esthetic ambiguity）。这是因为，假如这罪就是原罪，那么悲剧主人公的痛苦也就会转化为悔恨，而这种情致实际上已超出美学的范畴，而具有了伦理的意味。"悔恨中有一种神圣性，这使它逃避了美学的性质。"[1] 古代的悲剧英雄身上有着罪的因素，但他们并没有对自己所遭受的罪或者命运进行反思，也没有对这罪进行逃避；相反，在遭受这罪的时候，他们对于自身是透明的（transparent），也就是说，他们的态度是坦然的。他们接受了自己的命运，并且毫无怨言。但是与此同时，古代世界的英雄们并不安于各自的命运；他们并不是命运的盲从的奴隶，他们在认清自己的大限的前提下努力操纵着自己的命运，力争成为自己的主人。古代的人并不像现代的人那样把"罪"这个字眼挂在嘴边，他们对于罪还没有形成明确的认识，也还没有做过深入的反思，他们只是接受了罪；但正因为如此，这罪带来的忧伤才最为深沉。克尔凯郭尔打了个比方：一个小孩子在不具备反思的能力、尚未形成对于"原罪"和"罪"的观念的时候看到一个成年人受苦，他不会费心思去追究那隐藏其中的原因，他只会隐隐有一种不祥的预感；他并不明白这一切是为什么，可他还是会接受这一事实，因而他身上所表现出来的忧伤也才在一种"全面而深刻的和谐"的意义上是最"温和而又深沉"的忧伤。[2] 古代世界的英雄不知道什么是悔恨，他们也不需要

1　S. Kierkegaard, *Either/Or*, Part I, p. 149.

2　参见 ibid., pp. 148-149。

悔恨；他们所需要的只是在接受了自身命运的前提下努力去抗争这命运，所以他们的毁灭才能够深刻地打动人心。而事实上，真正的悔恨——面向上帝才能有的悔恨——也不需要观众，它所要的是一种完全不同类型的自我活动（self-activity），这样的痛苦根本就不适合被搬上舞台。如果真要那样做的话，其结果只能是喜剧性的。克尔凯郭尔在这里还批判了现代人的肤浅性。他说，现代人希望在剧院中得到启示，但却又希望在教堂里受到"美学式的刺激"。[1] 克尔凯郭尔批评现代人把悲剧所带来的忧伤与宗教的那种更为深沉的忧伤和喜悦混淆在一处了，结果他们在两个方面都失去了应有的启示。

　　既然绝对的罪没有悲剧的吸引力，那么在充斥着"罪与罚"的《旧约》文本中，我们也几乎找不到悲剧的题材。在"绝对的罪"的范畴内，罪与罚是相辅相成的，而且上帝的赏罚是公正的。在耶和华的愤怒和诅咒中，我们看到的只是伦理的公正。相比于美学的温和，伦理的公正则显得相当地严苛。"内在地说，悲剧性是无限温和的，它从美学的角度指示给人们神圣的爱和同情。它是慈祥的，就像母亲的爱那样抚慰着受创伤的心灵。"[2] 古希腊悲剧中的罪就具有美学的性质。古希腊世界中的神更像是人，只是他们相比于常人拥有某些外在的方面（诸如力与美等）的优越，所以那时的神人关系更像是一种契约关系、合同关系，而不

1　参见 S. Kierkegaard, *Either/Or*, Part I, p. 149。

2　Ibid., p. 145.

是精神性的关系。古希腊的人与神之间也没有唯一的、至上的关系；相反，"复仇"是贯穿着古希腊世界的基本主题，不管是在人与人之间还是在人与神之间。所以，古希腊悲剧中的"罪与罚"的故事更像是"以眼还眼，以牙还牙"式的复仇故事；古希腊世界中的罪也只具有美学的性质，它与个体的行动相融合而转化为苦难的因子呈现出来。基督教世界不同于古希腊世界的地方在于，在基督教的世界中，上帝的意志是不容怀疑和侵犯的，上帝的惩罚也是公正的，上帝之爱表面观之是严苛的，它首先要求人悔悟自身的罪。你先悔悟身上的罪，上帝才能宽宥你。人为什么要先悔悟呢？克尔凯郭尔据《圣经》回答说，因为上帝先爱我们。[1] 在基督教的世界里，个人首先要信仰上帝对我们的爱，然后他才能承担起自己的祖先犯下的罪。但在古希腊世界中，人的罪只应是他个人的，或者是他的家庭、家族的罪。从某种角度说，他的罪是看得见、有根据的。因而，一个人落入愤怒的神的手中的确是件可怕的事，但是神的愤怒并不能泯灭人的价值和尊严，神的裁决并非公正而不可更改的。在古希腊的悲剧中，悲剧的主人公们以英雄般的隐忍力和大无畏的气概在艰难的行动中承受着各自的罪（苦难）；悲剧英雄们实际上是在反抗神的意志，只是他们最终将陷于失败。也正因为如此，他们才能给我们带来深刻的忧伤，也才能激起我们深切的同情。

从克尔凯郭尔对"绝对的罪不具备悲剧的吸引力"这一论点

---

1 参见 S. Kierkegaard, *Either/Or*, Part II, pp. 216−218。

的证明来看，他的"悲剧性"概念与悲剧这一艺术形式是紧密相连的；"悲剧性"并不像在现代哲学中那样被用来表示一种人类的普遍经验，它首先是一个源自艺术并且仍然囿于艺术领域的概念。在构成"悲剧性"概念的两大要素中，在成功的古代悲剧作品中，罪占据了相当重要的地位；正是这罪把主体的动作和客体的苦难连接起来，也才使人物的动作中蕴含苦难的因素，使得古希腊的悲剧英雄能够在罪或者说苦难中忍受着自己的命运并且反抗这命运。可以说，"罪"是克尔凯郭尔悲剧"理论"的核心。这一点与他的哲学思想的出发点有着密切的关系，因而有关悲剧性的"罪"的概念是克尔凯郭尔悲剧"理论"中独特的部分。但是，这个"罪"与基督教的"原罪"是两个不同的概念：前者是囿于悲剧艺术领域的概念，而后者则是宗教学的概念。二者有着本质差别。

2. "悲剧性"概念的关键：罪

在亚里士多德的悲剧理论中，hamartia［错误］是造成我们的悲剧性感受的关键概念。对于黑格尔来说，使我们生发出悲剧性感受的关键是悲剧冲突所带来的紧张感。在克尔凯郭尔那里，理解"悲剧性"的关键落在了对"罪"的理解之上。这也就是说，古代悲剧与现代悲剧的最为根本的不同应在于悲剧英雄的罪，在于"悲剧性的罪的本质"（nature of tragic guilt）的不同[1]，而前述反

1　参见 S. Kierkegaard, *Either/Or*, Part I, p. 144。

思程度的差异只是一个表面现象。要解释这一不同，必须从克尔凯郭尔思想的深处入手加以分析。

对反思性及思辨哲学体系极尽讽刺挖苦之能事在克尔凯郭尔的著作中占据了相当显著的位置，但是他的根本目的并不仅仅在于此；他的矛头指向现代生活中罪的意识的淡薄，他最大的希望是恢复人们对于罪的深切意识以及恢复对基督教的信仰。从人类自身的发展史看，反思性的加强并不是一件坏事，反思程度的提高标志着人的主体性的加强。对此，深受德国哲学和文化浸濡的克尔凯郭尔是不会否认的。他所反对的其实只是反思性或者说思辨理性在发展过程中所呈现的极端化倾向，尤其是反对理性对于信仰的僭越。克尔凯郭尔并不是一个非理性主义者，他只是一个反理性主义者；他的全部努力的目标是为理性划定一个范围，理性在人类生活的空间中只能占据有限的位置，它并不能解决人类的所有问题——尤其是在生存中所遇到的问题，比如说生活的意义问题、生活的终极目的问题等。有关理性的分类和划界的问题，早在康德那里就已经成为一个重要的问题。康德认为，理性有其自身的界限（boundary），它并不能认识自在之物本来的样子，而只能在没有止境的进程中认识它的"为我"的样子。康德还依其功能把理性分为纯粹理性和实践理性两种。其中，实践理性在其哲学体系中居于优越的位置，似乎享有某种特权。他说，有两种东西需要我们怀着赞叹和敬畏反复思考，它们是"头上的星空和内心的道德法则"。人被他自身所不能认识的自在之物所包围，人与这个无限的世界只存在着偶然的联系，他在这未知的世界之中显得渺小而微不足道。但是与此同时，人又是理性的动物，并且这理性具有立法的能力，人借助它树立起内心的道德法则，从而使自身从这不可知的自然界中超升出来。"道德法则就给我呈现出一个独立于动物性，甚至独立于全部感性世界以外的一种生命来……"[1] 可以说，康德的哲学中有神的位置，它被置于"道德学"的名下；神的存在是为了道德法则的实施，对于神的需要也是人的理性的自愿要求，这是一种内在的道德意向。从正统神学出发，康德的有神论实际上是对神学的瓦解，他的神终归是理性的产物，它代表着理性对于伦理道德问题以及生存问题的思考和关切。

这样看来，克尔凯郭尔对于理性的界限划分和功能限定是有一定的思想传统的，只是他的态度要激烈得多，在批判的道路上走得更远。这意思是说，克尔凯郭尔在解决问题的关键时刻把基督教的上帝搬了出来，他把矛盾推给了上帝——尽管在对待上帝和神的信仰的问题上，克尔凯郭尔的思想内部也存在着矛盾。一方面，从"主体性即真理"的认识论角度出发，他否认了一切绝对的、具有永恒意义的真理形态，所有的真理——包括《圣经》——只有通过"我"的激情的占有，经过一个内在化的过程之后，才可以成为对"我"有意义的真理。在此，信仰成了主体最充沛的激情与客观不确定性之间的矛盾，对信仰的追求成为一个永无止境的动态的过程。但是，克尔凯郭尔终归是生长在一个

1　康德:《实践理性批判》，关文运译，商务印书馆，1960年，第165页。

浸透着罪与罚的基督教氛围的家庭和国家中的人，对于基督教的上帝，他从情感上有种挣脱不掉的维系，因而他又把上帝当成了《新约》中的具有无上权威的人格化的上帝，当成了他（Him）、耶稣基督，并且他的全部哲学的批判都是为了恢复这个基督教上帝的权威——这是克尔凯郭尔自封的"使命"。

　　尽管对罪的意识的强调是克尔凯郭尔思想中的主导，但他仍对基督教的罪与悲剧性的罪做了区分。克尔凯郭尔说："悲剧性的罪不仅仅是主体性的罪（subjective guilt），它也是继承下来的罪（inherited guilt）。它跟继承下来的原罪的相同之处在于，它是一个实体性范畴（substantial category）；而正是这实体性，才使得悲剧中的忧伤如此深沉。"[1] 如果结合《诗学》的研究传统来看古代悲剧，克尔凯郭尔在此显然不会同意把亚里士多德的 hamartia 理解为"道德或者智识上的缺点或者错误"（a moral or intellectual weakness）。对于古代悲剧而言，靠寻找人物道德或者性格上的弱点，是无法解释我们在观看和阅读悲剧时的实际感受的。古希腊悲剧在展开剧情伊始，就将其主人公置于"继承下来的罪"的氛围中。既然这罪不完全是主人公自己犯下的，从某种角度来讲，他也不应该完全承担这罪责。可是这罪的事实又是无法更改的，它是每一个有此出身和境遇的人都应去面对和承担的——不管你愿意与否，反正结果都一样。因此可以说，所谓"继承下来的罪"其实也就是古希腊的"命运"的代名词，它在古希腊悲剧

1　S. Kierkegaard, *Either/Or*, Part I, p. 150.

中占据相当重要的位置。古代世界的个体总是有所归属的，也就是说，他们并非单纯的个体；相反，他们总是某一个家族的人，或者是某一个国家的公民，或者二者兼而有之。所以，他们的行动不能仅仅是个体性的，他们从一出生开始就和种种复杂的关系纠缠在一起，这个关系网将在决定他们的行动的诸因素中起作用。俄狄浦斯从出生开始就被预言将犯下杀父娶母的罪行，尽管他的家人一直在躲避这一可怕的预言，但是命运在古希腊人的身上是不可更改的。最终，俄狄浦斯还是在不自知的情况下证实了预言的正确性。假如俄狄浦斯（和他的家人）一味顺从命运的指示，一开始就准备逆来顺受地向命运卑躬屈膝，悲剧的意味或许也就没有那么鲜明了。悲剧的打动人心之处恰恰在于，它能够让主人公在命运不可摧毁的气势之下仍然张扬起个人行动的勇气，即使这行动很可能是没有结果的，即使主人公最终仍要被命运的强大力量所压倒。个人的力量敌不过命运，但个人并不因此而停滞不前。他仍在行动，因而他的失败了的行动才能引发他人的同情；并让人在挥洒了伤感的泪水之后，更清楚地认识到人自身的局限和力量，使人对自身的价值有新的洞视。古代悲剧中充满了苦难，但是单纯的苦难却并不能带来真正的"悲剧感"，因为好的悲剧中不仅有苦难，而且还必须涉及悲剧主体强大的决策力和意志力。在克尔凯郭尔那里，主人公的意志力具体表现在他承受罪并且在某种程度上反抗这罪的能力之上。好的悲剧的目的，并不在于为人揭示出一个非理性的、混乱的世界，也不是说悲剧就一定会使人悲观；相反，其本真目的是为人展示人生中最有价值的部分，尽管它是将这有价值的部分"撕裂"了给人看的。

克尔凯郭尔所说的悲剧性的罪的因素在古代悲剧中占据了相当重要的位置。但是对于现代悲剧而言，由于个体性力量的增强，个体逐渐脱离了他所应隶属的家庭、家族、社会团体而成为独立自为的人；这样一来，他的毁灭也就应该由他个人负责；人们总是可以从他们的行动中找出这样那样的"过失""错误"——道德上的或者决策上的；现代悲剧的主人公否弃了悲剧性的罪。哈姆雷特原本拥有复仇的时机，但由于他沉湎于反思行动的意义和结果，也由于他犹豫、迟疑的性格，终于使得他延误了时机，并最终导致了他的毁灭。可见，在现代悲剧中，所谓"悲剧性的罪"的内涵就由"继承下来的罪"转变为"道德上的或者决策上的失误"，由命运转变为过失或者错误。因而，现代悲剧给人带来的就是极具反思性的痛苦，而不是作为情绪反应的忧伤。在克尔凯郭尔看来，现代人患上了反思的通病，他们由此忘掉了作为个体的人所应有的行动。这一点在现代悲剧艺术中亦有所表现。

三、从悲剧世界到悲剧性世界

克尔凯郭尔对于古代悲剧和现代悲剧的根本区别的观察和理解，尽管出自他自身的哲学"系统"的需要而缺乏一定的历史维度，但他将"罪"作为核心因素列入悲剧中，对我们认识和理解悲剧作品无疑提供了启示。同时，他的观察和理解也得到了现代学者的认同。学者瓦尔特·考夫曼（Walter Kaufmann）在《悲剧与哲学》一书中就曾指出，自从莎士比亚时代以来，时代文化风貌有了相当大的改变，其中主要当推自我意识和主体性（self-consciousness and subjectivity）的加强。这样一来，古代的情感世界就不太容易被搬上舞台了。[1]当然，考夫曼在此并非如克尔凯郭尔一样仅围绕着"悲剧性的罪"展开论证，他只是把"罪"作为因素之一提出。同时，考夫曼还以一种历史的眼光对悲剧艺术的发展变化做了评论。他认为，当今时代的作家更注重形式的创新，他们本人并不愿总是步古人的后尘。可是这样发展的结果便是，"苦难的英雄"逐渐被"受难的牺牲者"所代替，高贵的英雄形象也逐渐被被动的"反英雄"（anti-hero）所取代。[2]

应该如何看待悲剧从古代向现代的转变呢？当现代人成了自在自为的主体之后，悲剧这一古老的艺术形式是否就无法以它独特的情致去探测人的情感世界了呢？难道悲剧真的是一株"罕见的植物"，只适合在某一特定的环境中生存？

从狭义的角度出发，悲剧的确并不是适合于任何时代的艺术形式。而且我认为，从古代悲剧向现代悲剧的转变其实也就是从悲剧世界向悲剧性世界的转变。"悲剧世界"和"悲剧性世界"是两个不同领域的概念。前者是一个艺术的世界，它是对于现实生活的浓缩和升华，在本质上是超越现实生活的；而后者则是

1　参见 W. Kaufmann, *Tragedy and Philosophy*, Anchor Books, 1969, p. 374。

2　参见 ibid., p. 376。

一个哲学化的世界图景，其本意在于揭示这个世界的虚无和荒谬的本质。艺术的根本目的是提供娱乐，哪怕这娱乐带给我们的是眼泪和哀叹；而哲学的世界则发人深思，它在一片理智的天空下让人窥探到人生中最本质同时也是最令人不寒而栗的真相。艺术的世界催人奋进，悲剧为我们展示的是人生中有价值的部分；而哲学的世界则发人深省，它不能容忍人满足于生活在虚幻的梦境中，而放弃对于生存中的形而上的东西的思考和追寻（当然，这些都是就好的艺术和好的哲学而言的）。"悲剧是人对这个欲将他毫不留情地摧垮的世界的回答。"[1]悲剧的真实意图是要唤起人的生存尊严：不管现实世界多么冷酷，也不管生存根本上是多么荒谬而无意义，人还是要奋起反抗居于我们生存深处的荒谬性和无意义感，哪怕以付出生命为代价。

而且，假如我们暂时越过克尔凯郭尔的悲剧"理论"而从历史的角度对悲剧这门古老的艺术做出考察就不难发现，作为艺术形式的悲剧正在逐渐退出人们的语汇表。与此同时，"悲剧性"一词却愈来愈得到了广泛的使用。悲剧愈来愈不能激发人的主体的意志力量，不能让人透过悲剧主人公所遭受的巨大苦难而感觉到人这一集天地万物之精华于一身的生灵的伟大；相反，我们越来越感觉到自身的局限性和自身在宇宙中的渺小。由此，我们从悲剧艺术的天地落入了真正的悲剧性世界。在悲剧世界中，人是高贵而不可战胜的，尽管命运诅咒着人的高贵品性，正义和公

---

1 F. L. Lucas, *Tragedy*, Hogarth Press, 1957, p. 78.

正时常受到怀疑与破坏，但是人的尊严最终获胜。在悲剧性世界里，人只是自知自己是高贵的；但同时人也知道自身的诸种局限性，知道他只不过是宇宙中的一棵苇草，人的高贵性只是表现在他的抗争过程中。而从悲剧世界向悲剧性世界的转化这一事件本身来看，人从至高无上的宝座一下子落到了与宇宙其他生灵同等地位上的事实，并不说明人的地位的下降。相反，我认为这种认识上的改变是由人自身的提高、由人的自我意识的加强所致。能够认识到自身的局限性，这一点恰恰是其他生灵所无法做到的，它恰恰是人的反思水平提高的表现。意识到人的悲剧性处境并不可怕，可怕的是人对自身的真实处境视而不见。这一认识不仅在理论上说得通，而且在人们对古今悲剧作品的解读过程中似乎变得更明确了。

在西方文学史上，从埃斯库罗斯的《被缚的普罗米修斯》，经文艺复兴时期莎士比亚的多部悲剧作品，至现代美国剧作家尤金·奥尼尔的《进入黑夜的漫长旅程》，它们恰好反映了从古代的悲剧世界向现代的悲剧性世界的转化。在这个系列中，人是在一步一步地加深对自己的了解的，他越来越清醒地认识到了自己的本来面目，也越来越深地向自己的内心沉潜。随之而来的结果是，他渐渐放弃了行动的能力和勇气。当普罗米修斯承认命运是真正的主宰，就连宙斯"也逃不了注定的命运"的时候，他是在以一种大无畏的英雄气概毅然面对着命运的罗网，并且带着为自身的行动负责的精神主动性去履行一个人所能尽的职责。认可了在这个世界上存在着超越了人的认识阈限的东西，承认了这个世界根本上是令人绝望的，普罗米修斯却并没有因此而在命运女神脚下俯首听命，他仍然在命定的范围内采取了抗争的姿态。他的"有命运存在"的世界观非但没有阻止他去行动，反而使他的行动有了更为宽广的天地，并且为他的牺牲找到了更为坚实的基础。在古希腊的悲剧世界中，个体是渺小而孱弱的，而命运则是强大而深广的。这两种相差悬殊的力量在一起较量，不管其结局如何，我们都能从中感受到人的崇高和伟大，感受到一种克服了生命的阻碍后所爆发出的生命力的蓬勃和洋溢之情。人有可能在抗争的过程中失败，但人的失败却无可否认地带有悲壮的色彩。

在莎士比亚的笔下，悲剧世界正在慢慢向悲剧性世界转移。人与命运的斗争渐渐向人的内心深处沉潜而变成了个体的性格诸部分的冲突，变成了主体的自我斗争。莎士比亚的剧中人都在经历了命运的折磨之后，不约而同地发出悲愤的呼喊：

谁能告诉我我是什么人？（《李尔王》第一幕第四场）

像我这样的家伙，匍匐于天地之间，有什么用处呢？（《哈姆雷特》第三幕第一场）

人生不过是一个行走的影子，一个在舞台上指手画脚的拙劣的伶人，登场片刻，就在无声无臭中悄然退下；它是一个愚人所讲的故事，充满着喧哗和骚动，却找不到一点意义。（《麦克白》第五幕第五场）

莎士比亚的悲剧主人公已开始了反思的生涯，他们发现了人，开始对人本身产生了怀疑和困惑；这是人的自我发现，是人性觉醒和进步的标志。在莎士比亚戏剧的冲突线索中，我们看到的也不仅是个体与外界之间的冲突，而且更多的是发生在个体内心世界中的自我斗争。从古希腊悲剧中，我们感受到的是渺小的个体与强大的命运抗争时的悲壮之美；而从莎士比亚戏剧中，我们似乎更多地感受到了个体的清醒的"疲弱"状态：我们比过去能够更好地认识自身的本来面目，但正是由于这一点，我们却越来越难得去不顾一切地行动了。

如果说莎士比亚笔下的主人公还在犹豫、还在迟疑，也就是说他们还有要行动的内在需求的话，到了现代作家奥尼尔的笔下，人就只能依靠毒品和梦想来麻醉自己了，因为"生活本身毫无意义"。在《进入黑夜的漫长旅程》中，女主人公玛丽靠回忆生活着，她对于目前的一切采取一种听天由命的态度。她还说："不要去想法了解我们无法了解的东西，或者去做我们做不到的事情——生活给予我们的许多东西，我们既回避不掉，也解释不了。"（第二幕第二场）但是，梦终归要醒来，梦永远也代替不了现实。梦醒之后，人才发现所有问题真正的症结。剧中另一位主人公埃德蒙在白帆、浪花和星空之间似乎体验到了"与神同在的境界"，在这一瞬间他超越了自己的存在。也就在这一瞬间，他发现了所有痛苦的根源："就在这一瞬间，你把一切都看得清清楚楚，你看清了藏在纱幕背后的秘密，而你自己就是秘密。……然后纱幕放下了，你又感到孤独无安慰，迷失在雾海中，你跌跌撞

撞不知往何处去好，也不知为什么要去。"（第四幕）[1]

现代人揭开了蒙在命运女神头上的纱幕，发现自己才是真正的问题之所在，人的归宿和生命的意义问题成了决定个人幸福的关键因素。而面对这一问题，个人恰恰又是最无能为力的。因此，现代的悲剧冲突并不在于个体与外界的力量对比，而在于个体内心深处的矛盾冲突，在于个体对于生活方向和目标的迷失。生活不再是神的恩赐，不再是人们怀着感激之情去承受、花着最大的气力去捍卫和争取的东西了，生活似乎成了现代人的一种负担，成了他们非履行不可的义务。现代悲剧透露给我们一种深沉的忧惧和悲哀：生活本身就是悲剧，而人则是这悲剧的根源；这与古代悲剧在悲壮的牺牲背后所极力宣扬的对生命的赞美和热爱是完全不同的。因而，现代的悲剧实际上也就在揭示着一个悲剧性世界，揭示着我们生存的悲剧性处境。如果说艺术对现实多多少少有所反映的话，那么悲剧这面镜子能恰到好处地折射出人对自身的认识过程。

至此可以说，悲剧并不是株常青的植物，它只能活跃在崇高被广泛认同的时代。当人对环绕着他的世界和他自身尚存有很多疑问的时候，他就以行动来回应冷漠的宇宙的挑战，以悲剧的形式来表现自己不屈不挠的反抗。而当人逐渐走向成熟、逐渐加深了对自身和这世界的认识之后，他们反而在这悲剧性的世界面

---

[1] 参见尤金·奥尼尔：《进入黑夜的漫长旅程》，载尤金·奥尼尔：《天边外》，荒芜、汪义群等译，漓江出版社，1991年，第419—572页。

前茫然不知所措，沉湎于永无休止的反思活动或者不结果实的梦想之中。人类在认识自身的进程中的每一次进步，都只会带来更深的痛苦和怀疑；每一重矛盾的解决也都伴之以更新的问题和矛盾，这矛盾又促使人去寻找解决困境的出路和办法。这是我们正视现实人生所必须接受的一个严酷的事实。

（原载《外国美学》第17辑，商务印书馆，1999年）

克尔凯郭尔的生存境界论

一、为什么是"生存论"而非"存在论"

利科曾在维也纳大学做过一次题为《克尔凯郭尔之后的哲学》的演讲，其中提到一个观点，说"存在主义哲学"似乎是一个只存在于哲学教科书中的有名无实的称谓，因为被划归在这一阵营中的主要人物几乎无人认可它，他们也没有共同的信念和方法论。[1]这个说法正确地强调了存在主义哲学家之间的差异，但是它也忽略了一点，即能够将他们聚集在同一面大旗之下的是他们围绕Existenz［生存］所做的思考，尽管分歧仍然存在。[2]在关

1　参见P. Ricoeur, "Philosophy after Kierkegaard", in J. Rée & J. Chamberlain ed., *Kierkegaard: A Critical Reader*, Blackwell, 1998, p. 10。

2　在海德格尔那里，Existenz是被"降格"使用的，它只是作为理解Dasein［此在］的根据而被使用的；而在雅斯贝尔斯那里，人则被描述成真正的Existenz，而不是Dasein当中的一个。参见叶秀山：《思・史・诗》，人民出版社，1988年。

于Existenz的问题上，被奉为"存在主义先驱"的丹麦哲学家克尔凯郭尔直接从生活本身入手，塑造并描述了"审美的""伦理的"和"宗教的"三种典型的个体生活方式，他称之为"生存阶段"（Eksistensstadier）或者"生存境界"（Existents-Sphærer），有时还称之为"人生观"（Livs-Anskuelse），以其独特的"非哲学"（利科语）的方式启发了后人关于Existenz所具有的关于人的"生存""生活"的含义的思考，从而为存在主义哲学提供了丰富的养料。

在汉语世界当中，对Existenz有不同的理解和翻译，其中主要包括"实存""存在"和"生存"。针对不同的哲学家及其思想，这些不同的理解各有其道理。在海德格尔的语境中，Existenz被理解为"存在"比较恰当。海德格尔真正关心的是Sein［存在］本身。为此，他从Existenz入手来分析Sein的意义，由此揭示出了Sein除系词之外所具有的更为基本的"存在"的含义，最终达到了批判西方传统形而上学的目的。而就克尔凯郭尔而论，他本人并无心（抑或无力）从根本上清算传统形而上学所陷入的困境，他只是在以知识论为特征的传统哲学达至顶峰的时代对个体单纯的知性的生活表达了不满和怀疑，希望个体能够过上一种完满的、人性的生活。因此，克尔凯郭尔语境中的Existents（Existenz的丹麦语写法）不折不扣地指示的就是作为个体的人的"生存""生活""活着"。从文本来判断，当克尔凯郭尔使用Existents这个具有拉丁语源的丹麦词汇的时候，他并未如海德格尔那样从语源学角度来探究该词的"原始"意义，他脑子里想到的只是该词在日常生活层面最为一般的含义，即"活着"（det at leve）和"活着的方式"（maade at leve paa）。在行文过程中，他还时常用另一个出自丹麦本土的同义词 Tilværelse 来替换 Existents。Tilværelse 主要表示人和其他生物在现实世界中的"存在"。在日常丹麦语中，二者之间并无实质性的区别，它们都能够与人称代词的所有格形式连用。例如，min Tilværelse 或 min Existents，其意思实际上是说"我的存在方式/样态"或者"我的生活"。

除了语源上的证据之外，克尔凯郭尔在他最具哲学性的假名著作《最后的、非科学性的附言》一书中对 Existents 做过一段解说，从中我们也能够很清楚地看出 Existents 所具有的个体"生存""生活"的含义。书中这样说道："生存本身，也就是去生存，是一场斗争，它既充满悲情同时又显得很滑稽。说它充满悲情，是因为这斗争是无止境的。它冲着无限而去，且不会终结，而这一点正是最高程度的情致。说它滑稽则是因为，这斗争本身就是一个自我矛盾。"[1] 不难看出，这里的"生存"明确指示的就是有限的人在时间当中活着的状态。在这个意义上，它与海德格尔哲学中所讨论的 Dasein 比较接近。克尔凯郭尔之所以强调人的生存是一场斗争，其根源在于他的人类学观点。在《致死之疾病》一书中，他借假名作者之口开宗明义地为人下过一个定义："人是无

1　S. Kierkegaard, *Søren Kierkegaards Skrifter*, Bind 7, Gads Forlag, 2002, pp. 90−91; *Concluding Unscientific Postscript*, Part I, trans. H. V. Hong & E. H. Hong, Princeton University Press, 1992, p. 92.

限和有限、时间和永恒、自由和必然的综合，换言之，人是一个综合体。"[1]人明知自己是有限的、有死的，却偏偏要追求无限和永生，希望以永恒来克服个体存在的有限性。人虽知不可能在这场斗争中获胜，但是生活仍要继续，斗争仍要进行。正是在这个意义上，克尔凯郭尔才说，人的生存既是悲剧性的又是滑稽、可笑的。

对于人的这种既悲情又滑稽的生存样态，人的认知手段和知识形态显得有些力不从心。对于我们这些大活人（existende Aand）而言，人的生存过程或者说生命历程是非体系的、非逻辑的，它就是"混沌"。但是，克尔凯郭尔认为，在上帝眼中，生存就是一个体系，它只是不对我们这些凡人开显。这也就是说，从知识论的角度出发，我们在生存问题方面是处于劣势的，不过我们不必因此而悲观失望；相反，克尔凯郭尔认为，我们可以通过行动（Handling）来补偿我们在此方面的知识的欠缺。虽说知识应该先于行动，但是在认识之前也同样需要行动；尤其是在并非全知全能的我们面对"生存"这个只为自身和上帝而在的体系的时候，行动将可能是一条比知识更为有效的途径。从思想渊源上来看，这个主张与基督教神学在精神脉络上是一致的。基督教神学中有一个前提，即人与上帝之间存在着一条不可逾越的鸿沟，这

1　S. Kierkegaard, *The Sickness Unto Death*, trans. H. V. Hong & E. H. Hong, Princeton University Press, 1980, p. 13.克尔凯郭尔《致死之疾病》一书的作者署名为反克利马克斯（Anti-Climacus），表面上看，他是《附言》的假名作者约翰尼斯·克利马克斯（Johannes Climacus）的反对者；但是根据克尔凯郭尔的日记，这两位假名作者之间其实有着很多共同之处。他们的差别只在于，约翰尼斯·克利马克斯自视尚不是基督徒，而反克利马克斯则自视为极高程度上的基督徒。

一点使得人能否认识上帝成了一个问题。为了解决这个问题，阿奎那提出了"类比说"（analogy）来弥补人类语言与神圣语言之间的距离；邓斯·司各脱则提出了实践科学（scientia practica）的主张，认为我们应该用对上帝的爱来弥补我们对上帝的知识的缺陷。在克尔凯郭尔那里，"行动"指的就是个体按自己的方式"活着"并且"活下去"的斗争，这场斗争将伴随着个体全部的生命历程。

如此一来，我们似乎更容易理解为什么克尔凯郭尔并没有构建出一种关于人的生存的本体论。也许这是因为克尔凯郭尔认识到了生存的混沌性，人的生存太具体因而也太丰富了，以至于克尔凯郭尔认为传统哲学的语言面对它时显得苍白无力。于是他才转向了"非哲学"的方式，通过塑造三种典型的生存境界的方式来阐明他关于个体生存的思想。

在逐一考察克尔凯郭尔的三种生存境界的特点时，我们首先把它们当作三种不同的生活方式，而并不在它们之间做出高下之分。克尔凯郭尔在展开其生存论的时候曾使用过"生存境界""生存阶段""人生观"这三个术语，其中"境界"出现的频率最高。根据他在写作中对所使用的概念、术语向来不做严格区分这一点来判断，这些术语的基本含义并无二致，只是它们带给人的感受不同。"阶段"具有一种线性发展的色彩，不同阶段之间的更迭就像是上台阶一样，一层高过一层；而"境界"则更有立体感，不同境界之间还存在着彼此交叉、重叠的可能性。因此，"境界"一词与个体的生存方式和样态所表现出的丰富性和复杂性更为匹配。

二、生存境界论

1.审美境界

　　审美境界和伦理境界主要是通过假名作品《非此即彼》来展现的。在该书中，这两种生活方式呈现为彼此对立的局面。[1] 审美的生活态度是非连贯、非单一的，并且缺乏内在一致性。不过总括起来看，有两种态度可以代表克尔凯郭尔所意谓的审美的生活方式，这两种生活方式分别与"审美"一词的两种含义相契合。一种是单纯追求感官享受的生活方式，这里取"审美"一词本源性的"感性""感觉"的意思；另一种则是仅仅停留在对生活的静观和反思层面并因此缺乏行动的生活方式，这里的"审美"与艺术学和美的理论直接相关，因为艺术创作是讲求对现实生活采取静观态度并且保持与实际生活的距离感的。如此一来，能够代表审美生活方式的典型人物，既有以直接性为特征的神话式的人物唐璜（《情欲的直接性阶段或者音乐性的情欲》），又有充满反思而缺乏必要的决断的诱惑者约翰尼斯（《诱惑者日记》）。表面看来，两个人物都是诱惑者，但他们对生活的态度却截然相反，这一点反映出审美生活方式的非连贯性。

　　克尔凯郭尔笔下的唐璜是一个生活在直接性当中，因而绝对排斥反思性的人物。作为"肉体的化身"，唐璜将自己的生活目

1　与此相关的另一部书是《人生道路诸阶段》，它在某种程度上是《非此即彼》的翻版。写于1843年的《非此即彼》代表着克尔凯郭尔作者生涯的真正开端，它的影响也最大，因此本文只讨论这部书。

标完全建立在追求瞬间的感性享受之上，因此他成了一个不折不扣的行动主义者。他不遗余力地诱惑了1 003个不同的女性（见莫扎特同名歌剧中的细节），而每一次，他都满怀着同样强烈的对女人也就是对生活的饱满热情。正是凭着这股激情，唐璜漠视所有的伦理规则，并且将自身凌驾于伦理王国之上。作为行动主义者，唐璜是为克尔凯郭尔所赞同的，但是唐璜的行动动力却是有问题的。唐璜的行动来自感性欲望的全部力量，而这种力量又来源于忧惧（Angst）。根据克尔凯郭尔，唐璜身上的忧惧不是主体反思的产物，而是本体性的；也就是说，我们对其根源可能无从知晓。正是这忧惧构成了唐璜的行动的全部动力。[1]那么，在作为一种力量的感性欲望与忧惧之间就产生了一种恶性循环：一个人因忧惧踏上感官享乐的道路，希望以此摆脱忧惧的侵袭；但是他在感官享乐的道路上陷得越深，他所具有的本体性的忧惧也就越深沉；如此循环往复以至无穷。在这个意义上，唐璜的生活尚未达到"绝望"的层次。根据克尔凯郭尔另一部假名作品《致死之疾病》对"绝望"的阐述和分析，绝望虽然是罪，但是绝望情绪的存在从反面证明个体意识到了自我的存在。处于绝望中的个体，或者想极力否定、反抗现有的自我，或者想极力成为他们认定的自我。唐璜的直接性生存的特点使他无暇、无力顾及"成为自我"这一个体的根本任务，他只是在忧惧这一内驱力的作用下

1　参见S. Kierkegaard, *Søren Kierkegaards Skrifter*, Bind 2, 1997, p. 131; *Either/Or*, Part I, trans. H. V. Hong & E. H. Hong, Princeton University Press, 1980, p. 129。

行动着，这行动几乎构成了对他的一种惩罚。因此，唐璜并没有获得固定的自我形象，他总是徘徊于个体与理念之间，徘徊于确定的自我与生活的能量之间。[1]

相比之下，诱惑者约翰尼斯的形象要复杂得多。约翰尼斯是一个摒弃了感官享乐而刻意保持与生活的距离的旁观者，他追求的是"诗意地生存"这样的精神性目标。为此，他努力寻找生活中"有趣"的东西，而天真纯洁的柯黛丽亚对于他来说正是一个有趣的对象。他对柯黛丽亚的诱惑，准确地说，应该是他以超然的、静观的态度对这个对象的欣赏和享受。从一方面来说，约翰尼斯是个成功的艺术家，他始终与自己所欣赏和爱慕的对象保持着恰当的距离。通过他的诱惑，柯黛丽亚逐渐认识到了自身潜在的"女人性"而日渐成熟，而他本人也始终保持着对自己心仪的对象的美感。但是从另一方面来说，约翰尼斯是个缺乏激情的、失败的恋人，他对于生活的全部感受（体现在对女性的认识上）都来自他的生活理念和反思活动，他甚至没有那种亲身投身于生活的真切体验，而只是超然而冷漠地看待生活。在这个意义上，约翰尼斯与克尔凯郭尔所批判的思辨哲学家是一致的，他们都只生活在理念构筑的世界中而忘掉了生存本真的意义。如果按照这个标准，约翰尼斯恐怕还不如唐璜更懂得生存的含义，因为后者至少对其每一次情感冒险都十分投入；唐璜对反思的完全排

---

[1] 正因为如此，克尔凯郭尔才认为莫扎特的音乐是唐璜故事的最佳载体，因为唐璜的生存就像音乐，只有当乐音响起的时候，他才获得生命。

斥，也使他在面临下地狱的惩罚的时候，依然能够无畏地高唱着颂扬生命和爱情的歌曲。不过，约翰尼斯与思辨哲学家又是不同的，至少约翰尼斯对于自己缺乏决断和行动的处境是有清醒认识的。在内心深处，他还对自己的人格感到了绝望，因为他丧失了行动的能力和愿望，他与否定行动的意义的虚无主义只有一步之遥。但是根据克尔凯郭尔，人在绝望的驱使下有着转向拯救的可能性；实现这个转换的关键，在于绝望者是否有勇气去选择，去实现这次跳跃。在这个意义上，约翰尼斯比唐璜更接近拯救。

表面观之，克尔凯郭尔所塑造的审美境界十分吸引人，构成《非此即彼》上卷的8个独立篇章都写得情感真挚，文采斐然。但是，审美境界的两种典型表现或者因未能触及"成为自我"的任务，或者因陷入反思者的绝望，而最终应该遭到否定。

2.伦理境界

在《非此即彼》的下卷中，克尔凯郭尔所塑造的伦理代言人威廉法官给审美者写过两封长信（《婚姻的审美有效性》和《审美与伦理在人格修养方面的平衡》），它们集中反映了伦理境界的特点。表面观之，与文采飞扬的上卷相比，下卷风格沉郁，训导味比较浓，甚至颇有些枯燥乏味。但是在这些枯燥的文字背后，克尔凯郭尔关于"选择"的现代性思想得到了很好的传达，而这也正是他受到存在主义关注的重要原因之一。

深入的阅读可以揭示出，威廉法官的形象及其所传达的思想是多层面的，这些层面之间存在着一种递进的关系。总括起来，这位伦理代言人揭示了三种层面的伦理观。

威廉法官提倡的是具有普遍性、讲究责任感的伦理观。威廉法官的生存境遇与审美者"轻"得几乎令人难以忍受的境遇形成了鲜明对比：他有工作，有妻子、儿女需要养活，因此他的双脚站立在坚实的大地之上。在他看来，一个男人的责任感体现在两个方面，即工作和婚姻。伦理的人虽然为生存而工作，但是他的工作能够体现出普遍的人性。婚姻在威廉法官眼中则是实现普遍性的途径，婚姻不仅给予爱情以形式，与婚姻相伴而生的责任感还能战胜时间和爱情本身所带来的忧惧。虽然威廉法官同传统伦理学家一样都强调了普遍性之于伦理学的意义，但是他所谓的"普遍性"却最终落实在工作和婚姻这两个平凡但却人人都无法逃避的坎儿之上。这就使得威廉法官所宣扬的普遍性的伦理具有了生存论的意味，他希望伦理学真正关切人的真实生活境遇，而非仅仅停留在理论的层面上。

为此，威廉法官以独特的方式对思辨哲学提出了批判。他经常声称自己并不懂哲学，只是一个已婚男人。而从这个需要养家糊口的已婚男人的视角出发，哲学的、思想的世界与现实的生活世界之间的界限被鲜明地标识了出来；前者体现的是逻辑和理性，而后者呈现出的则是矛盾和混沌。思想的世界是一个必然的世界，其中矛盾有可能被消解；而现实的生活世界则是一个生动的可能性的世界，矛盾将永远贯穿其中。在威廉法官看来，哲学是面向过去的，哲学考虑的问题是如何使已被经历过的世界历史的整体中的全部要素进入一种更高的统一，因此它需要不断地

"调和"。[1]问题是，这样的哲学解决不了生活本身对于一个需要养家糊口的已婚男人所提出的基本要求，生活中的人必须要面向未来，要采取行动。由生活领域这个切入点，威廉法官最终提出了生存伦理学的主旨，即我们应该用"非此即彼"的选择来应对生活中的矛盾。

在强调选择之于人生的意义的时候，威廉法官明确告诫审美者，只有通过选择，审美者才能摆脱虚无主义的境地。事实上，审美者也曾选择了自己的生活道路。只是在威廉法官眼中，审美者的选择或者因其直接性特点，或者因其陷入多样性中，而错失了选择所具有的严格的"非此即彼"的含义。他说："选择是伦理的一个内在的和严格的术语。在更为严格的意义上，我们总是可以肯定地说，哪里存在着非此即彼的问题，哪里就跟伦理有着某些关系。"[2]为了强化选择行为本身的重要性以及凸显它作为伦理原则的意义，他一度将选择的内容暂时抛开，指出所谓"非此即彼"的选择并不是在善与恶之间进行；相反，"它意味着同时选择善和恶，或者将它们排斥在外"[3]。从实现个体的伦理目标的角度出发，选择行为本身的意义要远远大于选择的内容的意义，因为后者是个体自己必须负责的事情。

但是，威廉法官真的不关心个体选择的"什么"吗？应该说，威廉法官不关心的是个体在面对具体的生存情境时所做出的

1　参见S. Kierkegaard, *Søren Kierkegaards Skrifter*, Bind 3, 1997, p. 167; *Either/Or*, Part II, p. 170。

2　S. Kierkegaard, *Søren Kierkegaards Skrifter*, Bind 3, p. 163; *Either/Or*, Part II, pp. 166–167.

3　S. Kierkegaard, *Søren Kierkegaards Skrifter*, Bind 3, p. 165; *Either/Or*, Part II, p. 169.

具体的选择，但是他却关心个体的绝对的选择。当个体做出如是选择的时候，他选择的不是别的，而是自我，而且是"在永恒有效性范围之内的自我"[1]。从某种意义上说，审美者也有自我，只是他们的自我是通过创造，而且是从无中的创造完成的。对此威廉法官明确宣布，他"并不是在创造自我，而是在选择自我"[2]。之所以会有如此不同的态度，首先是因为威廉法官对现实生活采取了积极投入的态度。对于工作和婚姻生活的追求不仅使他认识到了普遍性的意义，而且也使他认识到了真实的自我并非是抽象的、孤立的，而是处于一定的关系之中的。这些关系包括了上帝、时代、民族、家庭、朋友等，它们将成为个体选择时的背景和参照系。至此，克尔凯郭尔著述中常常出现的伦理—宗教的用法（主要在《附言》一书中）已经在威廉法官的身上露出了端倪。由于他承认了"永恒有效性"的有效性，承认了选择所具有的背景，选择的伦理原则也就同时具有了宗教的色彩。

3.宗教境界

克尔凯郭尔是一个宗教作者，确切地说是基督教《新约》的倡导者。根据他死后出版的《关于我的作家生涯的观点》一书对他的假名作品所进行的总结，宗教的因素从一开始就存在于他的作品当中了。这里，将从分析他的两部假名作品入手来理解

1　S. Kierkegaard, *Søren Kierkegaards Skrifter*, Bind 3, p. 205; *Either/Or*, Part II, p. 214.

2　S. Kierkegaard, *Søren Kierkegaards Skrifter*, Bind 3, p. 207; *Either/Or*, Part II, p. 215.

克尔凯郭尔的宗教境界的主旨。这两部作品是《畏惧与颤栗》和《附言》。

决定宗教生活方式的关键在于信仰的确立。在《畏惧与颤栗》中，克尔凯郭尔围绕着《圣经》中听从上帝的指令而决意要杀死爱子的亚伯拉罕的故事，从伦理与宗教的分界问题入手提出了信仰的绝对性和荒谬性。从伦理的角度出发，毫无疑问，亚伯拉罕弑子的行为僭越了人类普遍的伦理准则。问题是，亚伯拉罕此举是为了一个更高的目的，即他对上帝的绝对服从。在克尔凯郭尔看来，这种出于信仰的行为将使以普遍性为旨归的伦理被悬搁起来，因为信仰是纯粹个体的、私人的事业，它与普遍性毫不相干。[1]这也就是说，亚伯拉罕的行为在伦理意义上是犯罪，而在宗教意义上则是"合法的"——这个意思后来在《附言》一书中得到了进一步的阐发。克尔凯郭尔在行文中多次指出，信仰的实质就是悖论，因此它对于理智而言是荒谬的。基督教信仰的悖论就在于，永恒而无限的上帝将在具体的时间、具体的地点在我们中间临现。克尔凯郭尔指出，从知识论的角度出发，信仰与知性（Forstand）是彼此冲突的，任何用知识来证明信仰或者把信仰变成知识体系的做法都是对信仰的冒犯。而对于悖论，我们只有依靠激情的力量，在激情的作用之下摆脱逻辑和知识的束缚，"尽心、尽性、尽力"地爱上帝。在此，克尔凯郭尔只是在重复德尔

---

1 参见S. Kierkegaard, *Søren Kierkegaards Skrifter*, Bind 4, 1997, p. 153; *Fear and Trembling*, trans. A. Hannay, Penguin Books, 1995, p. 88。

图良所提出的"正因为荒谬我才信仰"的著名论断，他因此而返回到了护教论的立场。在克尔凯郭尔生活的时代，世俗主义已经大规模地侵入了社会生活的各个领域，并日益成为基督教世界的主导趋势，人们倾向于用理性来化解宗教信仰的问题。而克尔凯郭尔偏偏把"使成为一名基督徒变得难起来"作为自己的目标，成了一名不懂得"与时俱进"含义的思想家。

除了信仰问题之外，理解克尔凯郭尔心目中理想的基督教境界的另一个关键在于个体与上帝的关系问题。克尔凯郭尔强调个体或者单一者（den Enkelte）直接面对上帝。这一主张毫无疑问是来自新教路德宗的，只是克尔凯郭尔将"个体"的意义进一步扩大到了社会生活的领域。人为什么要以个体或者单一者的形象直接面对上帝呢？这是由上帝作为绝对的（唯一的）、至高无上的存在这一点决定的。克尔凯郭尔曾说过，我们应当"与绝对建立绝对的关系，与相对建立相对的关系"[1]。个体与上帝之间的关系是绝对的，这个关系绝对不允许有任何间隔。这个绝对关系保证了个体有资格、有勇气超越于伦理关系之上，就像亚伯拉罕一样。不仅如此。在克尔凯郭尔看来，这个绝对关系使得个体与个体之间的平等真正成为可能。克尔凯郭尔对民主运动是持否定态度的。他认为，由民主运动带来的人与人之间的平等只是数学式的平等，它实际上是人的一种"平均化"。真正意义上的平等关

1　S. Kierkegaard, *Søren Kierkegaards Skrifter*, Bind 7, p. 392; *Concluding Unscientific Postscript*, Part I, p. 431.

系只有当个体在绝对的维度之下被确立起来之后才是可能的；只有在绝对的维度之下，个体与个体之间才能达到真正的平等。这个分析对于我们重新审视基督教思想的意义具有一定的启发。

除了树立起个体的形象之外，克尔凯郭尔还强调了个体的行动之于宗教生活的意义。在《附言》中，克尔凯郭尔曾指出，信仰是个体的内心性对于客观不确定性的一种永无止境的追求。与路德不论事功的主张不同，克尔凯郭尔强调作为（Gerninger）之于信仰的意义。这样做的直接结果便是，信仰成了伴随个体整个生命历程的行动。路德不论事功的目的在于强调，人的拯救不靠我们的努力，而只能依靠上帝的恩典。对此，克尔凯郭尔并无异议。所不同之处在于，在克尔凯郭尔看来，信仰之于个体生存的意义不在于最终的结果，而在于个体是否为了他所认定的目标采取了必要的行动。明知我们的努力可能对于拯救的事业来说并无用处，但我们还是冲着那个目标一如既往地行动；因为人生是一个过程，衡量人生是否完满的标准不是看最终的结果，而是看个体是否充分享受了人生历程当中的每一瞬间。这个思想是非常具有现代性的。

与此同时，当克尔凯郭尔把信仰视为个体的内心性、激情对于客观不确定性的不懈追求过程的时候，信仰不可避免地成了个体的冒险和对于客观不确定性的探索。关于"信仰是一场冒险"的主张也非克尔凯郭尔的发明，帕斯卡尔就曾提出过"打赌说"，指出在事关上帝存在的问题上理智无法做出任何决断，所以我们就应该大胆地赌上帝存在。如果赢了，我们将赢得一切；如果输了，我们也并不损失什么。[1] 相比之下，克尔凯郭尔的主张似乎更为冒险，他把上帝视为客观不确定性。如此一来，痛苦也就不可避免地成了宗教境界的一种典型情致。一个人确立了自己的信仰，并非如我们通常所认为的那样就一劳永逸地解决了个体"安身立命"的问题。恰恰相反。即便一个人当初是基于个人的选择而决定成为一名基督徒，但这只意味着他在信仰之旅上刚刚迈开了第一步；在他生命历程的每一瞬间，他应该持续地倾听上帝的声音，因为信仰是一桩纯粹个体的事业，是个体与上帝之间持续的密谋。那么，信仰者的痛苦到底能达到什么程度呢？对此，我们可以转向克尔凯郭尔在《畏惧与颤栗》中对亚伯拉罕的心理所做的描述。当亚伯拉罕听从了上帝的指令而决心杀死他唯一且无辜的爱子的时候，当他为了履行对于上帝的绝对职责而不得不向自己的妻儿隐瞒真相的时候，他的内心承受着常人难以想象的巨大压力，他孤独而沉默。在常人眼中，他的举动将被视为疯狂；从以普遍性为旨归的伦理出发，他的行为是犯罪；即使在教会权威眼中，他对上帝的指令的绝对服从又极有可能被视为自我中心式的狂妄自大。在这种压力之下，即便他对上帝的信仰是执着的，难道他不会有一瞬间的忧惧和怀疑吗？总之，克尔凯郭尔把痛苦作为宗教生活的典型情致的目的与他从事写作的目的是一致的，那就是"使成为一名基督徒变得难起来"。

至此，我们已经考察了克尔凯郭尔宗教境界的基本特点。应

1　参见帕斯卡尔：《思想录》，何兆武译，商务印书馆，1995年，第110页。

该说，这是一幅复杂的图景。其中，传统的护教论思想与现代性的关于个体以及个体选择的思想相互交织；启蒙与反启蒙的主题彼此交响。也许正因为如此，克尔凯郭尔才能同时引起基督教新正统主义和存在主义运动对他的关注。

但是，克尔凯郭尔的宗教思想中还存在着一种解构宗教的力量。当他极言信仰是一桩纯粹个体的冒险事业的时候，他实际上已经从理论上否定了教会和宗教制度仪式存在的必要性，而他在生命的晚年与丹麦国教会展开的激烈论战可以被看作他对这一主张的激进实施。问题是，如果信仰的王国排除了理性，排除了某种普遍性的东西而只留下悖论和激情，那么我们如何才能把绝对的虔诚者和极端自我中心主义者区分开来呢？事实上，克尔凯郭尔已经意识到了这个问题，但是他并没有为我们提供令人满意的答案。在《畏惧与颤栗》中，他曾说过："信仰的悖论性丧失了中介词，也就是普遍性。它一方面包含着极端自我中心主义的表达（为了他自身的目的而采取这一行动），另一方面又包含了对最为绝对的奉献的表达（为了上帝而行事）。"[1]面对这种难以决断的处境，克尔凯郭尔只是一味强调信仰的个体性；而且他还试图告诉读者，一个人只能在他的知音那里谋求理解。其言外之意是，作为独特的个体，一个人必须承受其选择行为所带来的一切后果，不论这种行为在他人眼中是多么有悖常理。如果不被理解的话，那他就应该保持沉默。

---

[1] S. Kierkegaard, *Søren Kierkegaards Skrifter*, Bind 4, p. 163; *Fear and Trembling*, p. 99.

三、生活辩证法以及生存境界之间的关系

克尔凯郭尔所塑造的三种生存境界之间的关系是什么？他的假名著作中曾给过几种不同的答案。在《非此即彼》中，审美境界与伦理境界彼此对立；在《附言》中，则有审美者→反讽者→伦理个体→幽默家→宗教个体这样的逐级上升的排序。在《关于我的作家生涯的观点》中，他认为一个宗教作者将从审美起步，并由此肯定了从审美境界向宗教境界跳跃的可能性。所有这些关于生存三境界的混乱信息为我们理解它们之间的关系造成了一定的困难，尤其是"三境界"或"三阶段"的说法很容易让人联想起黑格尔的辩证法。

我们知道，克尔凯郭尔在《附言》中曾对黑格尔的辩证法提出了尖刻的讽刺和批判。其根本点可以归结为一句话，即辩证法只是一种精致的思维游戏，它无助于解决生活当中的矛盾。之后，克尔凯郭尔提出了"生活辩证法"（life's dialectics），并以之与黑格尔逻辑学中的辩证法相对立。在哲学史上，克尔凯郭尔历来被视为黑格尔的批判者。但在实际的著述活动中，他却经常利用思辨哲学尤其是来自黑格尔的概念和术语，只是他对之进行了彻头彻尾的生存论的改造，生活辩证法的提出仅是其中的一个例子。如果我们从生活辩证法的角度来看待克尔凯郭尔的"审美""伦理"和"宗教"这三种典型的生存境界的话，它们之间的确存在着一种由低向高的发展关系，但是这种发展并不遵循正—反—合三步上升的路径。在人的生存领域更有可能存在的情

况是，当个体从一种较低境界向较高境界迈进的时候，前一种境界并未被全盘否定，只是它的地位遭到了"降格"处理。因此，除了这三种典型境界之外，还会出现一些"中间地带"，因为不同的境界之间往往会有彼此交叉、重叠的现象出现。换言之，在现实的生存领域，很难有纯粹的审美的、伦理的和宗教的生活，因为"生活像一团麻"，个体应对生活的方式也应当是复杂多变的。对此，克尔凯郭尔自己的生活道路或许最能说明问题。他不是唐璜式的人物，他也够不上诱惑者，因为在与雷吉娜之间所上演的不幸的婚约事件中，他表现得不像约翰尼斯那么超然。他没有结婚，没有孩子，没有工作，因此他的处境与威廉法官所展现的伦理境界格格不入。但在日记中，他曾表示非常渴望拥有家庭和担任圣职，但却因种种原因而未能迈出决断性的一步。他从一开始就是一个宗教作者，但又始终摆脱不掉审美生活方式对他的诱惑。这一次，他采取了必要的行动，那就是写作。

既然是辩证法，生活辩证法也同样强调运动变化的动因。如果说作为逻辑学的辩证法的关键在于"调和"，那么生活辩证法的关键则在于"非此即彼"的选择。在现实的生存世界中，个体必须选择一种适合他自己的生存方式；而当他觉得现有生存方式不再能够满足他对生活的要求的时候，他将再次选择，从而完成向其他生存境界的跳跃。这个过程不取决于逻辑，而只取决于个体在具体的生存处境中的选择和决断。也就是说，这个过程不是必然的，不是我们能够通过逻辑推论得出的；它是自由的，因为人生来就是自由的。

写到这里，我不得不承认克尔凯郭尔写作方式的妙处。人的具体的生存及生存方式本不是一个可以用逻辑的和思辨的语言说得清楚的话题。但是，说不清也要说。于是，克尔凯郭尔把自己化作性格和主张各异的作者（包括使用假名和真名的作者），通过他们传达出对个体生存的观察和感受、分析和推断。而作为"那个个体"的"克尔凯郭尔"，却把自己隐藏在这些彼此反对甚至矛盾的意见之后。在这里，我们见不到对生存问题的最终回答，因为这一切只能由每一个读者、每一个真实地生活着的个体自己去寻找、选择和判断。在这个意义上，克尔凯郭尔的生存论思想做到了思想与言说的一致，他也完成了自己的苏格拉底式的使命，即他是无知的。可以大胆地设想，假如克尔凯郭尔有幸读到海德格尔的基础存在论，也许他会像对待黑格尔一样惊呼一声"又是一个德国哲学教授"。但是，如果这些了不起的德国哲学教授被驱逐出哲学领域，那么哲学的领地还能剩下什么呢？利科曾指出，如果天才性的非哲学的思考与哲学思考之间的联系被割断，那么哲学将会陷入一场文字游戏的虚无主义之中。[1]值得庆幸的是，克尔凯郭尔最终被像雅斯贝尔斯这样的哲学家发现和阅读了，他给了哲学思考以充足的养料。

（原载《江苏行政学院学报》2005年第3期）

1　参见 P. Ricoeur, "Philosophy after Kierkegaard", p. 22。

《哲学片断》中的
"苏格拉底式的问题"及其意义

克尔凯郭尔对苏格拉底思想的着迷是有目共睹的。在他的学位论文《论反讽概念》中，我们可以看到"以苏格拉底为主线"这样的副标题以及对"苏格拉底的立场"的专章论述；在《哲学片断》和《最后的、非科学性的附言》等著作中，他曾提出了"苏格拉底式的问题和方法"。不仅如此，克尔凯郭尔还把苏格拉底奉为人生楷模。在他生命的晚期，克尔凯郭尔在其"最直接"地发表对基督教和丹麦国教会的看法的短文集《瞬间》中曾这样写道："在我面前唯一与我相似的人物就是苏格拉底；我的任务就是苏格拉底式的，即审核作为一个基督徒的定义，我并不自称为基督徒（为了保持理想的自由），但是我能够证明其他人比我更不如。"[1]克尔凯郭尔甚至有意仿效苏格拉底在广场和大街上与普通

1　S. Kierkegaard, *Søren Kierkegaards Samlede Værker*, Bind 14, Gyldendals Forlag, 1963, p. 352.

人进行哲学讨论的活动，每天他都要在哥本哈根城中漫步，并因此成了家喻户晓的"怪人"（Særling）——这曾是克尔凯郭尔在著作中描绘苏格拉底的主要词汇之一。

国际学界早就有研究克尔凯郭尔与苏格拉底之间的思想关联的专著问世，可惜因资料限制我未能读到，这一课今后会补起来的。[1]本文将围绕克尔凯郭尔在《哲学片断》中所提出的"苏格拉底式的问题"以及对苏格拉底与神的比较展开论述，在梳理出这种比较的内容和意义的前提下，揭示出克尔凯郭尔所理解的苏格拉底与哲学史上的苏格拉底之间的差异，旨在加深对克尔凯郭尔思想自身的理解。

一、苏格拉底式的问题

在《哲学片断》第一章的开篇，假名作者约翰尼斯·克利马克斯以"真理是否可教"这一显然比照苏格拉底的"美德是否可教"的问题开启了自己的"思想方案"。[2]从《哲学片断》扉页题词所强调的永恒意识与历史出发点之间的关系来看，克利马克斯在这个思想方案中所欲讨论的真理并不是哲学认识论意义上的真

1　就此主题所写成的专著中有一本是延斯·希姆斯梵普（Jens Himmelstrup）的《克尔凯郭尔对苏格拉底的理解》，该书目前仍被学界视为对该主题的"标准"解说。另有一部为雅各比·霍兰德（Jacob Howland）所著《克尔凯郭尔与苏格拉底的哲学与信仰研究》。

2　参见 S. Kierkegaard, *Søren Kierkegaards Skrifter*, Bind 4, Gads Forlag, 1997, p. 218.《附言》虽然比《哲学片断》篇幅大得多，但是由于有一层"历史的外衣"，它所讨论的问题和目的远比后者明确，也更便于理解。

理，而是宗教语境下的永恒真理。只是为了保持思想方案的试验性质，作者并未点明这里的"宗教"究竟为何；甚至为了与基督教有所区别，作者还专门在Gud［上帝］上加了冠词en（Guden）以示区别。但是明眼人不难看出，思想方案中的神与基督教的上帝之间有着诸多重合的地方。假名作者也一再被假想中的论敌称为"剽窃者"，因为他这里所说的都是家喻户晓的字句，也就是来自《圣经》的辞藻。这种状态一直持续到了全书的结尾。在"喻意"一节中，作者承诺要给这个小册子写个续篇，为这个思想方案披上一层"历史的外衣"。[1] 三年之后，这个承诺兑现了。1846年，克尔凯郭尔再次以同一假名出版了《附言》，在全书的序言部分就开宗明义地指出，所谓"历史的外衣"指的就是基督教。于是一切都明朗起来了。虽然《哲学片断》和《附言》是克尔凯郭尔最为哲学化的作品，而《附言》也被认为是他告别哲学从而转向基督教之作，但是这两部书在讨论哲学命题的外表之下其根本出发点和归宿却是基督教真理，是个人如何获得永恒福祉的问题。明确了这个基本定位问题，我们将结合哲学史背景来考察"真理是否可教"与"美德是否可教"之间的可比照性，以此为克尔凯郭尔推崇苏格拉底找到某种合理的解释。

根据哲学史，苏格拉底的"美德是否可教"和"美德即知识"的命题主要是针对当时希腊的主流学派智者学派（sophists）的，后者以传授知识为业，甚至认为人们可以通过训练而培养起勇

1　参见S. Kierkegaard, *Søren Kierkegaards Skrifter*, Bind 4, p. 306。

敢、公正、克制等品质。在苏格拉底看来，智者学派的根本出发点是个人的感觉，而建立在感觉主义基础之上的知识和美德不外是个体的体验、感受、感觉，也就是意见；它们尚不具备真理性的知识在逻辑上、理论上的强制性和普遍可传达性，因而它们实际上是不可教的。在苏格拉底看来，真正意义上的美德—知识应该成为关于善的原理—原则，它们是普遍可传达的、可教的，只是智者们对此一无所知。这也就是说，苏格拉底的"美德是否可教"问题的最终落脚点在于"何为美德""何为知识"这类始基性的问题，由此他完成了哲学研究从"自然"向"人"的转变。

与之形成类比的是，在发出"真理是否可教"的疑问的时候，克尔凯郭尔所针对的是19世纪丹麦的主流思想——以黑格尔主义为代表的思辨哲学。他非常清楚地看到了思辨哲学及其思想方式对基督教信仰的强烈冲击，其突出表现就是基督教信仰的知识体系化。从此，信仰不再是个体不断趋向上帝、趋向永恒真理的过程，不再是个体对基督教真理的感悟和把握，不再是个体在生死存亡的紧要关头所做出的抉择。信仰被瓦解成了一种知识形态，成了一个关于基督教的知识、命题和教条的体系，成了一个通过教授和学习人人都能掌握的认知客体。信仰的生命体验过程中的诸种不确定性消失了，一切都变成了确定的——可分析的、可预见的、可推理的；因为个人能否获得永恒真理的决定权不在于上帝的恩典，而就掌握在作为认知主体的人的手中。以前，做一名基督徒、恪守基督教信仰是一桩十分困难的事情，它要求个体全心全意地投入上帝的怀抱之中，在没有任何条件、不带丝毫功利目的的情况下坚信上帝对我们的无边无际的爱。但是现在，信仰的知识体系化和现代教会制度（包括以基督教为国教）的双重作用使得成为一名基督徒变得简单易行——只要一个人出生在基督教国家和家庭、接受一定的基督教教育、按部就班地参与教会活动，此人便是基督徒了。这种世俗化的倾向正是令克尔凯郭尔不满的。为此，他借克利马克斯之口为自己树立了一个"苏格拉底式的任务"，也就是要让成为一名基督徒变得难起来。像苏格拉底自认自己无知但却尖锐地揭示出对手比他更不如一样，克尔凯郭尔同样并不自诩为基督徒，只是他要揭示出其他人比他更远离基督教，尤其是那些自视拥有关于基督教信仰的知识的神学和哲学教授先生。同样，像苏格拉底通过"美德是否可教"的问题旨在揭示出智者们所完全不知的另一类知识（即建立在理性主义原则之上的真理性的知识）一样，克尔凯郭尔提出"真理是否可教"的问题，并不以思辨哲学家所追求的普遍的哲学真理体系为旨归，而指向他心目中的基督教真理，也就是个体获得永恒福祉的问题。这种真理在克尔凯郭尔看来是人所无法教授的，它必须由神这位教师亲自完成。这样，我们就转到了本文的下一个论题：苏格拉底与神在同为教师方面的比较。

二、教师：苏格拉底与神

根据前述，《哲学片断》中的神实际上指的就是基督教的上帝，也就是兼有神、人二性的耶稣基督。耶稣虽然不是犹太教合法的拉比（Rabbi，即神职人员兼教师），但他作为教师的活动和擅长打比方、讲寓言故事的独特教育方式在福音书中却有详细的记载，他所说出的那些意义深远的故事和警句给后人留下了难以磨灭的印象。[1]

苏格拉底关于教师的地位和作用的观点反映在他的"美德可教说"和知识的"回忆说"之中（《美诺篇》）。在苏格拉底看来，所有的知识和美德都是回忆，知识是在先存在的，它们原本就根植于求知者的心中；求知者只需要被提醒，就可以依靠自己的力量回忆起他曾知道的。除去可以被作为灵魂不朽的证据之外，"回忆说"前所未有地突出了人之为主体的意义和地位，它使每个人成为"世界的中心"，正如克尔凯郭尔正确地指出的那样。[2]与此同时，虽然知识和真理就在每个人的内心里，但是苏格拉底仍然认为美德是可教的，教师的存在是必要的。这样一来，教师的作用被规定了出来：教师不是向学生灌输知识，而是提醒学生去回忆；教师的作用是启发、引导学生自己进行思考，向自身内部沉潜，教师本人并不能给予学生以知识和真理。这一点其实也是苏格拉底意义上的反讽手法的意义之所在：只提问，以启发学生自己思考，但却永不给出问题的答案。之所以如此是因为，教师只是一名助产士，他为他人接生，自己却不生产，而生产是神的工作。[3]

---

1 关于耶稣之为教师的活动及特点，可参见D. F. 施特劳斯：《耶稣传》，吴永泉译，商务印书馆，1999年，第344—357页。

2 参见S. Kierkegaard, *Søren Kierkegaards Skrifter*, Bind 4, p. 220。

3 参见柏拉图：《泰阿泰德篇》；《哲学片断》中，克尔凯郭尔引用过该书希腊原文。参见ibid。

反之，从学生的角度出发，既然真理原本就在他的掌握之中，那么教师的存在只是学生获得真理进程当中的一个偶因（Anledning）、一个不断消失着的点；学生不欠教师任何东西，教师最终应该被学生遗忘，师生之间的关系是平等的。就真理本身而言，无论这教师身为何人，无论他所传授的东西是什么，从本质上说都无关紧要，它们对于学生的意义只是"历史的"。这一点恐怕与苏格拉底心目中严格的神、人分界思想有关。只有神才是全智者。而无论是教师还是学生，就他们同为凡人而言，他们都只是爱智者，只是在不断地回忆真理、接近真理。在使个体骄傲地上升为"世界的中心"的同时，苏格拉底对神—智慧本身仍然保持着一份谦卑。除了神之外，任何人都不能自诩自己是有知的，亦不能成为他人的权威。

以上是苏格拉底关于教师的作用、定位和师生关系的基本看法。不难看出，这一立场与神的立场之间有着根本性的差别。首先看学生的状态。神所面对的学生本身就是谬误（Usandhed），而且这是由人自身的罪过（Skyld）造成的，因此这种状态应被直呼为"罪"（Synd）。[1] 克利马克斯分析，表面上看这学生是自由的，他的现状是由于自身的缘故而造成，他似乎符合了自由的规定性"自己决定自身"。但是反过来看，他因自身之故身陷谬误之中，也就是被真理排除在外，那么他不仅是在自己束缚自己、自己奴役自己，而且是在毫无意识的情况下把自由的力量运用到奴役之上。这种状态下的学生与苏格拉底意义上的学生截然不同，后者

1　参见S. Kierkegaard, *Søren Kierkegaards Skrifter*, Bind 4, p. 224。

根本上是拥有真理的，只是这真理暂时被遗忘了，因此他们才处于无知、谬误的状态。

接着再看教师的定位。苏格拉底意义上的教师只是个助产士，他只能为学生提供帮助，而不能给予学生本质性的东西——真理。但是神性的教师却同时承担着两个任务：既给予学生以真理，因为神本来就是"道路、真理、生命"[1]（按苏格拉底的话来说，神是"生产者"），同时还要亲自给予学生以理解真理的条件。倘若没有这条件，学生将永远处于"罪"的状态之中而浑然不知；倘若这条件由学生自己掌握，则学生自己就是他理解真理的条件，那么这立场就是苏格拉底式的。

很显然，学生与这样一位教师的关系已经远远超出了苏格拉底意义上的师生关系，而成为人与神之间的关系。它与后者的最大不同就在于，这种关系是不平等的，在人与神之间有着本质性的、绝对的差别。一方面，学生因自身的缘故而沦为有罪的，他在神的面前一无所是。另一方面，神性的教师是爱学生的，神之爱是神之行动的根据和目的。神以不可测度的、坚定不移的爱选择了以"下降"的方式显现自身，他将自身降格为与低下者平等相处的人，并在人世过着受苦受难的生活。[2]因此，当罪人从神

---

1 《约翰福音》14:6中，耶稣说："我就是道路、真理、生命；若不借着我，没有人能到父那里去。"

2 《哲学片断》第二章"神：教师和拯救者（一个诗的尝试）"还以思想试验的方式讨论了另一种可能的神出场的方式，即神把学生提升到与自己同等的高度，令其享受同等的荣耀。但是这种做法是行不通的，因为人就像脆弱的苇草，他很快就会被折断。在这一章中，克尔凯郭尔采用了很多来自《圣经》的耶稣故事，比如耶稣的受难史。

的手中接受理解真理的条件的时候，他的身上就发生了一种根本性的转变：就像从非存在到存在一样，罪人变成了一个异质的新人，他获得了重生。[1]神把学生从罪之中、从自我束缚之中解放了出来，因此神性的教师从根本上说早已不是一位单纯意义上的教师，而是一位"拯救者""解放者""和解者"。此外，神性的教师还是一位"法官"[2]，他拥有苏格拉底意义上的教师所没有的评判权，他对学生拥有绝对的权威。这个"绝对"首先指的是它的排他性，即权威仅仅在神。因此，所有人与人之间的权威关系都被排除了。这也就是说，在学生与学生之间，或者在学生和那些世俗的教师之间，应该保持一种苏格拉底式的平等关系，因为除了神性的教师之外，所有的教师都只不过是助产士，他最终应该被遗忘，以便使作为个体的学生回归自身。

　　鉴于此，学生的一切都应归功于神。与逐渐消失的、最终应被忘却的苏格拉底意义上的教师不同，学生永远都要记住这位教师，否则他将丧失理解真理的条件而重返被奴役的状态。再进一步说，学生不仅不应忘记教师，而且还应该因为这教师之故而忘却自己。他要再次明白，他在神的面前一无所是。但是，学生并没有因为忘却自身而被彻底磨灭。相反，"他的一切都归功于教师，但他却由此变得坦然自信；他掌握了真理，而那真理使他获得了自由；他找到了谬误的原因，从而那种坦然自信再一次在真

1　参见S. Kierkegaard, *Søren Kierkegaards Skrifter*, Bind 4, p. 227。

2　"拯救者""解放者""和解者""法官"都是《新约》用来描绘耶稣的词汇，在《哲学片断》第一章的不同地方出现过。

理之中获胜"[1]。学生在神对他的爱之中获得了"再生"。

至此可以清楚地看到，《哲学片断》中神性的教师已经远远超出了教师的基本定位，他就是基督教的神，也就是耶稣。因此，苏格拉底与耶稣在同为教师这一侧面上的比较可以被视为基督教与异教思想的一个比较。克利马克斯虽然十分推崇苏格拉底对学生之为个体的意义的开发（他把苏格拉底意义上的师生关系视为人与人之间可能有的至上关系），但是他认为，这种关系必须止步于人间；若想正确理解耶稣这位神性的教师及其与学生的关系，苏格拉底的立场必须被超越，这里需要引进新的器官即信仰，新的前提即罪的意识，以及新的决断即瞬间。[2] 显然，《哲学片断》尾声处的点睛之笔指向的不是别的，正是基督教的基本立场和出发点。问题是，如果克尔凯郭尔写作此书的目的就在于表明基督教的基本立场，他为什么要搬出苏格拉底并且将其立场与神的立场进行比较和区分呢？

三、克尔凯郭尔所理解的苏格拉底

苏格拉底和耶稣，雅典和耶路撒冷，从根本上说原是两条截然相反的道路。雅典发明了逻各斯，它追求具有普遍性的知识和真理，追求美和善，把理性的人视为人的理想；而耶路撒冷则出产宗教，

1　S. Kierkegaard, *Søren Kierkegaards Skrifter*, Bind 4, p. 237.

2　参见 ibid., p. 306。

它追求信仰，强调对信仰的介入和献身，重视整体的、具体的人，强调人的罪感。[1]但是，在雅典和耶路撒冷之间，克尔凯郭尔似乎并未做出过一个"非此即彼"的选择。相反，如同19世纪所有的浪漫主义者一样（浪漫主义与思辨哲学同为克尔凯郭尔生活时代的丹麦学界的主流），克尔凯郭尔颇有美化希腊的倾向。尤其是在思辨哲学体系大行其道之时，他从苏格拉底身上读出了很多制衡思辨哲学的东西，把对哲学的美好希望寄托在苏格拉底身上。虽然从西方哲学发展史来看，苏格拉底是理念论的开创者，他开辟了理智主义哲学传统，但是在克尔凯郭尔眼中，与拥有一套属于自己的概念、范畴、专业问题的成熟的现代思辨哲学相比，苏格拉底的哲学毕竟是非思辨性的，它停留在大地和市场上，以及各个阶层的人中间，保持着一种对于现实生活和人的生存现实的高度关切，更像是一种生活哲学（Lebensphilosophie）。这一点尤其契合于克尔凯郭尔的哲学倾向，能够帮助他梳理他对时代症结的分析和批判，以及他为自己提出的根本问题，即个人如何成为基督徒的问题，因为个人能否获得永恒福祉是事关个体生存的头等大事。

具体到《哲学片断》以及《附言》中的苏格拉底形象，克尔凯郭尔突出的是苏格拉底在人的问题上同时表现出来的"谦卑和骄傲"。苏格拉底意义上的人的谦卑表现在，在神的面前要有自知之明，承认自己的无知，承认自己能力的有限性和范围；而人的骄傲则表现在每个人都是"世界的中心"，在他人面前昂起高

---

[1] 关于希伯来文化和希腊文化的比较，参见威廉·巴雷特：《非理性的人：存在主义哲学研究》，段德智译，上海译文出版社，1992年。

贵的头，骄傲地维持自己的个体性，即使他所面对的是自己的教师。借助苏格拉底的这个思想，克尔凯郭尔要达到两个目的：一是肃清他所生活时代的信仰的知识体系化的倾向；二是把个体从公众中解放出来，重新定义什么是一名基督徒。信仰的知识体系化导致了理性对信仰的解构，导致了永恒真理的普遍化，也进一步加剧了教会和神职人员权威泛滥的现象。对此，克尔凯郭尔在著述中多次表示出深刻的不满和尖锐的批评。面对人人都可以成为权威、人人都自以为掌握了通往永恒真理的方法的现象，克尔凯郭尔希望重新树立起上帝的权威，他把唯一的也就是排他性的权威交给了上帝——这其实就是基督教信仰的根本出发点；同时，他又把苏格拉底意义上的人际关系视为人与人之间可能有的至上关系。耶路撒冷和雅典在此完美地结合了起来。借此，克尔凯郭尔提醒那些在会众面前口若悬河的牧师，告诫他们不要因为自己服务于教会就仿佛拥有了对普通会众的权威[1]，这种做法实际上是一种对上帝的绝对权威的僭越。而从会众的角度来说，克尔凯郭尔希望唤醒普通会众单独面对上帝的责任感，让他们重新思考做一名基督徒的意义。既然上帝是世间唯一的最高存在，这就必然要求人以个体、单一者的形象出场直接面对他，接受来自上帝的灵魂拷问。既然上帝对人拥有绝对的权威，个体就要"尽

---

[1] 《哥林多前书》第9节中，保罗曾讨论使徒的权利。他指出，为圣事劳碌的，就吃殿中的物，伺候祭坛的，就分领坛上的物，这一点是上帝所命定的；按常理来说，这种付出与回报的模式并不是一回事，那么对于传福音的人来说更是如此。但是保罗认为，这样的权柄他们并不用，"免得基督的福音被阻隔"。对于他来说，传福音所得的赏赐就是"我传福音的时候，叫人不花钱得福音，免得用尽我传福音的权柄"。

心、尽性、尽力"地去爱上帝。[1]在克尔凯郭尔生活的时代，个体的信仰完全为基督教世界的运作所替代，教会正在用批量（en masse）洗礼的方式"制造"基督徒。这在他看来完全是违背基督教精神的，因为上帝的救赎只会以单个的方式进行，而不会批量地进行。

再进一步看。克尔凯郭尔一再重申人的"原罪说"和上帝对人的绝对权威，强调以"个体在上帝面前一无所是"的感觉为宗教信仰的出发点。在基督教信仰的问题上，他极度推崇和遵循《新约》对基督教的理解。在其晚年的写作活动中，他公开抨击那些未达到他所理解的《新约》要求的丹麦国教会的全体神职人员。例如，基督要求教士恪守贫穷，但彼时的神职人员却都是拿国家工资的公共官员。这些论题听上去颇有些原教旨主义的味道。这种极端的宗教虔敬主义立场似乎是与苏格拉底思想中所反映出的人本主义倾向相反对的。但是，克尔凯郭尔的宗教思想中充满了矛盾和复杂性，它对个体存在的价值和意义的极度张扬开显出了现代性的维度。克尔凯郭尔对上帝的绝对权威的强调，实际上是他用来制约和排斥各种各样的世俗权威，从而以上帝权威的绝对性来保证人与人之间的平等性的。在上帝面前，人人都是罪人，无论你在人世间身居何位；同理，所有的罪人都是上帝的儿女，上帝的爱和恩典将播撒到所有人身上。因此，只有在上帝面前，人与人之间才能达到非世俗的、本质性的平等，是人与永

1　语出《申命记》6:4-5："耶和华我们神是独一的主。你要尽心、尽性、尽力爱耶和华你的神。"

《哲学片断》中的"苏格拉底式的问题"及其意义 | 85

恒的关联而非其他政治、经济意义上的解放才是平等的真正保证（此论点后来在《单一者》一文中得到了专门的阐述）。从这个意义上说，克尔凯郭尔在坚持宗教虔敬主义立场的同时，开拓出了基督教人本主义思想的新维度。

但是应该承认，克尔凯郭尔笔下的苏格拉底只是他所愿意理解的形象，也就是与成熟的思辨哲学相较而言的更为生活哲学化的苏格拉底，而并没有涉及苏格拉底对整个哲学发展方向的意义和贡献。在哲学史上，苏格拉底将哲学研究的核心由自然转向了自我，开辟了哲学研究的新方向。同时，苏格拉底反对智者学派的"感性的人"，而推崇"理性的人"。这样的人是能够按照自己制定的规则、运用自己创造的符号（概念、理念）来把握世界的认知主体，也是能够有意识、有目的地进行创造的主体。在这个意义上，苏格拉底树立起了理性的主体性原则，开创了西方追求确定的、科学性的和知识性的真理系统的哲学传统。他将"善"作为最高理念，把对美德的讨论变成了一门知识和科学。[1]这个求真的路径与克尔凯郭尔所理解的基督教信仰之路在根本上是背道而驰的。对此，克尔凯郭尔是没有发现还是不愿涉及？也许正如其书名所显示的那样，克尔凯郭尔追求的只是非体系化的、非学术性的哲学"片断"。在一定程度上，克尔凯郭尔是按自己的心愿复活苏格拉底，而并非复原柏拉图对话中的苏格拉底形象。

（原载《浙江学刊》2006年第6期）

1　对苏格拉底哲学的理解，参见叶秀山：《苏格拉底及其哲学思想》，人民出版社，1986年。

信仰之不可证明性与不确定性

——从克尔凯郭尔的《哲学片断》和《附言》谈起

一提到信仰，无论是宗教意义上的还是政治意义上的，人们首先想到的便是其坚定性和确定性，因为假如没有这两个特征，信仰便不足以成为人生的指南。为此，思想家们、信仰主义者们想出种种办法来强化、巩固信仰的坚定性，比如基督教思想史上就曾产生过关于上帝存在的诸种理性证明。不过，借假名作者约翰尼斯·克利马克斯之口，克尔凯郭尔不仅强烈反对用理性去证明上帝的存在，而且他还提出了一个惊人的观点：基督教信仰的死敌是确定性，只有在不确定性中，信仰才能找到有用的导师。[1]从结果上看，克尔凯郭尔并没有因此而削弱信仰的坚定性。相反，在他眼中，信仰是一个自身即具有强力（Magt/power）的特殊器官。克尔凯郭尔为什么要反对上帝存在的理性证明？他为什

1　参见 S. Kierkegaard, *Søren Kierkegaards Skrifter*, Bind 7, Gads Forlag, 2002, p. 36。

么视确定性为基督教信仰的大敌？这将是本文试图回答的两个问题。这里将主要讨论克尔凯郭尔归在假名作者克利马克斯名下的两部最具哲学意味的著作《哲学片断》和《最后的、非科学性的附言》。

一、信仰之不可证明

西方文化有两大思想源头：希腊理性主义和希伯来信仰主义。根本上，它们是不同的两类精神系统，甚至在某些方面还相互反对。希腊人不相信、不信任个人的感觉，他们追求从林林总总的现象背后挖掘出恒定不变的规律、规则，追求过硬的理性证明。而"信仰"的英文对应词faith源自拉丁词fides，其主要意思就是对某种无法给出证明的东西的坚定信念，或者说在无可证明的前提下对某种信念义无反顾的接受。信仰无须亦无从证明，它的最佳伴侣就是接受。但是，在基督教思想史上，曾经有一些神学家尝试性地把希腊的理性证明精神与基督教信仰结合起来，成就了一批对"上帝存在"的著名证明，使"基督教哲学"成为可能，从而使希腊的哲学精神得以在基督教思想中保存和延续了下来。这些证明将不啻成为人们相信上帝存在的理由，进而成为基督教信仰的强化剂。有证明就有反证明。在基督教思想史上，同样有一批颇有见地的思想家强烈反对把哲学的证明精神运用到基督教信仰的领域，认为这种做法混淆了哲学和宗教、知识和信仰之间的界限。克尔凯郭尔就是其中一个。

在《哲学片断》中，假名作者克利马克斯针对斯宾诺莎"本质包含存在"的命题，对从本体论上证明上帝存在的思路进行了否定和批判。根据斯宾诺莎，存在和完美性是上帝的本质属性，因此从逻辑上讲，上帝的存在是不证自明的。某物越完美，它所包含的存在也就越多、越必然。[1]因此，上帝的存在不仅最多，而且最必然。在克尔凯郭尔看来，这个推论犯了偷换概念的毛病。斯宾诺莎的命题旨在证明上帝的存在，但实际上它所讨论的是本质（Væsen）而不是存在（Væren），或者说是"概念的、理想性的存在"而不是"真实的存在"；这些概念之间本应有着严格的区分，就像想象中的一百块钱与口袋中实际拥有的一百块钱完全不可同日而语一样。克尔凯郭尔以一种经验主义的态度指出，从概念推导出存在的道路是行不通的，因为对于可感觉事物而言，能够确定它存在与否的只有我们的感觉。即便是像"上帝"这样的至上概念也并不享受任何特权；我们并不能因为上帝是一个我们无法设想的比之更完善的东西就得出结论说上帝是存在的（这是圣安瑟伦的基本思路）。克尔凯郭尔明确而大胆地指出："就实际的存在而言，讨论什么或多或少的存在毫无意义。一只苍蝇，当其存在之时，它有着与上帝同样多的存在。……就实际的存在而言，起作用的是哈姆雷特的辩证法：在还是不在。"[2]

显然，克尔凯郭尔抓住了关于上帝存在的本体论证明的症

1　参见S. Kierkegaard, *Søren Kierkegaards Skrifter*, Bind 4, p. 246。

2　Ibid., p. 247.

结。这类证明把本质与存在混为一谈，以概念与存在的同一性为前提，尤其是以最高的概念本身即包含实在性为前提。结果在证明开始之前，证明者其实就必须对"上帝是否存在"这一点做出判断了。假如说上帝不存在，则这证明无法开始；而若说上帝是存在着的，则这证明毫无意义。最终，对上帝存在的本体论证明充其量只能算是在逻辑层面上对"上帝"概念的一种不彻底的展开，是一种形式化的逻辑演绎。倘若从奥古斯丁所提出的"信仰寻求理解"口号出发，这类证明的意义似乎还好理解：先确信上帝是存在的，然后调动理性积极探求这种存在的合理性，进一步清除接受信仰的逻辑障碍，从而为信仰注入强心剂。问题是，这类证明对于那些原本无信的人是否有用？

克尔凯郭尔的答案显然是否定的。在他看来，对上帝存在的证明不仅是无效的，而且从虔诚的角度来看，这种证明恰恰暴露出了求证者的怀疑和心虚。对于真正的信仰者来说，不管能证明与否，上帝都是存在的，证明不能为信仰增添任何分量。相反，那些努力寻求对上帝存在的证明的人在内心深处往往害怕上帝并不存在，或者至少对上帝的存在没有把握，所以他们才会求助于概念和逻辑的帮助以使自己心安理得。把理性的证明行为看作怀疑的结果，这并不是克尔凯郭尔的独到见解，笛卡尔就曾把严格的理性求证与彻底的怀疑精神紧密地联系在一起。笛卡尔怀疑感觉经验的可靠性，认为人类只能认识自明真理，或者认识从自明的前提出发通过逻辑推理得出的真理。因此，为了获得可靠的知识，我们首先必须采取一种彻底怀疑的态度，怀疑一切可以怀疑且又不会造成自相矛盾的事物；然后从一个不受怀疑影响的基点出发，通过理性推理来获得知识。所不同的是，克尔凯郭尔并不怀疑感觉经验的可靠性。在他看来，错误的来源不是感觉经验，而是我们在此基础上做出的判断。而且正是从感觉主义的角度出发，克尔凯郭尔有力地批驳了混淆本质与存在的错误。虽然克尔凯郭尔并没有提到对上帝存在的其他证明，但是我们可以推断，他根本上是不赞成用理性来证明上帝存在的。证明的行为不会使上帝出场，上帝的出场依靠的是一次跳跃，它发生在我们放弃或者终止求证行为之时。上帝的存在应该被视为一个永恒的设定，被视为我们生存的勇气的源泉。

二、信仰之不确定性

在《哲学片断》中，克尔凯郭尔否定了对上帝存在的理性证明的意义，把人们通常认为的信仰的强化剂剥除掉了。接着，在《附言》中，他又进一步指出确定性为信仰的大敌，把信仰推到某种不确定的状态之中。[1]这与我们通常的认识是相反对的。信仰总是对某种确定的东西的相信和接受，确定性能够给人以目标感、归属感，能够让人踏踏实实地知道自己信仰的对象是什么、

---

1 克尔凯郭尔在一则《基督教讲演》中写道："走开，可怕的确定性。噢，上帝，把我从绝对确定的想法当中解救出来，只在极端的不确定性中保佑我吧。假如我获得了至上福祉，那么绝对应该肯定的是，我蒙受了天恩的眷顾！"参见 S. Kierkegaard, *Søren Kierkegaards Samlede Værker*, Bind 13, Gyldendals Forlag, 1963, p. 200。

可能的"收益"是什么。信仰之所以能够成为漂泊心灵的抚慰剂（宗教之为鸦片），正是因为信仰有确定性。而信仰某种不确定的东西是困难的，我们不仅无法完全认识信仰的对象，更不知道我们的信仰最终能否得到预期的"回报"。但是，如果在这种不确定的情况下我们依然能够对信仰保持高度的激情，那么这样的信仰一定会坚如磐石。在以下的篇幅中，我们首先来看看克尔凯郭尔所谓信仰之不确定性的含义，从而厘清他反对在信仰与确定性之间联姻的根据。

在克尔凯郭尔的语汇表中，"确定性"与"客观性"是相对应的，"不确定性"则与"主观性""主体性"相呼应。因此，疏离信仰与确定性之间的关系首先意味着，反对把基督教信仰当成某种客观的知识体系。信仰与知识的混淆是克尔凯郭尔对其时代最大症结的诊断。基督教信仰不是一种知识形态，因为我们信仰的对象上帝不是某种具有客观确定性的知识的对象，而是一个不可知者，是存在中最大的不确定性。不难看出，克尔凯郭尔的根本出发点来自上帝的绝对的、至上的超越性存在，这是基督教的立教之本。如果上帝成了客观的、具有确定性的认知对象，这就会与上帝的超越性存在发生矛盾。上帝不是具体的存在者，上帝就是全部的存在，是存在本身；上帝不是认知的对象，而是智慧本身。因此，上帝不应该表现为任何确定的形式，这一点正是耶和华强烈反对偶像崇拜，而且一再强调"人见我的面不能存活"（《出埃及记》20-23）的理路之所在。问题是，作为有限存在者的人类如何才能接近具有超越性的上帝，并且领会其传递出来的智慧信息呢？在基督教思想史上，许多具有深刻思辨精神的教父、经院哲学家提出了启示和理智认知两条道路并行的方法。他们在著作中不约而同地感叹，相比于上帝的智慧，人类理智是有限的，无论我们如何调动理智也不可能认识上帝的全部，于是接受启示就是十分必要的。与此同时，他们也并不轻言放弃，他们在明知不可为的情况下依然努力进行理智认知。这类感叹无疑有着那个时代的人类思想遭受禁锢的烙印，但它也传达出了相当深刻的哲理。如同赫拉克利特曾说过的那样，"自然喜欢躲藏起来"，对于至上的存在，对于存在本身，无论人类的思维能力如何进步，我们也不可能完全把握其全貌，而这一点又成为人类不断思考并寻求解决问题的尝试的起点。不过，克利马克斯/克尔凯郭尔并不认同这种启示与理智认知并行的办法，他从基督教的核心思想之一"悖论性"出发指出，对于知性（Forstand/Verstand）判断力而言（请注意，与康德一样，克尔凯郭尔在这里并没有采用"理性"［Fornuft/Vernunft］概念），基督教上帝的存在本身即是一个荒谬的、不可思议的悖论，一种最高程度的不可能性，它表现为永恒的（《旧约》中所说的"自有永有的"）、神圣的上帝要以人子的身份在时间当中临现，甚至被钉死在十字架上。这个悖论是被给定的，是信仰者必须接受的前提。如果非要用知性判断力来把握它，那么这无论对上帝还是对知识都构成了冒犯。信仰与知识是相冲突的两类不同质的东西，通达信仰的有效途径不是认识，不是知识，而是激情和爱。

而一旦信仰不再是客观确定的知识形态，那也就不存在人人都可以通过认知活动来达至信仰的可能性。也就是说，在坚持基督教信仰的悖论性的情况下，人类认知活动所体现出的普遍精神将被消解，信仰将处于一种更大的不确定性之中。克尔凯郭尔一再强调，在他生活的时代做一名基督徒过于容易了，一个人只要出生在基督教国家、生长在基督教家庭就顺理成章成了一名基督徒。为此，他要使成为基督徒变得困难起来。而他采取的行动的第一步便是重新在关于基督教的知识和对基督教的信仰之间做出严格区分，重返被认知活动的普遍精神所掩盖的基督教的另一个核心思想——差别意识。

基督教原本就是一种在结果上具有高度不确定性的宗教。克尔凯郭尔区分并讨论过两种不同的宗教：人的宗教或内心性的宗教（宗教A）和基督教（宗教B）。人的宗教认为，人应当在其自身内部与永恒建立关系，真理就存在于人的内心，因此人有能力按照真理塑造自身，有能力解放自己。而在基督教那里，人当与在时间中显现的上帝的启示建立关系。人的拯救并非来自我们对上帝的意识，而是来自上帝的显现者。这也就是说，人的宗教传达出的是一种具有普遍性的精神，真理就在身内，只要我们返求诸己，就有可能修成正果；而基督教倡导的是一种与普遍精神相反对的不可能性和差别意识，基督教从一开始就没有为每个人在天堂预留位置，人无法依靠自己的力量战胜罪从而实现自我解放，人的拯救需要依靠外部的力量。拯救最终取决于上帝的恩典，信仰的最终结果并不在我们的掌握之中，正是这一点使得基督教信仰变得如此不确定。这里，克尔凯郭尔是在重弹"过窄门"的旧调。《圣经》有言："你们要进窄门。因为引到灭亡，那门是宽的，路是大的，进去的人也多；引到永生，那门是窄的，路是小的，找着的人也少。"（《马太福音》7:13-14;《路加福音》13:24-25）"窄门"并非人人都能通过。只有那些愿意且能够通过的人，才能最终与永恒福祉建立关联。在克尔凯郭尔眼中，这些人就是"幸福的和不幸的恋人"，是那些敢于正视悖论、敢于追求不可能性的人，这类人是有激情的。他并不看好那些出于理性的精明算计而定时定量往个人事功的账户上"存款"的平庸之辈，因为这类人自以为能够通过人为的努力赢得上帝的恩典，但上帝的意志根本不是人类理智所能参透的。

在个人需要依靠外部力量获得拯救的前提下，真正意义上的信徒不能挖空心思地想着如何"讨好"上帝，从而为自己在天堂赢得一席之地。他所能做的就是放弃自我，承认自己在上帝面前一无所是，然后"尽心、尽性、尽力"地爱上帝；因为信仰者明白，是我们需要上帝无边无际的爱而非相反，是我们需要以上帝作为生存勇气的源泉而非相反。而且，上帝是先爱我们的，上帝不会滥用他的意志，上帝定会做出他的选择。尤为重要的是，对上帝的爱和信仰并不是一次性的、一劳永逸的，它将贯穿于个体整个的生命历程，贯穿于生命的每一个瞬间。"瞬间"是克尔凯郭尔突出基督教信仰的意义时特意提出的一个重要概念，它与"决断"是紧密相连的。[1]任何人在面临是否接受信仰的时候都会

---

1 参见 S. Kierkegaard, *Søren Kierkegaards Skrifter*, Bind 4, p. 306。克尔凯郭尔指出，要想准确把握基督教信仰的内容及意义，必须具备：一个"新的器官"，即信仰；一个"新的前提"，即罪的意识；一种"新的决断"，即瞬间；一个"新的教师"，即时间中的上帝。

做出自己的决断。问题是，有的人只在接受洗礼、坚信礼等重要时刻才做出决断，似乎只要一次性地做出了接受基督教信仰的决断，他就无可争议地成了基督徒。但是，只此一次地把自我毫无保留地交给上帝并不难，难的是在生命的每一瞬间都做出忠于信仰的正确决断，无论身处顺境还是逆境。而每当个体最终克服了怀疑的情绪、克服了来自理智和意志的冲动并且做出了决断的时候，他的信仰也就随之得到了强化。信仰者应该清楚地知道，上帝与人之间存在着无可逾越的鸿沟。因此对于信仰者来说，他所能做的只是在生命的每一瞬间不断地去接近上帝，从而使上帝充盈到他的生命的整个流程之中。

三、信仰之为特殊的器官

在考察了克尔凯郭尔所谓"信仰之不确定性"的含义之后，现在就来看看他心目中的信仰究竟是什么。

从否定的意义上来看，克尔凯郭尔竭力反对把有关信仰的知识与信仰本身等同起来，认为基督教信仰不是客观的知识体系，它不会从学术性的考量之中直接产生，它甚至也不会从历史事件（指耶稣被钉死在十字架上）中直接产生。信仰就是信仰，它是一个与知识完全不同类的新的器官，它本身就是有力量的；任何想以知识来替代信仰的意向和行动都是对信仰的冒犯。进一步说，信仰与客观性无关。在《附言》第一部分"关于基督教的客观真理"之中，克尔凯郭尔逐一考察了围绕着基督教真理的三个客观的因素（《圣经》、教会以及基督教发展史），认为它们不仅与人们获得信仰无关，而且人们还有可能在客观性之中丧失获得信仰的条件。

从肯定的意义上来看，克尔凯郭尔心目中的基督教信仰有三个关键的名词"精神""内心性""主体性"，以及三个有意味的形容词"充满激情的""无限的""个体性的"。克尔凯郭尔认为："基督教是精神，精神是内心性，内心性是主体性；主体性本质上就是激情，最强烈的激情就是对其永恒福祉的无限的、个体性的投入。"[1]信仰完全是一桩个体性的（personal）、主体性的（subjective）事业。永恒福祉只与个体建立关联，它通过与每一个单个的他、她建立关联，最终才能与所有的人建立关联。这种一对一的关系是上帝作为唯一神而向人提出的要求。如此一来，信仰只与主体、个体有关，信仰完全是个体与上帝之间的一桩密谋。一个人成为基督徒不能靠出身，不能因为国教、家庭等客观因素就自然成为基督徒；一个人必须通过选择而成为基督徒，并且这种选择是发自主体内心性的一种精神追求。克尔凯郭尔一再强调，把信仰与知识分离开来就是为了强化信仰的这个含义。

信仰还是一桩充满激情的事业。一个人选择成为基督徒不是因为历史、现实、知识等客观因素，不是出自理性的算计，而是出自主体的激情。信仰与激情才是合适的一对，激情是应对悖论、应对不可能性的唯一有效的手段。对于激情所做出的选择

1　S. Kierkegaard, *Søren Kierkegaards Skrifter*, Bind 7, p. 39.

是不需要理性做出任何证明的。只有当信仰开始丧失激情、信仰开始终止为信仰的时候，证明才是必要的，为的是使自己心安理得，也为了向他人展示自己的坚定性。热恋中的人往往不需要证明对方是自己唯一的挚爱，只有当热恋的温度有所下降的时候，人们才会在心中列举对方的好处，以此作为自己始终不渝地爱对方的理由。前面说过，克尔凯郭尔与康德在批判关于上帝存在的本体论证明的问题上是有一定相通性的。不过，在康德的主张之下，宗教应该成为"纯粹理性范围内的宗教"，而克尔凯郭尔的宗教则在剥除了理智的影响之后进一步向激情靠拢，从而成为对不可能性的充满激情的探索。

由于上帝是存在中最大的客观不确定性，因此人类能否最终通达永恒福祉也就具有了高度的不确定性。但是，如果一个人发自内心地选择了永恒福祉至上的目标，那么即使知道自己永远无法企及之，他仍然会全身心地投入对永恒福祉的追求过程之中。于是，信仰实际上就是个体在其生命的整个历程之中不断接近永恒福祉的过程，它是个体终其一生的行动，同时也是个体的冒险之旅。这也就是克尔凯郭尔强调信仰是个体对永恒福祉的无限投入的含义所在。

克尔凯郭尔对信仰的解读是很深刻的，他的态度不禁让人联想到美国作家丹·布朗的畅销小说《达·芬奇密码》。其中，冷静的符号学家兰登和狂热的圣杯历史学家蒂宾向我们展示了一个与我们所熟悉的基督故事完全不同的版本。读完此书后，人们不禁会问，这样的言论会动摇世界上成千上万的基督徒的信仰吗？

蒂宾认为，一个受过良好教育的基督徒本应了解自己的信仰的历史。而兰登教授的解释似乎更中鹄的。他指出，任何一种宗教信仰都建立在虚构的基础之上，这一点正是信仰的定义——对某种我们认为是真实的，但却无法被证实的东西的接受；宗教教义的传达都是通过隐喻完成的，一个真正理解自己的信仰的人必须明确宗教的隐喻意义，从而才能借助信仰在这个世界上更好地生活下去。设想，假如克尔凯郭尔知道了死海古卷的存在，假如他读到了《达·芬奇密码》或者了解到了圣经考古学的新发现，他会有什么样的反应呢？他是否会以惯常的反讽口吻说一句"又当如何"呢？因为根本上，所有这些历史性的、学术性的客观因素都与个体的永恒福祉无关。对于一个从内心深处已经将基督教认定为心灵皈依的个体来说，任什么都不会影响他的选择，因为信仰只关乎个体的精神追求和主动选择。

（原载《江苏行政学院学报》2007年第4期）

"非此即彼"抑或"或此或彼"?
——作为逻辑和伦理原则的Either/Or[1]

  解读克尔凯郭尔的作品常会遭遇一种尴尬:刚刚觉得可以对他的思想进行系统化的梳理和总结的时候,一下笔就觉得不尽然,有时甚至觉得不是那么回事了。造成上述困境的根源主要在于克尔凯郭尔作品的复调式结构及其所带来的意义的多重性,它开启了阅读的多种可能性。也许最能说明这种阅读困境的,就是对克尔凯郭尔的成名作*Either/Or*的解读了。请注意,在此我甚至无法下决心为该书的标题寻找一个完全令人满意的汉语译名,我无法在常见的译名"非此即彼"和"或此或彼"之间做出选择。从出现的频率来看,前者更为常见;但是若结合克尔凯郭尔创作此书的思想背景以及他整体的思想面貌来看,应该说上述两种理

---

1 *Either/Or*是克尔凯郭尔的成名作*Enten/Eller*的通行英译名,本文引用的英译本是S. Kierkegaard, *Either/Or*, trans. H. V. Hong & E. H. Hong, Princeton University Press, 1992.

解都有道理，只是侧重点有所不同而已。

　　*Either/Or*发表于1843年，它是一部与传统的哲学著作风格迥异的作品，其内容庞杂而费解。克尔凯郭尔在书中采取了彻底的假名策略：他假托Victor Eremita（其拉丁语含义为"胜利的隐士"）为书的编者，构成全书的独立篇章是这位编者无意间在一张旧书桌的抽屉里发现的，原作者无从查考。如此一来，全书就成了一个"中国盒子"，作品套作品，观点之间相互叠压，给人一种扑朔迷离的感觉。不仅如此，克尔凯郭尔还放弃了那种从概念到概念的、注重分析和推理的哲学论文的写法，而首次采用了间接沟通的手法。他虚构了审美生活和伦理生活的代言人，让他们亲自出场直接面对读者展示各自的生活方式。而他则隐居幕后，没有对这两种不同生活方式的高下做出最后的评判。此外，反讽手段的运用再一次加大了理解的难度。表面上看，审美者的展示文采斐然、感受细腻，即使你不同意他的观点，也很容易被其文采所吸引。相比之下，伦理者则显得老成持重、循规蹈矩，颇具训导意味的言谈读之难免令人感觉枯燥乏味。但是，正如反讽的主旨所显示的那样，内在和外在并不一致。克尔凯郭尔恰恰是通过伦理者的絮叨，间接地提出了关于个体生存和自由选择的现代性思想。这样一部结构新颖、文风独特、观点具有争议性（比如说收入上卷的《诱惑者日记》）的作品，一经出版即引起轰动。以童话创作而誉满全球的丹麦作家安徒生的友人写信告知他这本书的出版，并说自卢梭的《忏悔录》之后，没有任何一本书像*Either/Or*那样在读者当中引起如此巨大的反响。尽管很多读者

当时对该书的思想主旨感到困惑不解甚至厌恶，但是却没有人能够否认作者的超凡才智。[1] 在此之前，克尔凯郭尔虽然已经出版了他的文学评论著作《尚存者手记》和学位论文《论反讽概念》，但真正称得上是其作家生涯起步之作的应该算是 *Either/Or*。

有可靠证据表明，造就 *Either/Or* 的至少有青年克尔凯郭尔在个人情感生活方面和哲学思想创造方面的双重动机。*Either/Or* 构思于1841年9—10月，当时克尔凯郭尔刚刚解除了与雷吉娜·奥尔森的婚约，这件事成为他持续终生的痛。为了摆脱婚约事件带来的苦恼以及它在哥本哈根社会上造成的不良影响，克尔凯郭尔前往柏林，而 *Either/Or* 即构思于他滞留柏林的这段时间。后来他在日记中不止一次地宣称，他的全部作品都只为雷吉娜一人所写，*Either/Or* 就是他与雷吉娜之间的"暗码通信"。掌握这条线索，有助于我们理解书中的细节。不过，这部书今天之所以能够在世界范围内引起人们的关注，说明它有着更为广阔而深远的思想动机。*Either/Or* 是"纯粹的创造"，是一部真正的"诗人之作"，它是克尔凯郭尔反思和批判19世纪欧洲思辨哲学的产物，是他向传统哲学所发起的首次进攻。

19世纪的欧洲哲学以德国唯心主义为主导，黑格尔哲学在丹麦一直占据着主流地位，尽管其间不乏反对之声。克尔凯郭尔在学生时代曾受到黑格尔哲学的影响，不过从一开始，他对生活的

1　参见B. H. Kirmmse ed., *Encounters with Kierkegaard: A Life Seen by His Contemporaries*, trans. B. H. Kirmmse & V. Laursen, Princeton University Press, 1996, p. 57。

目标就有自己的期望，即他希望"寻找一种为我的真理，找到那种我将为之生、为之死的观念"；而这个目标与思辨哲学的目标相去甚远，因此他逐渐开始对黑格尔及其所代表的思辨哲学产生了怀疑；他认定自己的毛病在于受到了一种"知识的绝对命令"的左右，他所缺乏的是"一种完满的人性的生活，而不仅仅是知性的生活"。[1] 在对黑格尔表示失望之余，他一度对谢林许诺的对黑格尔哲学的批判寄予厚望。在柏林滞留期间，克尔凯郭尔并没有一味沉浸在个人的痛苦之中，而是把很多时间和精力投入学术和思想研究方面，其中包括聆听谢林在柏林大学开设的启示哲学讲座。当他听到谢林在演讲中说出"现实"一词的时候，他曾经激动万分，以为谢林能够帮助他澄清在哲学上的困惑和烦恼。[2] 但是，他的希望很快落空了。他最终发现谢林所说的"现实"仍然是一个囿于思辨哲学传统的抽象的逻辑范畴，而不具有他本人所希望和理解的个体的"现实"的意思——"生存"状况。思辨哲学虽然也提供了关于现实性的模式，但这个模式根本达不到个体的生存。在致友人的信中，他公开说谢林"满口胡言"，于是决定提前返回哥本哈根，全力完成 *Either/Or* 主体部分的写作。

　　哲学是创造概念体系的科学，即使是像克尔凯郭尔这样反体系的非专业哲学家，他的写作也是系统化的。*Either/Or* 的主旨就是对思辨哲学的批判，我们从克尔凯郭尔为该书所选择的标题中

1　参见 S. Kierkegaard, *Søren Kierkegaards Skrifter*, Bind 17, Gads Forlag, 2000, pp. 24−25。

2　参见 S. Kierkegaard, *Søren Kierkegaards Skrifter*, Bind 19, 2001, p. 235。

就可以看出这种批判的倾向。在致友人的信中，克尔凯郭尔自己解说道："*Either/Or*的的确确是一个绝妙的标题。它既刺激，同时又具有思辨的意味。"[1]而在《最后的、非科学性的附言》中，他的另一位假名作者克利马克斯则评论道："*Either/Or*这个标题本身是具有指示性的，该书把审美生存和伦理生存之间的关系物化于生存着的个体之中。对我而言，这是该书对于漠然于生存的思辨思想的一种间接的反对。"[2]后来，这个标题成为一种标志性的口号，以至于当克尔凯郭尔的假名作者身份暴露之后，哥本哈根的街头玩童时常会冲着他高喊Enten/Eller（也就是该书标题的丹麦语）。不过，Enten/Eller并不是克尔凯郭尔的首创，它其实是拉丁短语aut/aut的丹麦语对应词。黑格尔在展开其辩证逻辑思想的时候曾经多次使用过它。Aut/aut代表的是意为"非此即彼"的传统逻辑学和旧的形而上学的思维方式，它表现为两个相互矛盾的命题不可能同时为真（矛盾律），而只能肯定其一为真、另一必假（排中律）。比如说，世界若不是有限的，则必是无限的，二者之中只有一种说法为真。但是在思辨哲学看来，这种"非此即彼"的思维方式是片面的因而也是独断的，它遭到了黑格尔的批判。思辨哲学所要做的是把认识矛盾作为哲学思考的本质，从而使得矛盾的性质成为逻辑思维的辩证环节。在辩证思维方式之下，世界既是有限的，又是无限的，我们不必在这两种判断之间做出唯一

1　S. Kierkegaard, *Either/Or*, Part I, p. viii.

2　S. Kierkegaard, *Søren Kierkegaards Skrifter*, Bind 7, 2002, p. 229.

的选择。[1] 由此，思辨哲学打破了真理的片面性，它追求的是作为全体的真理。很明显，在黑格尔及其思辨哲学的语境之下，aut/aut代表着传统的逻辑学原则，代表着旧的形而上学原则。黑格尔对aut/aut的批判及其辩证逻辑思想在丹麦学界曾引发了激烈的争论，aut/aut和Enten/Eller这两组术语不止一次地出现在克尔凯郭尔的老师西伯恩（F. C. Sibbern）、马腾森（H. L. Martensen）、明斯特（J. P. Mynster）的文章中。因此可以推断，克尔凯郭尔对于黑格尔的基本主张以及丹麦学界关于黑格尔逻辑学的讨论不可能没有详尽的了解。[2] 在这种情况下，克尔凯郭尔以 *Either/Or* 作为他在哲学上的起步之作的标题，可以说是匠心独具、一箭双雕。借此，他既回应了黑格尔的辩证逻辑思想，同时又明确提出了自己关于生存哲学的基本主张。

从 *Either/Or* 的立意、主旨和结构来看，克尔凯郭尔实际上是以反讽的态度肯定"非此即彼"在真实的生活世界中的有效性，从而以个体的生存为切入点质疑黑格尔思辨哲学的有效性。在全书的前言中，假名编者就明确指出，上、下卷分别代表的审美生活方式和伦理生活方式是彼此对立、矛盾的，二者从根本上无法

---

1 参见黑格尔：《小逻辑》，贺麟译，商务印书馆，1994年，第101、132页。

2 关于这场讨论的详细情况，可参见J. Stewart, *Kierkegaard's Relations to Hegel Reconsidered*, Cambridge University Press, 2003, pp. 184–195。该书在一定程度上可以说是就克尔凯郭尔与黑格尔的关系对传统克尔凯郭尔研究的一次清理。作者把克尔凯郭尔的写作放置于其生活时代的丹麦哲学思想界的大背景之下，并通过细致的文本分析得出结论，即克尔凯郭尔的著作在一定程度上是对丹麦的黑格尔主义者的回应，从而深化了对克尔凯郭尔的历史性研究。

调和。"全书没有最终结论。……当全书被阅读之后，审美者和伦理者都将被忘记，留下的只有他们彼此对立的观点，它们并不期待最终的决断。"[1] 而从具体内容来看，无论是审美者还是伦理者都不约而同地发现，在生活世界中，事物往往以彼此对立的形态存在，对此进行调和根本就是无效的。所不同之处在于，审美者认为做某件事与不做某件事结果都一样，矛盾并不因此而消解，而那种认为完成了某件事就能够统一或者调和人生中的对立面的观点只是对矛盾的一种误解。他把这一点称为"所有人生智慧的精华"，并语出惊人地宣称"结婚或不结婚，你都会感到后悔"。[2] 一方面，他对辩证思维对矛盾的化解方法持否定态度；另一方面，他认为人根本就无力走出矛盾的怪圈，从而陷入了虚无主义的空洞反思和对人生的感叹之中。

与之不同的是，伦理者对思辨哲学以及黑格尔对aut/aut之为逻辑原则的批判有着更为深入透彻的认识。他不像审美者那样一味偏激地挖苦和否定思辨哲学，他甚至敏锐地发现并尖锐地批判了审美者的虚无主义倾向。伦理者首先清楚地认识到，思辨哲学的世界与人类的真实生活世界是截然不同的两个世界：前者是逻辑的、思想的世界，它按照必然性运行，因此调和的原则是有效的；而后者则是真实的、充满偶然性的世界，它是个体自由行动的领域，其间起决定作用的是aut/aut的原则。[3] 在现实生存中，一

1　S. Kierkegaard, *Either/Or*, Part I, p. 14.

2　参见ibid., p. 38。

3　参见S. Kierkegaard, *Either/Or*, Part II, p. 170。

个人必须时刻做出"非此即彼"的选择。思辨哲学有它自己的有效性,哲学要面向过去,面向已被经历的世界历史的整体。因此,哲学可以通过调和的方法、通过使所有要素上升到更高的统一体的办法化解矛盾。但是,个体在生存的领域中却要面向未来,生存的现实紧迫而严峻,矛盾始终是实在地存在着的。伦理者多次强调自己是一个已婚的、需要养家糊口的成年男子。这个身份的标明有重大的意义,因为只有这样的人才能更切实地体会到生存的压力,才会面向未来而采取行动,以满足生活所提出的要求。于是,对学问及学者十分尊敬的伦理者不得不承认,哲学家们根本就没有回答他所提出的问题。在这一点上,他甚至认为哲学家还不如审美者,后者至少还以其高度的敏感捕捉到了矛盾的存在。

至此可以看出,克尔凯郭尔已经把作为逻辑原则的aut/aut解读成了一个生存中的伦理原则,并继而将其转化成了一个个体的行动原则,即选择的原则。这种理论视角的转换与克尔凯郭尔年轻时即树立起来的"寻找一种为我的真理"的人生目标直接相关。他关心的不是去建构一个必然的、完满的逻辑的—思想的世界,而是一个大活人如何在充满偶然性的现实生活世界中生存下去的问题。应该说,克尔凯郭尔并不是全盘否定思辨哲学,他只是怀疑这种哲学在个体生存领域的有效性,而希望把哲学思考的重心转移到个体的生存问题之上。如此一来,逻辑的、思想的世界中的"非此即彼"所具有的独断论意味消失了,取而代之的是个体选择的迫切性和必要性——结婚还是不结婚,生存还是死亡，二者之间必须有所决断而容不得任何调和。伦理者循循善诱地对审美者说，只有通过"非此即彼"的选择，审美者才能摆脱那种"结婚或不结婚都会感到后悔"的矛盾困境。审美式的选择算不得真正意义上的选择，因为这种选择或者是直接性的，或者陷入选择的多样可能性而无法自拔。在他看来，"'选择'是伦理的一个内在的、严苛的术语。在严格的意义，任何一个存在着'非此即彼'的问题的地方，人们都可以肯定，伦理是与之相关的。唯一的绝对选择是在善与恶之间进行的，而这一点同样是绝对伦理的"[1]。这样说并不意味着，选择即是选择善而否弃恶，因为真正重要的是选择的行为本身，而非选择什么。"我所谓'非此即彼'与其说是在善与恶之间进行选择，毋宁说它意味着同时选择善和恶，或者将它们排斥在外。"[2]一个人只要实现了选择的行为，他也就选择了善，因为伦理的要义即在于选择本身。从实现个体的伦理目标的角度出发，选择行为本身的意义远远超过了选择的内容，重要的是"选择或不选择"，而"选择什么"的问题是个体自己应该负责的事情。

而当either/or跳出了逻辑学的世界而成为个体的选择原则之后，它的含义也就随之扩展了：从选择行动达成的必要性扩展为选择的多样可能性；从"非此即彼""非如此不可"扩展为"或此或彼""或者……或者"。将其还原为拉丁文术语，either/or在

1　S. Kierkegaard, *Either/Or*, Part II, pp. 166–167.

2　Ibid., p. 169.

克尔凯郭尔的整体思想之中就不只是aut/aut，它还应该是vel/vel[1]；前者具有独断论的意味，而后者强调的是选择的多样可能性，以及面对多样可能性时主体所做出的主动抉择。一旦either/or的选择原则被确立下来，关于可能性的思想也就同时被确立了。在选择原则的引导下，而不再如人们想象的那样为逻辑必然性所统治，而真正地成了一个自由的过程，其间充满了可能性。而个体也不再拥有什么先定的本质，个体将在不断的生成过程中一点点地塑造着自身。只是在克尔凯郭尔的语境中，个体的生存和选择才离不开永恒的、至上的上帝这一背景。放眼克尔凯郭尔写作和思想的整体面貌，在个体生存方式的选择问题上，他显然是在坚持vel/vel的"或此或彼"原则。他本人十分钟爱审美的生活方式，多次指出一个宗教作者必须从审美的成就起步。但是，他却从未放弃过对审美生活方式的批判，因为个体的生存样态显然做不到逻辑世界中截然分明的"非此即彼"，各种生存样态之间的交叉、重叠是难以避免的。虽然克尔凯郭尔通过直接和间接沟通的方式、通过真名假名写作的方式最终指示出，宗教生活方式是人生的最高境界，但是他却始终将之视为自己的个体选择，而无意将这一结论强加给其他个体。在这个方面，他的间接沟通的写作方式达到了以事实陈述和逻辑推理为特征的直接沟通的传统哲学写作方式所达不到的效果。克尔凯郭尔向来隐身幕后，他把传

1　关于aut/aut和vel/vel这两组拉丁语的区分，参见J. D. 凯普图：《直视不可能性：克尔凯郭尔、德里达以及宗教的再现》，王齐译，载《世界哲学》2006年第3期。

统意义上作为一名作者所享有的叙述和评判的声音压到了最低限度，尽可能客观地展现出不同生活境界的全貌和特点，指出它们各自的问题，但却不替读者做出评判和选择，不为读者提供问题的最终答案。这是因为，归根结底，选择什么样的生存方式只是个体自己的事，他人绝不能越俎代庖。

最后，关于克尔凯郭尔的成名作*Either/Or*的书名译解问题，我目前能够说的就是：将之译解为"非此即彼"契合于克尔凯郭尔创作此书的思想背景以及该书所贯彻的反讽策略；而将之译解为"或此或彼"则在着眼于克尔凯郭尔思想整体面貌的前提下突出了个体自由选择的重要性。到底哪一种更为合适，读者诸君自有明判。其实，这种阅读时难以抉择的困境正是克尔凯郭尔的复调式写作对我们构成的诱惑。

（原载《哲学动态》2007年第8期）

威廉法官的多种面孔
——读《非此即彼》下卷

《非此即彼》首版于1843年，当时克尔凯郭尔刚刚步入而立之年。这部书至少涵盖了年轻的克尔凯郭尔的个人情感生活以及他对哲学和人生之思考的两种动机和线索。[1]构成全书的上、下卷风格迥异，上卷文采飞扬，下卷则显得沉郁冗长。一般而论，喜读上卷的人居多，而下卷似乎不大受欢迎。近日在重读下卷后，我惊讶地发现，下卷的叙述人威廉法官其实是一个具有多面性的人物。而我过去仅看到他所传达的伦理观的多重性，这种阅读与克尔凯郭尔赋予他的内涵相差甚远。因此，有必要对威廉法官进行一个深入细致的"形象分析"。

为什么是"形象分析"？因为《非此即彼》一书有意打破了

1　关于该书的写作背景及主旨，可参见王齐：《"非此即彼"抑或"或此或彼"？——作为逻辑和伦理原则的Either/Or》，载《哲学动态》2007年第8期。

传统哲学的叙事方式，转而采用了文学的笔法，"虚构"出了审美者A和威廉法官B这两个人物，由他们出场展示各自代表的审美生活方式和伦理生活方式的特点。从书的假名编者"胜利的隐士"所写的序言中我们可以看到，A的文稿中除了中规中矩的长文章外，还有一些写在小纸条上的格言警句、抒情感叹以及深思熟虑，它们从各个角度展示了一种非连贯的审美生活方式。相比之下，威廉法官的文稿则由条理清晰、彼此呼应的三封信构成，它们反映的是一种伦理生活观。[1] 于是，读者很容易认为，审美者就像他所代言的审美生活观一样缺少内在连贯性，而威廉法官的思想则如同他的书写一样"整齐"。但是，具体的文本分析将揭示出，这种看法是错误的。我们再一次忽视了克尔凯郭尔的告诫，即外在的与内在的并不是一回事。

一、没有"权威"的书写者

对于威廉，我们可以做出如下描述：他供职于某法庭；已婚，且身为人父；太太拥有独立的经济来源，因此有条件保持独立的人格，他们的夫妻关系是纯粹的（这一点保证了他在谈论婚姻问题时的立场的纯粹性）。威廉法官在工作中尽职尽责，对于平凡的家庭生活亦表现出了无比的热爱，他很善于从天伦之乐中

1　参见 S. Kierkegaard, *Either/Or*, Part I, trans. H. V. Hong & E. H. Hong, Princeton University Press, 1987, pp. 7, 13。

捕捉到美和满足感。

威廉法官一共给审美者写了三封信:《婚姻的审美有效性》《审美与伦理在人格修养方面的平衡》以及《最后的话》。它们不是讨论恋爱、婚姻,就是讨论当代哲学原则或者批判时代精神。但是,他不止一次地强调说,写作论文并非他的本行,他不是哲学家,不是神学家,不是伦理学家,而只是一个平凡的公务员、丈夫和父亲;他的书写只针对审美者一人。也就是说,他只有一位读者,他对于其他碰巧读到他的书写的人来说没有"权威"。之所以采用书信体裁,一是因为他没有时间按一篇论文的要求去做痛苦的展开和论证,二来他喜欢书信体裁所具有的"训诫的、迫切的"语气。[1]虽有训诫的意图,但他却并不想对审美者提起诉讼;面对审美者的时候,威廉法官自觉地脱下了法官的外衣,他把审美者看作自己的朋友甚至是孩子,他滔滔不绝的、苦口婆心的训诫皆出自爱而非权威。他因为爱而书写;反过来,这种书写活动又使他的灵魂得到了解脱,使他享受到了自由。[2]显然,威廉法官对待审美者的态度根本上遵循了基督教所宣扬的"不要评判他人"和"爱人如爱己"的原则。

不过,威廉法官在自我解构了书写的权威性的同时又承认,自己是一个见证人,他所书写的都是他本人亲历过的东西。在这个意义上,他的书写又具有了一定的权威性。

---

1 参见 S. Kierkegaard, *Either/Or*, Part II, p. 5。

2 参见 ibid., p. 153。

二、审美生活观的"见证人"

威廉法官是审美生活观的见证人。《非此即彼》上卷展现的是一种不具有连贯性的审美生活观。初读之下，我们看到的往往是对各种情绪或者心情（Stimmung/Stemning/mood）的铺陈和描绘，例如享乐（enjoyment）、厌倦（boredom）、伤心（sorrow）、忧郁（depression/melancholy）、忧惧（Angst/anxiety）、虚无（nothingness）等等。[1] 但是，由于审美生活具有较强的伪装性，表面上看这种生活绚丽多姿，但其内里却掩藏不住虚无和忧惧的侵袭，因此并非所有人都能够明察审美生活的实质。而且，根据上卷，审美人生的首要特点便是直接性。也就是说，审美者往往放弃对自身生活方式的反思，他们更愿意生活在当下，生活在瞬间。他们并不真正了解自己的生活（也许是不愿了解），或者他们宁愿与自己的生活保持一定的距离，做自己的静观者。从这个角度出发，威廉法官作为旁观者和见证人起到了对审美生活方式做出客观观察和清醒判断的作用。

在威廉法官眼中，审美者能言善辩且智慧风趣，在晚会之类的场合很受欢迎。审美者视人生为一场假面舞会[2]，其间有着无法穷尽的享乐素材，而他则尽可能地沉溺于享乐的瞬间，不操心过去和未来。这种只关注现在的生活方式导致他害怕连续性和责

1　尚杰对《非此即彼》上卷所反映出的与理性构成悖谬关系的各种"心情"做过一个深刻的共感式的解读；参见尚杰：《悖谬之心情哲学》，载《哲学动态》2007年第4期。

2　参见 S. Kierkegaard, *Either/Or*, Part II, p. 159。

任。他之所以对婚姻心存芥蒂，其实就是因为害怕随着时间的流逝，日复一日、年复一年的平凡家庭生活会把他在恋爱时所构筑的关于爱人的所有美好想象都消磨殆尽。不过，威廉法官发现，审美者的表现是不一致的，他并非一味地沉浸于直接性的状态之中。审美者有时也酷爱反思，只是他对所有事物的思考（包括对爱和婚姻的思考）都过于抽象[1]，结果导致了他在行动方面的疲软无力。在威廉法官这样的实干家眼中，审美者的人生停留在抽象的反思和无谓的感叹之中，停留在对无穷尽的可能性的追求之上，他甚至因此而迈不开行动的步伐。威廉法官批评审美者缺乏真正的人生观，对于人生他有的只是似是而非的看法，他借此得以保持一种镇静的生活态度；但是，只有真正的人生观才能给予个体以生存的信心和动力。[2]

除了观察审美者的行为特点，威廉法官还注意到了审美者的人格缺陷，即审美者对于他人而言是不透明的，他是他所栖身其间的世界中的一个异乡人。[3]审美者的表现让人难以捉摸，他的行为常常表现为一连串相互悖反的情绪：此时多愁善感，彼时冷酷无情；此时风趣幽默，彼时悲伤感怀；此时激情洋溢，彼时忧郁绝望。靠着这些情绪，他维持着与世界的关联，寻找着生活中有趣的东西。更有甚者，审美者人格的这种不透明性扩散到了他

1　参见 S. Kierkegaard, *Either/Or*, Part II, p. 128。

2　参见 ibid., p. 202。克尔凯郭尔在他1838年出版的《尚存者手记》中对安徒生的小说《仅仅是个提琴手》提出了"缺乏人生观"的批评。

3　参见 ibid., p. 83。

自身，他对于自身都是个谜。审美者缺乏生活的目标，因而他几乎丧失了生存的耐心，听任生活之流从他身旁经过而常常无动于衷。如是感叹在上卷中不胜枚举。

最终，审美者的人格缺陷导致了等待着他们的最终命运：他们堕入了绝望和虚无的深渊，不管他们对此是否有所意识。[1]这种绝望不是对某一具体事情的绝望，而是植根于思想中的绝望，这样的绝望也就是后来克尔凯郭尔专门研讨的"致死之疾病"。如果一个人能够意识到这种绝望，更高一层的生存方式对他而言就变得更加迫切了，他离拯救也就更近了一步。威廉法官的身上已经蕴含了克尔凯郭尔未来的写作主题，足见克尔凯郭尔在这个人物身上倾注的心血之多。

威廉法官对审美生活方式的观察和批判是从他所代言的伦理生活观出发做出的，因此分析他的伦理思想就显得十分有必要。

三、哲学的"门外汉"

威廉法官从来都自称是哲学的"门外汉"，但是他的书写中却回响着德国古典哲学的声音，而且还产生了关于选择的现代思想。

1. 康德哲学的回响

在《非此即彼》下卷中，威廉法官的话语中回响着康德《实

1　参见 S. Kierkegaard, *Either/Or*, Part II, pp. 192, 194。

践理性批判》的声音。

康德在《实践理性批判》中以饱含激情之笔高度礼赞"职责"，这对于康德来说是极其罕见的。康德称职责是一个"崇高伟大的名称"，它不取悦于人，不奉承人，以命令的方式作用于人，但却不是令人生厌、生畏地威胁，而是树立起一条"自动进入心灵"的法则。正是职责才使人能够自己给予自身价值，使人超越自然的自己，凌驾于自然世界和自然法则之上，成为有尊严的、自由的主体。[1] 相应地，"职责"也是威廉法官的重要语汇之一。在讨论"婚姻的审美有效性"的时候，他把自己与审美者的重要分歧建立在对待职责的不同态度之上：审美者视职责为爱的敌人，而他则正好相反。[2] 威廉法官指出，审美者的错误在于把职责视为从外而来的命令。他不否认职责具有命令的意味，但是问题在于，这种命令的来源是什么？它来自某个外在的权威因而被强加于个体呢？还是源自个体的自由意志因而听从个体的自愿行为呢？威廉法官对审美者竟会把职责理解成一种外在的关系感到困惑不解。他认为，从词源角度来看，职责（Pligt/Pflicht）所昭示的应该是一种内在的关系。职责不是从外部被强加（paalæg）在个体头上的东西，而是某种原本就放在那里（paalige）的东西。[3] 因此，真正的职责不是某种偶然的东西，而应是发自人的内心并与个体的本性相吻合的东西。于是，威廉法官说："当我把职责

1　参见康德：《实践理性批判》，韩水法译，商务印书馆，1999年，第94页。

2　参见 S. Kierkegaard, *Either/Or*, Part II, p. 146。

3　参见 ibid., p. 254。

从外在的东西翻译成内在的东西的时候，我因此超越了职责。"[1] 落实到他所讨论的婚姻问题，婚姻中的职责其实只意味着一点，即发自内心的爱；而爱实际上不能靠命令，而必须主体乐意。威廉法官止于把职责等同于自愿去爱，但他并没有深究，爱自己的对象、恋人、他者其实并不容易。而康德注意到了这一点，他举出福音书中"爱上帝甚于一切"和"爱人如爱己"的命令，指出这是"最为完满的德性意向"，而我们能够做到的就是敬重"以爱命令人的法则"，把命令变成"命令人们努力追求"的目标。[2]

除了婚姻中的职责外，威廉法官还就"为生存而工作"的职责反驳了审美者。[3] 在审美者看来，从美感和人的尊严的角度出发，人工作只能是出于个人的爱好或者发挥个人才能的需要；而威廉法官则认为，为生存而工作是个体的职责，它表达了人的自由。威廉法官指出，人类生存的一个被给定的现实就在于，我们必须工作以便生存。虽然也有些人可以不必为了生存而工作，但是这些人之为特例并非是蒙受了上天的偏爱，而是受到了羞辱。他举福音书中所说的"田野的百合和天空的飞鸟"为例，说它们不用劳作，但上帝却让它们衣食无忧。[4] 他承认，看到天恩眷顾这些卑微的生灵是美好的；但是，看到一个人通过劳作而获得他的日常所需更为美好。在劳作之中，人成为他自己的天恩；人之

1　S. Kierkegaard, *Either/Or*, Part II, p. 148.

2　参见康德：《实践理性批判》，第90—91页。

3　参见 S. Kierkegaard, *Either/Or*, Part II, p. 282。

4　克尔凯郭尔于1849年发表了训导文《田野的百合和天空的飞鸟》。

所以能够成为这个世界的至尊者，其根据就在于他能够自己照顾自己。较之于其他生灵，人能够劳作而且必须通过劳作而生存这一点并不是人类的缺陷，而恰是人类的完美，它体现的是人的自由。我们知道，康德写作《实践理性批判》的目的就是证明"纯粹实践理性是存在的"，他通过对理性的实践能力的批判最终确立了绝对意义上的"自由"概念。显然，威廉法官对于康德为了树立"自由"概念而从事的理性批判工作不感兴趣，他把人之为自由的存在者当成了不容争辩的事实，把自由与普遍的人性等同起来，并且从自由之中看到了人高于自然界其他生灵的优越性。

最后，康德在《实践理性批判》中所表达的"人是目的"思想在威廉法官的身上亦有所反映。康德说："在全部被造物之中，人所意欲的和他能够支配的一切东西都只能被用作手段；唯有人，以及与他一起，每一个理性的创造物，才是目的本身。"[1]威廉法官在与审美者讨论美的问题时几乎一字不差地重复了这个论点。他说："个体的目的就在其自身内部，他有着内在的目的，他本身就是目的；于是，他的自我也就是他努力为之奋斗的目标。"[2]强调"个体的目的就在其自身内部"并不意味着自我中心论，不意味着个体在抽象的意义上已经自给自足了；若如此，那这里就缺少了运动和历史。威廉法官所说的自我不是抽象的而是具体的，所谓"自我的运动"其实就是自我从自己出发、通过外在世

1　康德：《实践理性批判》，第95页。

2　S. Kierkegaard, *Either/Or*, Part II, p. 274.

界最终又重新找回自我的过程。在这个问题上，威廉法官的话语中已经显露出了黑格尔哲学的味道。

2. 黑格尔哲学的回响

仔细阅读不难发现，威廉法官受到了他所生活时代的丹麦思想界的主流之一黑格尔哲学的影响。这不仅是因为他的语汇表中频繁出现"直接性""普遍性""统一""辩证法"之类术语，还因为他在表达对恋爱、婚姻等事物看法的时候所表现出的辩证精神。

威廉法官在讨论初恋和浪漫之爱的时候提出了所谓"爱的辩证法"概念[1]；在另一处，他提出，初恋是"自由和必然的统一""普遍性和特殊性的统一"。[2]他论证，在恋爱的时刻，对象之间受到了无法抗拒的吸引力；但同时，这种不可抗拒的吸引力之中存在着自由。个体对恋爱对象的选择是特殊的，几乎是偶然的；但同时，这种特殊性之中又蕴含普遍性。他还比较了尘世之爱、精神之爱和婚姻，指出尘世之爱始于多而归于一；精神之爱不断地开显自身，越爱越多，其真理性在于爱所有人；而婚姻则既是感性的又是精神的，既是自由的又是必然的。[3]此刻的威廉法官听上去酷似黑格尔。问题是，这种看似完美无瑕的辩证分析对处于恋爱旋涡之中的个体是否真正有帮助？在这种时刻，个体需要的不是无穷无尽的反思，而是下定决心做出抉择：爱还是不

---

1 参见 S. Kierkegaard, *Either/Or*, Part II, p. 18。

2 参见 ibid., p. 45。

3 参见 ibid., p. 62。

爱？结婚还是不结婚？如果我们结合威廉法官强调的选择之于个体生存的意义来考察，这里其实反映的就是克尔凯郭尔本人在婚恋问题上的矛盾和困惑的态度。[1] 爱情原本就是说不清的，在此问题上应用反思或许会使情况进一步恶化。于是，我们看到，尽管威廉法官冲着审美者大谈爱的辩证法，尽管他强调婚姻能够把"审美的""伦理的"和"宗教的"要素统一起来，他也不得不承认，感性之爱其实只有一条转换的道路，那就是爱；步入婚姻殿堂的唯一内在的理由也是爱，所有有限意义上的"为什么"都应该被摒弃。[2] 说到底，婚姻是一场冒险。威廉法官所讨论的并不是一个思辨头脑可以解决的问题，对于恋爱婚姻唯一有效的途径便是选择以及承担由之而来的全部后果。

如果说威廉法官把他的思辨头脑运用到解说恋爱和婚姻问题上是白费功夫，那么他在讨论个体性与普遍性之间的关系问题时则显示出了他的"真功夫"。威廉法官十分重视个体的独立性。他认为，一个人到了一定年纪后就应该能够做自己的牧师了，所以他只阅读《圣经》但却并不去教堂。[3] 威廉法官所说的个体和自我并非是抽象的，而是具体的。一个抽象的自我具有普遍适用

1　克尔凯郭尔对待"辩证"的威廉法官的态度是"反讽"的吗？考虑到写作《非此即彼》时，克尔凯郭尔仍然在婚约事件阴影的笼罩之下，考虑到威廉法官在谈论婚姻生活中的审美和宗教面向时温情脉脉的口吻，考虑到克尔凯郭尔对待恋爱和婚姻问题的态度是严肃的，我倾向于做出否定的回答。这是因为，在婚姻问题上未能响应普遍性的要求，这对克尔凯郭尔的打击是无法估量的。

2　参见 S. Kierkegaard, *Either/Or*, Part II, pp. 65, 72, 88。

3　参见 ibid., p. 70。

性，但正因为如此，他会无所适从；而一个具体的自我则与其特定的环境、与具体的生活状况和事物的秩序处于互动的关系之中。威廉法官认为，真正有意义的自我不仅仅是个人性的，同时还是社会的、公民的。[1]这里的威廉法官的口气俨然就是黑格尔的。其实不只是他，就连审美者在讨论安提戈涅的悲剧时也提出了一个黑格尔式的论点："一个个体无论多么具有原创性，他都总是上帝的孩子，时代的孩子，民族、家庭的孩子，只有在他们中间，他才是真自我。"[2]到了威廉法官那里，"个体之为时代和环境的产物"的观点被进一步细化成"个体之为社会的、公民的产物"，其黑格尔的意味更加显著。

除了强调自我和个体的具体性之外，威廉法官还指出，个体应该通过实现职责来实现普遍性和特殊性的统一。[3]职责作为伦理的命令具有普遍性，但这种普遍性的要求必须通过"我""你""他"这些具体的人来实现。因此，我的职责是伦理对我的特殊要求；但是作为职责，它们仍是普遍的；个体一旦完成了自己的职责，也就等于实现了普遍性和特殊性的统一。

总之，威廉法官作为伦理生活的代言人在一定程度上传达的是康德和黑格尔关于伦理和道德的思想。至于黑格尔对于康德伦理思想过于抽象的批判，以及黑格尔因此而在伦理生活和道德性之间做出的区分等重要问题，却丝毫没有引起他的关注。

---

1 参见 S. Kierkegaard, *Either/Or*, Part II, p. 262。

2 S. Kierkegaard, *Either/Or*, Part I, p. 145.

3 参见 ibid., pp. 263, 292。

3."选择"之为伦理原则

但是，威廉法官并没有一味充当康德和黑格尔哲学的"传声筒"。他对于伦理人生有着自己的看法，他把"选择"视为首要的伦理原则。

倡导选择的伦理原则与威廉法官对于调和原则的批判直接相关。身为哲学的"门外汉"，威廉法官亦禁不住想尝试着做一点"哲学的思考"，他从自己的生活境遇出发对当时丹麦学界热烈讨论的"矛盾律的消解"提出了自己的批判。[1]在克尔凯郭尔生活的时代，丹麦学界曾围绕着黑格尔逻辑学中的调和原则展开了激烈的争论。黑格尔从思辨哲学的角度出发否定了aut/aut（Enten/Eller; either/or）式的独断的旧形而上学思想，提出以扬弃的办法来调和旧的形而上学思维中矛盾对立的两极。在威廉法官看来，矛盾在生活中无处不在；哲学家所提供的调和对于像他这样每天都得回应生活的需求的凡夫俗子毫无用处，因为它根本解决不了一个人在现实生活中时刻都会遇到的"我该怎么办"的问题。他甚至认为，在对待矛盾的问题上，（思辨的）哲学家甚至还不如审美者，因为审美者对行动、对未来其实充满着无限的憧憬，只是他陷入了选择的无限多样性而无力自拔、举步维艰，结果他对矛盾的调和变成了一种疯狂，变成了"结婚或不结婚，你都会感到后悔"的虚无主义感叹。而哲学家自始至终都处在思辨的层面，他的目光投向了过去，投向了"已然经历过的世界历史的整

1　参见 S. Kierkegaard, *Either/Or*, Part II, p. 170。

体"，他的调和是在诸种要素之间达到一种"更高的统一"。这种调和在思想的层面上原本没有错，但是要落实到人的生存领域则会漏洞百出。威廉法官认为，哲学家的根本问题在于混淆了思想和自由的领域。[1]思想面对的是逻辑和自然。在此，必然性是统治者，调和也是有效的，因为矛盾不仅存在，而且还可以通过正—反—合的步骤而达到更高的统一。但是，在自由的领域中没有必然性的位置，这里存在着矛盾，因为自由排斥矛盾。在威廉法官眼中，这个自由的领域就是生活，生活总会不断向人提出诸种非做出决断不可的问题，像结婚还是不结婚，听从正义和理性的呼唤还是顺从自然本性和人性中的阴暗面，等等。面对这些迫切的问题，个体必须做出非此即彼式的决断，否则就会像审美者那样陷入虚无主义的泥淖。

其实，威廉法官对思想领域和自由领域的区分依然受到康德的影响。在《道德形而上学基础》的序言中，康德把哲学分成"有材料的哲学"和"形式的哲学"。前者包括研究自然法则的物理学以及研究自由法则的伦理学，后者则指研究人类知性和理性思维的普遍法则的逻辑学。[2]研究自然法则的哲学是理论性的，而研究自由法则的哲学则是实践性的。[3]只是威廉法官并不关心康德为树立"自由的可能性"所做出的全部努力，他把个体的意志自

1　参见S. Kierkegaard, *Either/Or*, Part II, pp. 173-174。

2　参见I. Kant, *Practical Philosophy*, trans. & ed., M. J. Gregor, Cambridge University Press, 1996, p. 43。

3　参见康德：《判断力批判》上卷，宗白华译，商务印书馆，1993年，第8页。

由视为一个不容争辩的事实、一个必须被接受的前提；他也不关心康德为什么把他的第二批判叫作"实践理性批判"而不是"纯粹实践理性批判"，他只认定，自由的个体具有实践的能力——这几乎是人的生存本能，个体在面对生活中的矛盾时必须采取行动，以便回应生活所提出的问题。至此，克尔凯郭尔不厌其烦地让威廉法官重申自己的身份的妙处完全展现了出来。借助一个每时每刻都需要履行职责的公务员、丈夫和父亲的形象，克尔凯郭尔毫不费力地在思辨哲学家和行动主义者之间做出了区分，在理论的哲学与实践的伦理学之间划定了界限，并且为他的伦理学设定了一个绝对的原则：选择。

威廉法官没有否认可以为"选择"加上"审美的"或"伦理的"等限定词，但是他很快就指出，真正有意义的选择都应该是伦理的，因为"'选择'是伦理的一个内在的、严苛的术语。在严格的意义上，任何一个存在着'非此即彼'的问题的地方，人们都可以肯定，伦理是与之相关的"[1]。相反，所谓"审美式的选择"则因其直接性而被否定，它往往会陷入选择的无限多样性之中而最终无可选择。如此一来，有意义的选择就不仅是伦理的，同时也是绝对的。其关键不在于选择这个或那个，甚至不是选择善或者选择恶，而在于选择还是不选择。[2]选择之所以是伦理的，就是因为伦理具有普遍性，且以命令的形式出现。因此，确

1　S. Kierkegaard, *Either/Or*, Part II, p. 166.

2　参见 ibid., p. 177。

立了选择的伦理性，就等于确立了选择原则的必然性/必要性（necessity）。从此，选择成为个体为了自由而在人生历程中必须执行的一项命令。

那么，他确立"选择"的伦理原则意欲何为？威廉法官历来关心人格培养的问题。他指出，有意义的选择应该同时出自心和脑，出自人格的内心性，且旨在净化人格。威廉法官从审美与伦理之间的平衡的论题出发，指出只有做出选择，审美的因素才能与伦理的因素共存，生存才能因此而变得美丽，"这是一个人能够拯救自己的灵魂并且赢得整个世界的唯一途径，是他能够利用而非滥用这个世界的唯一途径"[1]。在比较了审美人格与伦理人格之后，威廉法官不止一次地指出，审美人格是直接、即时的，而伦理人格则在于"他成为他正在生成的"（He becomes what he becomes）；也就是说，个体是不断生成、不断发展的。[2]这样说并非是否认审美者的人格会发展，只是说这种发展缺乏定性，因为审美者的人生建立在"或者……或者"之上，他的人格被多样可能性所包围。他总是企盼将来时态的东西，希望从外部获得某种东西，甚至希望成为别人。结果，他在这个世界上找不到自己的位置，最终陷入了绝望的深渊。与之相反的是，伦理个体的生成根据是自由。伦理个体对自己的存在有着清楚的意识，他意识到了个体存在的特定性，意识到了个体具有特定的禀赋并且受到特

1　S. Kierkegaard, *Either/Or*, Part II, p. 178.

2　参见 ibid., pp. 178, 225, 252。

定的社会环境的影响。伦理个体并不想抹去自己生存的特定性，他坦然接受了生存的先定条件，把它们当成了构筑人格的"材料"。伦理个体不想成为别人，他只想选择成为自己。通过选择，伦理个体把所有外在的东西转化为内在的东西，其中包括审美的因素；通过选择，他找到了自己在世界上的位置，找到了人生的目标，因而也牢牢地掌握着自己。威廉法官几乎是充满自豪地说，伦理个体敢于宣布自己是自己的主人，因为他勇敢地承担起了伴随着选择的全部责任，即对自己的责任，他的选择必将对自身产生一定的影响，同时还有对自己栖身其间的事物的秩序的责任，以及对于上帝的责任。[1]

　　这里不难看到，克尔凯郭尔与一百年后的萨特对于存在主义哲学的首要命题"存在先于本质"的总结之间的联系。萨特认为，所谓"存在先于本质"的核心在于，首先有人，人碰上自己，人在这个世界上涌现出来，然后才给自己下定义。人是自由的，自从被投入这个世界的那一刻起，人就要通过选择为自己的一切行为负责，同时也要为全人类负责。不过，萨特坚持认为上帝不存在，而且他要把上帝不存在的后果一直推演到底。人在不断的生成进程之中没有任何摹本可以参考，人是"被逼"成为自由者的，人必须通过行动来塑造自己，把自己推向未来。[2]所不同的是，克尔凯郭尔让威廉法官在选择自我的问题上走的是一条

1　参见 S. Kierkegaard, *Either/Or*, Part II, p. 260。

2　参见萨特：《存在主义是一种人道主义》，周煦良、汤永宽译，上海译文出版社，1988年。

从绝望出发、通过悔悟而达到具有永恒有效性的自我的路线。此时，威廉法官的用语和言谈已经颇有些基督教的意味了，他也因此获得了"宗教思想者"的身份。

四、宗教思想者威廉法官

首先来看看威廉法官为个体选择所设计的路线。威廉法官曾经提出，真正伦理的选择都是绝对的。这个意思是说，选择的意义在于选择是必然的/必要的，选择是"绝对地选择"（choose absolutely）。如何实现这一点？我们身处一个充满感性诱惑的花花世界，其间可供选择的可能性无穷无尽。但是，伦理个体并不去操心选择某个具体的、有限的东西，他所操心的只是"选择绝对"（choose the absolute）。何谓"绝对"？在威廉法官眼中，绝对就是自我。与萨特不同，威廉法官为这个"自我"加上了修饰限定词，"绝对"成了"具有永恒有效性的自我"（myself in my eternal validity）。[1]威廉法官明确地指出，伦理个体所选择的自我并非是一种抽象，也非一般意义上的自由意识（这仍是思想领域的一个概念），而是拥有无限丰富的内容和无限多样性的特质的自我；这个自我是有历史、有延续性的，而能够拥有历史恰恰是人类尊严的一种体现。在这个意义上，伦理个体不是无中生有地创造自我，而是通过他的历史选择自我。如何做到这一点？威廉法

1　参见 S. Kierkegaard, *Either/Or*, Part II, p. 214。

官提出了"悔悟"（repentance）的概念，指出个体通过悔悟回到自身，回到家庭、族类，最后在上帝那里找到自我——这是个体绝对地选择自我的唯一途径。[1] 很显然，威廉法官所说的悔悟所针对的正是基督教的核心概念"原罪"。他在另一处曾经说过，不要幻想着原罪从未出现于这个世界，这想法会把人类引到一种更加不完美的境地。原罪来了，我们谦卑地屈身，由此我们会站得比先前更高。[2] 他强调说，一个虔诚的基督徒必须勇敢地承担起先祖的罪过（guilt）并且悔悟；所谓"悔悟"其实是我们发自内心地爱上帝的代名词，而且是唯一的代名词；这种爱是自由的，因为"神先爱我们"（《约翰一书》4:19）。"不愿为先祖的罪过而悔悟，如果这不是怯懦，那它就是心灵的虚弱；如果这不是可鄙的小气，那它就是心胸狭窄、缺乏气量。"[3] 威廉法官以是否勇敢地认可原罪、是否敢于悔悟来衡量一个人是否是虔诚的基督徒，并且把这种虔诚与绝对的伦理选择和个体的自由选择等同了起来。

但是，威廉法官并不是一个只关心天上之事的宗教狂热分子；相反，他把宗教关怀更多地投向了人间，他认为履行生活当中的各项职责是美好的。他指出，过一种"更高的生活"并没有那么困难，人们不必像中世纪的人那样遁入修道院；因为宗教性与人性之间并没有那么敌对，上帝不会自私地要求人否弃尘世（此论题在克尔凯郭尔的《最后的、非科学性的附言》中有更

1　参见 S. Kierkegaard, *Either/Or*, Part II, p. 216。

2　参见 ibid., p. 93。

3　Ibid., p. 218.

深入的展开）。而且，神秘主义者所选择的道路是危险和错误的，他们并没有恰当地选择自我，他们的选择是抽象的、形而上学的，而非宗教的。[1]具体言之，神秘主义者自由地选择了一条与世隔绝的生活道路，拒绝了他被抛入其中的现实性和生存，拒绝了那些与他有着各种各样关联的、他本该以爱去面对的人。他没有意识到，置身于生存的旋涡之中正是上帝的意愿和要求，他在生存中的位置是上帝派遣的；他没有正确理解《圣经》"爱神胜于爱父母"的教导，在拒绝生存的同时也拒绝了上帝对他的要求和爱；他推卸了自己作为个体的责任，以及随之而来的对于事物的秩序的责任。在这个意义上，神秘主义者是懦夫。另外，神秘主义者通过弃绝尘世和虔诚祈祷，一刻不放松地想获得自己对上帝的真诚之爱的明证，想获得对"圣灵与我们的心同证"的明证。但是这恰恰表明了他的信仰缺乏力度，他没有对上帝对我们的爱予以充分的信任，对于他自己对上帝的爱也缺乏无畏的信心，所以他才会时刻寻求"证明"。虽然此处的证明不同于基督教哲学家用理性对上帝的存在做出的证明（对此，克利马克斯亦有详细展开），而是用默祷寻求对上帝之爱的证明，但是其内里是一致的。他怕自己并不爱上帝，怕上帝不爱自己，这种担心和害怕都是"小信"的表现。

那么，一个人应该如何在扎根于被给定的现实性之中的同时过上一种宗教的生活呢？尤其是，绝大多数人注定要过一种平凡

1　参见 S. Kierkegaard, *Either/Or*, Part II, pp. 243-249。

甚至平淡无奇的生活。如何使这种生活体现出宗教性，也就成了摆在每个普通人面前的问题。宗教生活的一个重要方面，是理顺"时间性""现世性"与"永恒性"的关系。个体是有历史的，每个人都要经历一个从出生到成长最终步入死亡的过程。可是，以时间性生存为标志的个体却要追求无始无终的永恒。如何做到这一点？躲进修道院，通过与尘世割裂联系的办法来弃绝时间性，这一做法已经遭到了威廉法官的否定。或者，可以扎根在时间之流中，通过把握每天的意义来与时间做斗争，这一做法正是威廉法官所倡导的。他认为，神秘主义者没有体验到时间性的美妙，他们只看到了时间性中的有限精神的一面，而没有意识到这种有限性恰恰是上帝赐给人类的最佳礼物，因为拥有历史并且使之具有延续性正是人的神圣尊严之所在。[1]再进一步，在威廉法官眼中，人的历史还可以分为内在的和外在的，外在的历史是个体追求某个外在目标的过程，而内在的历史则是个体发展自己、成为自己的过程，因而它具有至上的意义。[2]对于个体的内在的历史而言，每个瞬间都是有意义的，都是实在的。所以威廉法官说，一个人要"努力把每一天当作具有决定意义的那一天，把每一天当成接受考验的那一天"[3]。在这个思想的指导下，赢得爱情的关键就不会像传奇和浪漫小说所描述的那样与妖魔鬼怪打架，而是在平凡生命历程的每一天通过切实的行动去实现；一个完美的丈夫并不是

1　参见 S. Kierkegaard, *Either/Or*, Part II, p. 250。

2　参见 ibid., p. 134。

3　Ibid., p. 26.

威廉法官的多种面孔 | 131

曾经有过一次完美行动的丈夫，而是每天都表现得出色完美的丈夫。时间的流逝并没有那么可怕，只要我们使每一个瞬间获得意义。通过这些瞬间，个体在自由之中得到了发展。

但是，如何使平凡生活中的每一个瞬间都获得意义？威廉法官的思考重心落在了"天职/使命"（Kald/calling）这一概念之上[1]，认为天职是每个人在这个有着理性的秩序和目的的世界中所拥有的属于他的特殊位置；只有找到它，个体才能为自己找到一系列必须遵循的规范和必须完成的任务。我们应该通过努力争取实现这些任务，但却不去理会、算计这些努力是否会引导个体走向成就（achievements）；因为所谓"成就"指示的是个体的行动与某种外在的东西之间的关系，它并不在个人的能力和掌握之中。

威廉法官的这一立场与路德的立场如出一辙。路德的宗教改革否定了中世纪的苦修主义，他强调人要履行世俗义务，人的日常世俗活动本身即具有道德和宗教的意义。威廉法官亦是如此，认为我们应该接受上帝派给我们的位置，努力完成各项任务/事功，完成个人在现世里被赋予的责任和义务。至于这事功是否能通达成就，即基督教语境中的个体的拯救，则要仰仗神恩。这一点不在我们的掌控之内，因此没有必要在这方面浪费时间和心思。在这个意义上，威廉法官传达出的其实是基督教新教的伦理观，他的立场也应该被称为"伦理—宗教的"（该提法在《附言》一书中首次正式出现）。

---

1 参见 S. Kierkegaard, *Either/Or*, Part II, p. 291。

但是，威廉法官所遵循的新教伦理并没有使他如韦伯所说的那样最终导向以劳动本身为目的、最大限度地创造财富的资本主义精神。威廉法官虽然强调，在现实生活中履行世俗义务具有道德的和宗教的意义，但是他的出发点和落脚点却是康德所说的"人是目的"的古典哲学精神，以及基督教所强调的对灵魂的培育。他提出，虽然生活中有各项任务，但是这些任务归根结底可以集中为一点，即发展自我。[1] 从"内在的历史"的观念出发，发展自我也就是个体要在有限的生命历程之中通过切实的行动不断充实这段历史，丰富和发展自己的灵魂和自我，并且从中获得满足和安宁。威廉法官高度重视《圣经》中关于赢得世界与损害灵魂之间的关系的陈述，在全书中对此多次予以重申。《马太福音》有言曰："人若赢得全世界，但却赔上了自己的灵魂，有什么益处呢？人还能拿什么换灵魂呢？"(《马太福音》6:26)[2] 而在培育灵魂和自我的过程中，威廉法官亦多次体验到绝望。他不止一次地强调，绝望之于个体的拯救具有绝对的意义，一个未曾品尝过绝望的苦涩滋味的人，其生活的意义被缩减了，不管其人生看起来有多么美丽。[3] 从这一点上讲，威廉法官恰恰可能会成为资本主义精神和文化的激烈批判者。事实上，克尔凯郭尔对他身处的正在上升的资本主义社会进行过激烈的批判。

1　参见 S. Kierkegaard, *Either/Or*, Part II, p. 296。

2　我根据英文本《圣经》，将中译本中的"生命"改为"灵魂"，因为"灵魂"表达了对"生命"中灵性的、精神的层面的重视。《路加福音》中有类似的陈述，只是那里用的是"自我"（self）一词，中译作"自己"。

3　对"绝望"的论述，参见 S. Kierkegaard, *Either/Or*, Part II, pp. 208−221。

五、余 绪

应该说，作为一个"人物形象"，威廉法官的身上还跳动着许多鲜活的个性特征。他会多愁善感，也会绝望，甚至跟审美者一样常常"跑题"。克尔凯郭尔借助这个形象传达出了很多思想，有别人的也有他自己的，其中很多主题都在他后来的写作中得到了进一步的阐发。或许这些思想在威廉法官身上还纠结缠绕在一起，但它们无疑体现出了一个在人生和哲学道路上刚刚起步的年轻人的丰沛的思想创造力。从这个意义上说，《非此即彼》一书对于我们理解克尔凯郭尔的全部写作的意义和特点至关重要。

（原载《哲学动态》2008年第3期）

惩罚与自由

——克尔凯郭尔笔下的威廉法官对《圣经》的回应

　　克尔凯郭尔的代表作《非此即彼》是一部具有复调结构的作品，其中下卷的叙述者威廉法官的形象尤其复杂，而且极具反讽性。他的正式身份是伦理生活的代言人，但他多次宣布，自己只是一个平凡的丈夫、父亲和公务员，他的写作是无权威的。细致的文本分析将揭示出，威廉法官的形象其实承载着多重"使命"，他既是审美生活方式的冷静观察者和批判者，又是康德和黑格尔的古典哲学思想的传达者，同时还是以"选择"为主旨的伦理原则的倡导者。更为重要的是，他还是一名自由的宗教思想者，他的伦理观与宗教观密不可分。所谓"自由的宗教思想者"的意思是说，威廉法官不是一个经授权的基督教神学家，他不是从正统基督教神学的角度出发对基督教问题进行系统的讨论，而是从一个需要不断回应生活所提出问题的"凡夫俗子"的角度来审视基督教之于个体生存的意义。他曾经说过，一个人到了一定的年龄就可以当自己的牧师了，因为他应该能够对人生中最为重要的关系形成自己的看法。所以，他常常只读《圣经》而不去教堂听牧师布道。[1]本文将撷取威廉法官向审美者展示的婚姻生活的美感和意义等这些貌似微不足道的问题，着重讨论他对《圣经》文本的理解和回应，希望以此为契机揭示出威廉法官或者说克尔凯郭尔作为一名自由的宗教思想者的意义。在行文过程中，我会加入我自己对于《圣经》中的一些段落的理解。需要说明的是，我无力亦无意从正统基督教史中撷取正统的解释，因为《圣经》在我看来是一部活的历史文献。

一、婚姻的神圣性

威廉法官在致审美者的信中的一个重要议题就是婚姻的审美有效性。他认为，成功的婚姻不仅不会扼杀爱情和美感，而且还会使之提升到一个更高的层面。在威廉法官眼中，婚姻是神圣的；婚姻作为世俗爱情的自然结果不仅没有受到作为精神存在的上帝的摒弃，相反还得到了上帝的祝福，他为此而感动。对于结婚的理由，人们往往会把注意力放到《圣经》中"那人独居不好，我要为他造一个配偶帮助他"（《创世记》2:18）的说法之上，但是如此一来，婚姻仿佛成了上帝为解决男人的孤寂而设计的。

1　参见S. Kierkegaard, *Either/Or*, Part II, trans. H. V. Hong & E. H. Hong, Princeton University Press, 1987, p. 70。

对此威廉法官指出，人们只看到了事物的一面，但却忽略了上帝对人的祝福。[1]《圣经》中还有这样的话："神就照着自己的形象造人，乃是照着他的形象造男造女。神就赐福给他们，又对他们说：'要生养众多，遍满地面，治理这地，也要管理海里的鱼、空中的鸟，和地上各样行动的活物。'"（《创世记》1:27-28）对于"上帝的祝福"具体表现在哪些方面，威廉法官并没有细说。从《圣经》的字句来看，上帝对人的祝福首先应该表现为，人是上帝作为造物主（creator）按照自己的形象创造出来的有灵的生物（creature）。如此一来，我们可以引申说，上帝主动地在自己与自己的被造物人之间建立起了一种有条件的关联。也就是说，人在对上帝的权威和地位不构成僭越的前提下，能够分有上帝的一部分神性。于是人成了有理智的生物，并且在一定范围内自己就是创造者。根据中世纪哲学的思路，人类理智的来源是上帝，它来源于上帝对人类的爱；反过来说，人类理智又使得人有能力在一定程度上认识上帝，从而使自然神学（natural theology）的知识成为可能。一方面，人类之为有理智的生物，可能是上帝对人类的最大祝福了。另一方面，上帝还赋予人类一定的权柄，上帝命令人类管理他所创造的其他生物。总而言之，人在上帝的被造物中是被优待的，人被创造出来后即有自由活动的能力，只要人不去奢望僭越上帝的权威。

既然婚姻得到了上帝的祝福并因而成为神圣的，那么上帝也

1　参见 S. Kierkegaard, *Either/Or*, Part II, p. 70。

就没有理由要求生活在时间中的人抛开世俗生活，因此中世纪所崇尚的神秘隐修和禁欲主义思想就是错误的，同时也是危险的。[1]由此，威廉法官对"遁入修道院"的中世纪观念进行了批判，认为这种思想极大地误解、曲解了上帝的意思，把宗教性与人性极端地对立了起来。[2]从上帝这方面说，婚姻得到了他的祝福，因此他不会不理会他在男人和女人之间建立起来的约定；而从威廉法官这方面讲，他自称自己并不是绝对的精神性，因此世俗生活的层面对他来说仍然有意义。[3]事实上，对于基督徒来说，人在生存中的位置正是上帝所派遣的，置身于生存的旋涡之中并且勇敢地承担起与之俱来的责任也是上帝的要求。在这个意义上，遁入修道院至少就是懦夫之举。另外，神秘隐修主义者还误解了上帝所说的"爱神胜于爱父母"的思想，他们把上帝理解成了一个自私、偏狭的小气鬼。但是事实上，"上帝并不自私"，上帝也不是一个在爱上帝和爱人类之间设置起巨大冲突并且以此为乐的诗人。相反，爱人类的思想正是上帝亲手植入我们心中的。[4]从本性上讲，上帝是自足的、完满的，他并不需要人类的爱；上帝向人类提出"爱神胜于爱父母"的要求，无非是要让人类超越有所限制的亲情，转而拥抱一种更为博大的爱，包括像"爱人如爱己"或者"爱你的敌人"这样似乎有悖常理的爱。更为重要的是，无

1　参见 S. Kierkegaard, *Either/Or*, Part II, p. 247。

2　参见 ibid., p. 89。

3　参见 ibid., p. 10。

4　参见 ibid., p. 245。

论是爱神还是爱敌人，其最终旨归都不在于帮助上帝，而在于改善和培养个人的灵魂。

总之，威廉法官所提倡的宗教人生并不意味着个体必须远离尘嚣；相反，个体应该扎根于现实之中，扎根于世俗生活之中。婚姻生活中的男女应该以每日的完美表现来实现婚礼仪式上"我愿意"的誓言，并从平凡的生活中找到美感和意义。

二、女人与拯救

婚姻是神圣的，那么婚姻中的男女关系应当如何呢？基督教文化和中国历史文化都曾持有一个观点，即女人是祸水。在《创世记》的故事里，是女人首先听从了蛇的诱惑偷食了禁果，这一事件成为人类被逐出伊甸园的直接原因。因此，上帝对女人施行了一条惩罚措施："我必多多加增你怀胎的苦楚，你生产儿女必多受苦楚。你必恋慕你丈夫，你丈夫必管辖你。"（《创世记》3:16）但是在威廉法官眼中，事情真的是这样吗？

婚姻的一个自然结果便是生儿育女，而生产过程伴随着痛苦，这一点很容易被人视为上帝加诸女人头上的惩罚。与论证婚姻的神圣性的思路相同，威廉法官再一次将关注点集中在上帝的祝福之上。他指出，生儿育女不仅是婚姻中的男女必须履行的职责（"要生养众多，遍满地面"），而且是他们的幸福。[1] 一个孩

---

1 参见 S. Kierkegaard, *Either/Or*, Part II, pp. 72–76。

子来自家庭生活中最为内在的、最为隐秘的部分，孩子的出生具有一定的神秘性，他们仿佛是上天赐予的"礼物"。一个孩子有能力把过去和未来连接起来，孩子的成长能使我们的姓氏传递下去，使人类这一物种走向未来；通过孩子，我们还能看到自己的过去：当我们惊讶地看着孩子长大的时候，我们其实是第一次"看到"自己的成长历程。此外，在威廉法官眼中，孩子身上还有某种能够使一切抽象原则和定理显得苍白的原创力，这种能力无疑会使成人相形见绌。既然孩子对于人生如此重要，那么承载着生育功能的女性就不应该被轻视。在这种想法的支配下，威廉法官对保罗在《提摩太前书》中对女人的严苛训诫十分不满。他大胆地批判道："使徒保罗在某个地方相当严厉地命令女人在沉默中接受指令，怀着谦卑，而且是沉默的。然后，在令其沉默之后，他进一步羞辱她。他又补充说：她将通过生儿育女而得救。"[1]威廉法官指出，保罗必须再补充一句，即孩子能够延续信仰、爱和神圣性，否则他无法原谅保罗对女人的轻蔑。显然，在威廉法官看来，生儿育女是上帝对人类的祝福而不是惩罚，"生养众多"的所谓"惩罚"事实上使女人成为一定意义上的创造者；她们接续了上帝造人的使命，她们为此付出痛苦的代价也是值得的。

威廉法官不仅不赞同保罗的"男尊女卑"思想，而且他像

---

[1] S. Kierkegaard, *Either/Or*, Part II, p. 70.《提摩太前书》2:11–15中，保罗说："女人要沉静学道，一味地顺服。我不许女人讲道，也不许她辖管男人，只要沉静。因为先造的是亚当，后造的是夏娃。且不是亚当被引诱，乃是女人被引诱，陷在罪里。然而女人若常存信心爱心，又圣洁自守，就必在生产上得救。"

所有经过浪漫主义思想洗礼的人一样，热爱、尊重甚至是崇拜女性。威廉法官一再强调，步入婚姻殿堂的唯一理由就是爱情，而不应考虑包括经济因素在内的其他东西。他本人的婚姻正是建立在爱的基础之上，他的妻子拥有独立的经济来源，因此有能力保证人格的独立和夫妻关系的纯粹性——在那个年代，很多妇女还需要通过婚姻为自己赚得饭票。这个细节绝非多余，因为只有这样，威廉法官才能以平等的而非居高临下的态度观察自己的"另一半"，并对女性得出公平的看法。威廉法官指出，世界上没有人比女性更了解人性了[1]；女性的才能最突出地表现在她们对有限性的理解和驾驭之上，这几乎成了女人身上的与生俱来的才能和原创性的天赋，它与男人对无限性的追求形成了鲜明对照。靠着对有限性的理解和驾驭，女人拥有优雅的天性，她们比男人更可爱、更快乐，并且更容易与生存和谐相处。[2]也因为如此，女人生产时所承受的痛苦并不代表着上帝对女人的特殊惩罚，因为所有的人生都伴随痛苦；女人因生产而痛苦，男人因思想而痛苦。相比之下，女人的脚踏实地使她们免除了男人因为追求无限性而产生的怀疑的焦虑和绝望的"致死之疾病"。从这个角度出发，威廉法官对他的时代已经悄然兴起的妇女解放运动感到义愤，认为运动的发起者对人性一无所知；他们不曾意识到，女性身上具有男性不曾具备的力量，因为有限性是"生命之根"，是生命当

1　参见S. Kierkegaard, *Either/Or*, Part II, p. 83。

2　参见ibid., pp. 310−311。

惩罚与自由 | 141

中最为隐秘的、最为深刻的东西。他认为女性天生就比男性更完美，为此他高唱一曲女性的颂歌："让男人放弃身为自然的主人和王子的宣称吧；让他让位给女人。女人是自然的主人，……女人是男人的全部，她为他提供了有限性；没有女人，男人只是一种不安稳的精神，一个永远找不到安宁的不幸生灵，一个无家可归者。"[1]女人有能力将人们聚合起来。在这个意义上，威廉法官把女人视为"会众的象征"，认为女人比男人更有信仰。女人总是为他人祈祷，而男人根本上只为自己祈祷；女人相信对于上帝而言一切皆有可能，而男人却认为，对于上帝而言，有些事情是不可能的。[2]此外，威廉法官找出《圣经》中的话，"人要离开父母与妻子结合，二人成为一体"（《创世记》2:24），并从中读出了新意。他认为，《圣经》所昭示的意思是说，女性并不是弱者，不是像人们通常所认为的那样，她们结婚是要向男人寻求保护；恰恰相反，是男人要离开父母与女人结合，是男人寻求女人的安慰，因为女人比男人更强壮。

最终，女性通过对有限性的理解和驾驭为男人提供了"生命之根"，从而成就了男性的拯救。威廉法官说："腐败来源于男人，而拯救来源于女人。"他甚至大胆地说，在这个世界上误入歧途的一百个男人中，有九十九个都是由女性拯救的，只有一个是为"直接的天恩"所拯救。由此，女性弥补了自己当年所犯下

---

1 S. Kierkegaard, *Either/Or*, Part II, p. 313.

2 参见ibid., p. 315。

的罪所造成的损害。[1]

应该说，保罗为自己的"男尊女卑"思想提供的证据只是上帝造人的时间顺序，他有意地或者在偏见的作用之下形成了认知盲点，因而对上帝造完女人后所说的话不予理睬。女人是上帝从男人身上取下一根肋骨所造，但在创造活动完成之后，上帝说："这是我骨中的骨，肉中的肉，可以称他为女人，因为她是从男人身上取出来的。"（《创世记》2:23）用较真的态度来审视这段话，希伯来文"男人"和"女人"的发音原本就是接近的。男人被命名为"亚当"（Adam），其实就是"人"的意思，其发音又接近"土"，这可能指示着在那个年代，男人要面朝黄土背朝天地养活自己和家人；而女人被命名为"夏娃"（Eve），这个词很可能代表着"生命"，因此女人与"创造生命"联结在一起。在这个意义上，女人并没有输给男人。何况，"骨中的骨，肉中的肉"并不一定是在贬低什么；相反，它更像是对某种珍爱之情的表达；它指示着你中有我、我中有你的亲密关系。在广为人知的小说《简·爱》中，简在回顾自己与罗契司特的十年婚姻生活时就曾使用过"骨中骨，肉中肉"的比喻。她说："我认为我自己极为幸福——幸福得不是言语所能表现；因为我是我丈夫的生命，正如同他是我的生命一样。没有妇女比我更靠近我的伴侣：更为绝对地是他的骨中骨，肉中肉。"[2]"骨中骨，肉中肉"，这或

---

1 参见S. Kierkegaard, *Either/Or*, Part II, p. 207。

2 夏洛蒂·勃朗特：《简·爱》，李霁野译，陕西人民出版社，1982年，第558页。

许是婚姻关系中最为理想的男女关系状态。至少威廉法官是这么认为的。威廉法官不理解、不赞同妇女解放运动，并以对男性与女性的自然本性的武断区分为依据。这一点不会得到妇女解放运动的赞同，与今人的思维也不甚相符。不过，比起曾经流行的女权主义名言"女人需要男人就像鱼需要自行车"所流露出来的对立情绪，他希望男女两性在差别（一个追求无限性，一个追求有限性）之中合而为一的理想，终归是一个更美好同时也更深刻的理想。

三、惩罚与自由

让我们再次回到上帝对人类偷食禁果所宣布的惩罚上来，其中针对亚当的惩罚是这样说的："地必为你的缘故受咒诅。你必终身劳苦，才能从地里得吃的。……你必汗流满面才得糊口，直到你归了土，因为你是从土而出的……"（《创世记》3:17-19）

上帝创造了人，同时还为人安排了无忧无虑的生活。不过，天下没有免费的午餐，人类能够享受天堂般的生活是有条件的，即不可食用智慧树上的果实。换言之，人类不可产生欲与上帝试比高的想法，否则衣食无忧的美好生活将不复存在。可是，人类是上帝参照自己的形象所造的有灵生物，上帝赋予了人以自由，使得人类有能力在上帝的命令与蛇的诱惑之间做出选择。结果，人类公然违反了上帝的命令，并为之付出了代价，开始了以艰苦劳作为标志的尘世生活。问题是，自从人类有了智慧后，"那人已经与我们相似，能知道善恶"（《创世记》3:22），人类能否重新解读"终身劳苦，才能从地里得吃的"的惩罚呢？

在威廉法官看来，"你必汗流满面才得糊口"是人类生存的一个被给定的现实。它不仅不是惩罚，相反，这是上帝对人类的偏爱，是人类的完美性的表现，因为"为生存而劳作"这一点最为集中地表达了人的自由。[1]他举出福音书中"田野的百合和天空的飞鸟"的例子：它们不种不收，但上帝让它们衣食无忧（《马太福音》6:26-33;《路加福音》12:22-31）。威廉法官承认，看到天恩眷顾这些卑微的生灵是美好的；但是，植物的不种不收只能指示着它们的"无能"，而人能够劳作却指示着人有能力自己照顾自己、自己养活自己；通过劳作，人类解放了自身，成为自然的主人，从而高于自然。人类通过劳作把自身提升到世间的至尊者的地位；通过劳作，人成了自己的"天恩"。于是，人类"为生存而劳作"并不是人类的缺陷，不是上帝的惩罚，而恰恰是人类的尊严和完美的体现，是"人是自由者"的标志。在这个问题上，威廉法官是个彻头彻尾的人本主义者。

其实，从《创世记》的故事来看，上帝通过他的祝福已经确立了人类在世间的至尊者的地位。人类在被创造之始就有了上帝的影子，同时还被赋予了管理其他生灵的权柄。只是上帝所赐予的这种至尊者地位是"从天而降"的，正如亚当和夏娃无忧无虑的伊甸园生活同样是上帝所赐予的一样。既是被赐予的，那就是

1　参见 S. Kierkegaard, *Either/Or*, Part II, p. 282。

有条件的，也就是说人类要对上帝保持绝对的服从。所以人类一旦违规就要受罚，就要为自己的行为承担全部责任。人类偷食了分别善恶的智慧之果，从此"眼睛明亮了"，他们意识到了自己原本是自由的，意识到了他们为无忧无虑的天堂生活所付出的代价：他们不辨善恶是非，完全俯首听命于上帝；他们的幸福建立在自由的丧失之上。于是，人类走出了伊甸园。从那一瞬起，人们开始了艰苦的尘世生活，艰苦但却自由，因为这生活是人类历史的真正开端，人类成了自己的历史的主人。从此以后，才有天国与尘世的区分，才有该撒的物和神的物（《马太福音》22:21）的区分。上帝不能完全干预人类的历史了，因为覆水难收，人类现在有了智慧，而且还具有自由的灵性。因此，上帝永远地丧失了其在人类心目中的绝对权威。"失乐园"的意象不仅适用于人类，也同样适用于上帝。于是，《新约》中的上帝不可能再维持《旧约》中的上帝的那个严厉形象了，他不再强调"罪与罚"，而是以爱拥抱这个世界和有罪的世人，希望以爱来拯救人类。这个转变是伟大和深刻的。

四、作为自由宗教思想家的克尔凯郭尔

在分析了威廉法官对《圣经》的回应之后，现在有必要对其宗教观进行简要的总结。作为伦理生活的代言人，威廉法官不是一个只关心天国的宗教狂热分子，他敏锐地意识到了人的双重生存（dual existence）：人是感性与精神、时间性世俗性存在与永恒

性超越性存在的综合体。加上他所受的路德宗教改革的影响，他强调：人的宗教性首先应该体现在他对日常伦理职责（包括婚姻和工作）的履行之上，职责的履行不是对外在权威的屈从，而是对内心的爱的服从。"爱"是威廉法官的核心概念，他的爱的摹本取自《新约》中的上帝，一个有着无边无际的爱的上帝。带着爱的眼光，他重新审视《旧约》中那个嫉妒的、严厉的、动辄施行惩罚的上帝，重新审视人类失乐园的故事。他看到的是以前被忽视了的上帝对人的祝福：祝福人类繁衍生息、代代相传，并且祝福承担着这项重任的女性。带着爱的眼光，他蔑视上帝对人类的惩罚，他把人类必须通过艰苦劳作而维持生存的事实看作人类要做自然的主人和世间的至尊者的体现，看作对"人是自由者"的表达。也许正是因为他持对人高度重视的人本主义立场，才保证了他在遵循着寻找生命中的天职、完成生活中的各项任务的新教伦理的同时，并没有走向韦伯所总结的以劳动本身为目的、最大限度地创造财富的资本主义精神，而是更关心个人灵魂的培育。在面临赢得整个世界还是培育个人灵魂这样的选择时，威廉法官毫不犹豫地选择了后者。他多次提到福音书中的话："人若赚得全世界，赔上自己的灵魂，有什么益处呢？人还能拿什么换灵魂呢？"（《马太福音》16:26）[1]这也就是说，个人在向世俗成功奋斗的道路上不能忘记对精神性的追求，真正的宗教追求最终应该落

---

[1] 中译本将此处的"灵魂"译作"生命"。希腊原文的意思既可作"生命"解，又可作"灵魂"解。我的理解更倾向于"灵魂"，因为这里更突出的是"生命"中灵性的、精神的层面。

实到对个体的精神性的丰富之上，威廉法官强调的"基督教上帝是精神""基督教即精神"[1]的含义即在于此。不过，威廉法官有着辩证的头脑，认为基督教的精神性并不意味着感性被完全清除出去；相反，上帝祝福世俗之爱。所以，成为基督徒不仅不一定遁入修道院；相反，正确的道路应该是走出修道院，扎根在时间之中，通过与时间的斗争来赢得永恒。只是，个人只有依靠信仰才能确信他在此世能够有所成就[2]，因此他的目标只是脚踏实地地完成各项职责和任务，而不去费心思算计是否有所成就。这几乎是路德所宣扬的"个人拯救须靠上帝恩典"思想的另一种表述。

总之，威廉法官没有从正统神学的角度来理解基督教的问题，而是从一个个体生存者的身份（丈夫、父亲和公务员）出发思考基督教的问题，他对《圣经》文本的理解充满着人本主义的色彩。用今天的流行语来说，他对基督教的理解要"阳光"得多，他从人本主义的立场出发把所谓上帝对人类的"惩罚"转变成对"人是自由者"的体现。如果结合克尔凯郭尔的人生经历和思想主旨来看，应该说威廉法官所传达的就是克尔凯郭尔的真实思想，克尔凯郭尔本人就是这样一位自由的宗教思想家。

克尔凯郭尔出生并成长在一个虔敬派家庭之中。这个教派属于路德宗，在德国和丹麦有较大影响，其主要思想在于反理智主义、反教会制度、重视心性。不仅如此，克尔凯郭尔的父亲迈

1　S. Kierkegaard, *Either/Or*, Part II, p. 49.

2　参见ibid., p. 80。

克信奉的是虔敬派的分支亨胡特派（此为音译，Herrnhutism 意为"主的庇护"），是该教派在丹麦的组织兄弟会的成员。亨胡特派格外重视救世主的受难、鲜血和死亡，有较强烈的情感色彩，因此也被称为为血淋淋的神学（blood theology）。克尔凯郭尔作为家中最小的儿子，从小就受到家庭的偏爱，因此他受到了父亲的忧郁情绪和虔敬思想的极大影响。克尔凯郭尔小的时候就会在星期日的上午和家人一起去我主教堂听主教明斯特讲道，晚上和父亲一起参加兄弟会的活动。[1] 克尔凯郭尔在其死后才出版的《关于我的作家生涯的观点》中坦陈，自己从童年时代起即处于一种巨大的忧郁情绪的影响之下："当我还是个孩子的时候，我就受到了严苛的、严肃的基督教教育。从人性的角度观之，这教育是疯狂的：还在我的幼年时代，我就被迫置身于一种影响之下，就像那个把这影响加诸我头上而他本人则沉潜其中的忧郁的老人一样。一个孩子，疯狂地要去扮演一个忧郁的老人，多么可怕呵！"[2] 因此，不难想象，当克尔凯郭尔进入哥本哈根大学神学系之后，他会对继往的家庭教育采取全面的背叛和反抗姿态。当时，他毫不掩饰地追求物质生活的享受，添置时髦服装，享受美食，进咖啡馆；而在精神追求方面，他对神学系的课程几乎不理不睬，却把主要精力投入对文学和哲学书籍的阅读，投入艺术欣赏。但是，即使在他过着花花公子式的享乐生活的时候，宗教的因素和对基督教的

1　参见 B. H. Kirmmse, *Kierkegaard in Golden Age Denmark*, Indiana University Press, 1990, pp. 22-35。

2　S. Kierkegaard, *Søren Kierkegaards Samlede Værker*, Bind 18, Gyldendals Forlag, 1964, p. 127.

思考也没有完全离开过他。因此，当他完成学位论文《论反讽概念》之后，他便开始了以思考基督教为核心的自由写作的生活。他写作《非此即彼》的时候年仅30岁，那正是一个个体在与自己的背景和教育进行磨合、碰撞的过程中开始思想创造的年纪。他借威廉法官的形象努力拔除留在他记忆深处的围绕着基督教的阴郁氛围，希望树立起关于基督教信仰的一幅更为清朗的图景，即把基督教信仰的意义落实到个体在现实的生存进程之中对灵魂的培育和对精神生活的丰富之上。其实，我们并没有必要如有些国外学者所做的那样在克尔凯郭尔的假名作品与真名作品之间进行绝对的区分，因为所谓"克尔凯郭尔的真实思想"正是由一部部作品积淀、过滤、发展而成的，其中当然包括他的假名作品。

（原载《浙江学刊》2008年第3期）

作为基督教哲学家的克尔凯郭尔
——克尔凯郭尔的假名写作

一、一个新的视域

克尔凯郭尔是顶着"存在主义先驱"的桂冠在汉语世界出场的。逐渐地，我们又把"宗教思想家"和"作家"的称号给予了他。对此，他当然是当之无愧的。就前者而言，在当代神学界享有盛誉的蒂利希、卡尔·巴特和布尔特曼均毫不讳言曾受到了克尔凯郭尔的启发；就后者来说，克尔凯郭尔以其多产的著作、多样的文风以及在遣词造句方面的大胆开拓丰富了丹麦语言和文学。近来，尚杰从后现代哲学的视角出发，将克尔凯郭尔视为"隐晦哲学家"，并且将其置于挑战黑格尔矛盾辩证法的以"悖谬"为标记的精神线索之首。[1] 这些称谓的改变和叠加只是为了抬

1　参见尚杰：《从胡塞尔到德里达》，江苏人民出版社，2008年。

高某个历史人物而采取的"旧瓶装新酒"的无意义之举吗？绝对不是。对于一位曾经在思想的、精神的世界中留下印迹的人物来说，每一个新的称谓都意味着一种新的阅读视野的开启，意味着扩大理解和唤起新生的可能性。

克尔凯郭尔是一位多产的作家，在短暂的生命历程中，他为我们留下了多达40本书以及数量可观的报刊文章。针对他生前出版作品的写作时间和内容，西方学界一般把克尔凯郭尔的写作分成两个阶段：1843—1846年的假名写作时期和1847—1851的基督教时期；其中，出版于1846年的《最后的、非科学性的附言》一书成为两个阶段的分水岭。于是，一个问题自然地涌现了出来：克尔凯郭尔前后两个写作阶段之间的关系是怎样的？因为单从字面上看，上述两个阶段的划分和描述是不对称的：前者描述了克尔凯郭尔写作的外在特征，而后者则是对其主题思想的总结。再进一步问，如果克尔凯郭尔1847年以后通过多则建设性的和基督教的讲演以及《爱的作为》这样的作品对基督教进行了直接的讨论，那么，作为其著述生涯起点的假名著作与基督教的关系如何？在我阅读克尔凯郭尔最具哲学意味的三部假名作品《非此即彼》《哲学片断》和《附言》的时候，"基督教哲学家"的称谓犹如电光一闪，照彻了我过去在理解克尔凯郭尔的时候所遗留下来的晦暗地带。从基督教哲学这个新的阅读视域出发，克尔凯郭尔写作的连续性得以清楚地开显出来，"假名写作时期"与"基督教时期"这两个颇不对称的总结在内里得到了统一。正如他自己总结的那样，克尔凯郭尔的全部写作都围绕着一个主题，即宗教。克尔凯郭尔所讨论的不是作为人类文化产品的一般意义上的宗教，而是人类历史上的一种具体的、特殊的宗教形态基督教，这是一种与他的生命息息相关的宗教。所不同之处在于，他的假名写作不是对基督教的直接讨论，而是最终指向了对基督教哲学的讨论。借助假名策略和反讽技巧，克尔凯郭尔不仅有意识地拒绝了基督教会的权威，甚至拒绝了"基督徒"的称谓。他有计划地与基督教会所代表的正统的基督教立场——基督教的"自我描述"的立场——划清界限，试图从一个"局外人"的视角出发来审视基督教。在进一步展开克尔凯郭尔的基督教哲学的内容之前，我们首先要解决的问题是：何谓基督教哲学？在何种意义上，克尔凯郭尔的假名作品能够被视为对基督教哲学的讨论？

二、何谓"基督教哲学"

"基督教哲学"不是一个自明的概念，它需要加以论证和澄清。[1] 在一个受过现代科学思维训练的人看来，"基督教哲学"似乎是一个带有悖论性质的概念。自启蒙运动以来，基督教和哲学清楚地分属于不同的平面和领域，它们"耕种自己的园地"。其中，哲学听从理性的声音构建自足的真理体系，而基督教则在启示的引导下寻求个体的拯救。它们似乎成了两种不相容的东西，任何一种把它们整合在一起的企图都很容易构成对二者的自主

1　参见 E. Gilson, *The Spirit of Medieval Philosophy*, trans. A. H. C. Downs, Sheed & Ward, 1936, p. 12。

性的损害。从哲学史的角度来看，基督教哲学也不能直接被视为西方中世纪时期哲学的历史形态，因为在中世纪思想史上，神学曾经高高地处于一切科学的顶峰。有很多思想家更乐意成为基督徒，他们对哲学并不感兴趣；还有些思想家不过把哲学视为接受教义或者与之保持一致的工具和手段，哲学不过成了护教论或神学。在这种意义上，基督教哲学与基督教神学并无本质的差别，它还不能构成一种有意义的哲学门类。所以，当著名的中世纪哲学史家艾蒂安·吉尔松（Etienne Gilson）在《中世纪哲学的精神》一书中郑重讨论建立"基督教哲学"的可能性时，他首先要解决的就是"基督教哲学"这一概念所面临的逻辑和意义上的困难。吉尔松从中世纪丰富的思想文化史料和西方哲学思想发展史的轨迹出发，通过对笛卡尔、马勒伯朗士和莱布尼茨的哲学体系的分析最终发现，这些纯粹的哲学体系在不同程度上均受到了基督教信仰的影响。同时，吉尔松还以思辨的态度指出，基督教有可能通过向人类理性的开启、通过信仰的调和改变哲学的发展轨迹，开启哲学所未曾梦想过的新维度，比如绝对的一神论原则就是由摩西确立的。[1] 这也就是说，基督教对于哲学的影响是历史性的、实在的，哲学不一定非得成为神学的婢女；相反，哲学可以从基督教信仰中获得启示，而基督教亦有能力为哲学提供新的维度和方向。正是在这个意义上，"基督教哲学"概念才是有意义的，而"构成基督教哲学的内容的主体就是理性在启示的帮助之

1　参见 E. Gilson, *The Spirit of Medieval Philosophy*, p. 51。

下所发现、探寻或者更简单地说捍卫的理性真理"[1]。换言之，尽管哲学理性和宗教启示有着形式区别，但是，如果一种哲学能够把基督教启示视为理性不可或缺的辅助的话，这种哲学就可以被称为"基督教的"。

如果说吉尔松对于"基督教哲学"这一概念的可能性的讨论立足于中世纪的哲学发展轨迹并且更多地带有学理诉求的意味的话，那么，哈佛大学教授约翰·瓦尔德（John Wild）于20世纪50年代末重提该话题则有着更多现实的考虑，他希望通过建立"基督教哲学"把20世纪从"焦虑的时代"中拯救出来。在《人类自由与社会秩序——论基督教哲学》一书的开篇，瓦尔德教授就指出，在西方，"基督教哲学"并没有成为一门独立的"学科"，甚至这个术语并没有得到完全认可的事实已暴露出了西方思想史的问题，即理性主义传统与信仰主义传统之间的差距。随着焦虑情绪逐渐成为被普遍体验的东西，同时越来越多的人开始对于理性凭借自身的逻辑力量和自足性而采取的僭越自身权限的行为提出了质疑和批判，瓦尔德教授认为，基督教对人类生存和自由的开显和理解有可能为这个陷入焦虑和困惑的时代提供出路，于是构建"基督教哲学"的理想再次被提出。"基督教哲学不是一个从基督教原则中推论出来的体系。……它毋宁是一种将由信仰而生的判断带到人的行为之上，以及把哲学带入一种能够面对这种判断并且为之照亮的状态之中的尝试。"[2] 这也就是说，"基督教哲

---

1 E. Gilson, *The Spirit of Medieval Philosophy*, p. 35.

2 J. Wild, *Human Freedom and Social Order: An Essay in Christian Philosophy*, Duke University Press, 1959, p. 101.

学"既是一门真正的人的哲学，建立在向所有人敞开的世俗的证据之上，同时它又是真正的基督教的，因为它自觉地以基督教精神为导向并且进一步向澄明开显。换言之，哲学作为一门对于人自身、对于人所栖居其中的世界的理解的学科，不可能从完全空白的头脑中产生；哲学开始于如亚里士多德所说的某些自明的前提，任何哲学都会源自某种价值意象（value image）并以之为导向。而基督教在哲学性的深广度和生存深度方面具有一些鲜明的优势，它能够将超越性、内在性和生存性的因素整合起来，从而成为哲学的有力向导。[1] 正是在这个意义上，"基督教哲学"的建立才是有意义的。

在吉尔松和瓦尔德关于"基督教哲学"的构想的启发下，我希望从此角度出发重新阅读和理解克尔凯郭尔假名写作时期的著作，以期更好地透视克尔凯郭尔的心灵世界。

三、面向生活世界的"片断哲学"

克尔凯郭尔在假名写作时期所构筑的"基督教哲学"，正如其名称所显示的那样，首先是一种哲学形态，而不是作为教会理论支柱的基督教神学。

哲学与神学的关系是西方思想文化史上的一大课题，在此我无意细究。我想说的只是，如果我们认可了前述"基督教哲

1　参见J. Wild, *Human Freedom and Social Order: An Essay in Christian Philosophy*, pp. 122–128。

学"概念的可行性的话，那么在基督教哲学与基督教神学之间就应该存在着一条分界线。基督教哲学是在基督教信仰的启示和光照之下对于意义、真理和确定性的探讨；再进一步，倘若其所讨论的就是基督教的原则和命题的话，基督教哲学就应该是从哲学的自由精神出发对基督教原则的理解。而基督教神学则不同，它是从宗教的角度——具体而言就是基督教的角度——出发所揭示的一种基督教的立场（Christian stance），它讨论的是基督教的语法和逻辑。换言之，基督教神学是从基督教内部出发的一种基督教的自我描述。[1]我认为，最能反映克尔凯郭尔的基督教哲学而非基督教神学的基本立场的假名著作便是《哲学片断》。这部具有高度反讽性的作品所讨论的不是别的，正是基督教的道成肉身原则，并且整个讨论以一种隐晦但却系统的方式进行。在全书的开篇部分，假名作者克利马克斯首先宣布，摆在读者面前的这本小册子是他"亲笔所写，代表自己，一切后果自负"（proprio Marte, propriis auspiciis, proprio stipendio）；他只想在自己的思想之中"轻松起舞"，而拒绝让他人去揣测自己写作的"意思"。[2]很明显，克尔凯郭尔希望表白，他是独立的，他不依附于任何他人、组织、教派，他只是拿自己的生命在思想的世界之中进行一次冒险。至于这冒险的具体内容，他在《哲学片断》每一章的结尾处都透露给了我们。克利马克斯/克尔凯郭尔设计了一场与虚构的"第一

---

1 参见H. W. Frei, *Types of Christian Theology*, Yale University Press, 1992, pp. 19-27。

2 参见S. Kierkegaard, *Søren Kierkegaard Skrifter*, Bind 4, Gads Forlag, 1997, pp. 215-217。

读者"的情景对话。其中，"第一读者"公开指责克利马克斯是一个"剽窃者"，因为他自诩独创的"思想方案"只不过是一个妇孺皆知的故事。为此，他把克利马克斯比喻成一个拿着人人轻易可见的东西骗钱的"流浪汉"。而每逢此时，克利马克斯总是做出一副善解人意的样子，对"第一读者"的愤怒表示理解。他还大度地承认自己是在"剽窃"，只是他并没有"剽窃"其他作者，他所"剽窃"的是某种更高的、堪称"奇迹"的东西。对于这个奇迹究竟是什么，直到全书的尾声，克利马克斯才吞吞吐吐地说出了"基督教"这个词，不过他许诺将来或许会为这个论题"披上历史的外衣"；两年后，假名作者克利马克斯果然出版了《附言》一书，指名道姓地讨论起了基督教。一个有趣的问题出现了：克利马克斯/克尔凯郭尔何以会生出"剽窃"家喻户晓的基督教的念头呢？这里涉及克尔凯郭尔对其生活时代的问题的诊断。在他看来，在基督教流传的1 846年的历史中，人们关于基督教已经"听"得太多了，"知道"得太多；在一个体系的时代里，基督教早已通过与形形色色的"观点""主义"相结合，被转变成了知识和教条的体系。而广大会众对于基督教的所闻所知又借助的是国教会从基督教内部出发对基督教所进行的自我描述。结果在一定程度上，幻听出现了，关于信仰的过量知识使信仰褪了色、走了样，甚至成了腐蚀心灵的一剂毒药。于是乎，克利马克斯/克尔凯郭尔决意以一个基督教的"局外人"的身份"剽窃"基督教故事，用诗化的和形而上学的方式重构基督教原则，旨在使人们早已耳熟能详、烂熟于胸的基督教原则陌生化，疏远传统的、既有的基督教会对基督教的自我描述，重新唤醒人们对于基督教信仰的敏锐和警觉：抛开关于"国教"的荒谬概念和"基督教国家"的迷梦，抛开从还在襁褓之中就听到的关于基督教的全部幻听，抛开基督教流行以来的漫长历史，让每个个体以"单一者"的面目直面上帝。按《哲学片断》中的话说，每个人都亲自从上帝手中接受理解真理的条件，从而切实地承担起思考"信仰之于个人的灵魂拯救的意义"之类本真问题的责任，在激情的助力之下完成个人心灵的"天梯历程"。

此外，作为一种哲学形态，克尔凯郭尔的基督教哲学不同于传统的欧洲哲学，尤其是不同于在当时的欧洲已达至巅峰的客观哲学。它不是一个关于宇宙—世界的知识体系，不是黑格尔意义上的作为科学的哲学，而是关于人的生活世界（Lebenswelt）以及人生意义考量的哲学。因而，这种哲学不可能是体系性的，而只能是片断的（fragmental），它与充满了喧哗与骚动、谜团与悖谬的生活的原貌相一致。

克尔凯郭尔以"片断的哲学"来对抗"体系的哲学"，其意义不仅在于对哲学思想的表达形式的突破。同时，它还是一种哲学的叙述角度的改变，并且最终由此实现了对传统哲学的思考维度的突破。这里，我想以《非此即彼》一书为例。如果说"非此即彼"这个标题多少会让人联想到黑格尔、丹麦的黑格尔主义者以及辩证思维的话，那么，该书的副标题"一个生活的片断"则会令人耳目一新，或者大吃一惊，因为这实在不是一个可能从西方哲学传统中产生的标题。但是，"一个生活的片断"比"非此即彼"更加旗帜鲜明地点明了克尔凯郭尔的立场和出发点。它指示着，克尔凯郭尔已经突破了他初到柏林听谢林哲学讲座时对于"现实"概念所感到的困惑。他把现实从思辨哲学所关心的逻辑和思想的层面拉回到了一般意义上所理解的现实的层面，拉回到了一个生动活泼的、交织着矛盾困惑的错综复杂的人的世界之中。从此，人与世界的关系不再是简单的主体与客体的关系。哲学不再承载着追求全体性的客观真理体系的任务，而是回归到人的生活世界，向人在这个世界中生存下去的意义敞开。正是为了实现这个回归和转换，克尔凯郭尔才有意识地改变了哲学的叙述方式。传统意义上的哲学著作所呈现给我们的是一个无人的自在自足的世界，哲学家能够以一双冷峻的眼从一定距离之外不动声色地、客观地对一个不以人的意志为转移的宇宙—世界进行概念化的观照和思考。但是在《非此即彼》中，情况却发生了逆转。在这里，传统意义上的"作者"不见了，全书不再具有一个鸟瞰式的全知视角，有的只是不同的生活样态的"代言人"。这些代言人全都是生活的"局内人"，他们个性鲜明、血肉丰满；他们没有哲学家的客观冷峻、高瞻远瞩，也不再对生活的材料进行去粗取精的提炼和升华；他们就像人生大舞台上的演员一样，将自己的生活世界、生活样态展现给了观众。因此，我们从《非此即彼》中读到的不再是概念、推理，而是挣扎在生活之流中的个体的喜怒哀乐、矛盾困惑以及悲观绝望，甚至是莫名其妙、无所适从的情怀。于是，克尔凯郭尔假名写作策略的意义完全得以开显。假名写作的意义不仅在于，它可以把选择和评判的权力交给作为个体的读者；更为重要的是，它能够轻松地实现哲学思考的重心和视角的转换。从此，哲学不再追求客观的真理体系，而是面对一个鲜活的生活世界，并且探究生活在其中的"局内人"的生活意义等关系到每个人的紧迫问题。

那么，克尔凯郭尔追求片断的哲学并由此完成了哲学重心的转换是否有其更深刻的原因？换言之，他是在何种思想的启发之下完成这种哲学重心的转换的？我的答案是：基督教信仰。克利马克斯/克尔凯郭尔在《附言》一书中曾提出了一个重要的命题："一个逻辑的体系是可能的，一个生存的体系是不可能的。"[1] 紧接着，他对此做出了充分的解说："生存本身就是一个体系，为上帝而在的体系，但它却不可能成为一个生存者的体系。"[2] 在克尔凯郭尔世俗的哲学语言背后，存在的正是一个源自基督教的基本原则：存在着一个绝对的、至高无上的上帝，而在人与上帝之间存在着一条绝对的、不可逾越的鸿沟；上帝是全知全能者，而人只是有限的认知者。因此，只有上帝才具有俯瞰世界的能力，所有外表杂乱无章的生存在他眼中仍然是一个体系。而我们凡人却从未逃出柏拉图的洞喻所描述的处境，我们眼中的生存世界—生活世界只能是些片断。对生存问题的关注以及思想深处人与上帝之间的绝对差别是克尔凯郭尔追求片断的哲学的根本原因。

作为克尔凯郭尔的立论依据的"人与上帝之间的绝对差别"

1　S. Kierkegaard, *Søren Kierkegaard Skrifter*, Bind 7, 2002, p. 105.

2　Ibid., p. 114.

是基督教的基本原则之一，它贯穿于整个中世纪基督教哲学的发展史。但是，在同样恪守这条底线的前提下，克尔凯郭尔的基督教哲学又与中世纪的基督教哲学在精神气质上存在着很大的差异。我们不难观察到，中世纪基督教哲学家的著作中存在着强烈的体系化倾向，而这与中世纪基督教哲学产生的背景和内容均不无关系。无论是教父哲学还是经院哲学，它们都是在基督教信仰遭遇希腊理性哲学的质疑和挑战的境况下产生的，它们是基督教信仰为了证明自身、强化自身而向哲学寻求理解和帮助的产物。其结果是，哲学和基督教之间形成了互惠、双赢的局面：基督教开启了哲学思考的新维度，而基督教信仰的理论性得到了强化。渐渐地，一个围绕着基督教的知识系统出现了。根据吉尔松的研究，中世纪哲学家所关注的问题集中在能够对人们的宗教生活发生影响的面向之上，"人与上帝的关系"成为其核心，并由此发展出了"关于上帝和我们自身的知识"等基本问题。[1] 只是在中世纪的观念中，"人与上帝之间的绝对差别"才得到了彻底的贯彻，人们不认为自己能够达到对上帝的完满认识，而这方面的欠缺要由自己对上帝的爱来弥补。而且，信仰和启示在获得知识的过程中具有绝对的意义。人的理智是上帝所赋予的，因此知识的最终来源被归于上帝。

显然，克尔凯郭尔面临的处境与中世纪基督教哲学家所面临的完全不同，但他有着自己的焦虑。克尔凯郭尔根本不用担心基

1　参见 E. Gilson, *The Spirit of Medieval Philosophy*, pp. 37–39。

督教的地位，因为基督教早已被确立为国教，基督教信仰和文化早已成为每一个出生在基督教国家中的个体被抛入其中的背景。只是如此一来，基督教信仰的本真意义被抽空了，剩下的只是空洞的形式。尤其是在经过启蒙运动的洗礼之后，宗教问题不再可能成为知识的全部焦点，世俗的科学文化与宗教的功能日益分化，科学技术蒸蒸日上，社会面貌日新月异。如今的人们一任求知的好奇心纵横驰骋，无人再会像奥古斯丁、圣伯纳德和波那文图拉那样为这好奇心贴上"徒劳的""不端的"等标签了，人们似乎也不再能看见"人与上帝之间的绝对差别"了。19世纪的欧洲是一个"美丽的新世界"，神人界限日益模糊，"上帝死了"的呼声已经潜伏在社会生活的各个层面，只是还没有人有勇气高声说出。在这样的背景之下，克尔凯郭尔的焦虑产生了。他没有被"国教""基督教国教"的说法所迷惑。这只是基督教表面的辉煌。实际上，基督教信仰遭遇着前所未有的被解构的危险，人们只是屈从于传统而虚伪地保留着基督徒的名分和躯壳。他的清明的思想告诉他，人是有死的，人不是神。这种生存的有限性决定了，在这个世界上存在着我们的认识能力所不及的东西；同时，人的有死性又指示着，这个世界上存在着某种只有我们自己才能经历、他人无法替代的东西，比如"我"的死亡。他的智慧的双眼看透了社会进步和人性进步背后所潜伏的危机：人的精神生活日趋平面化，主体性深度和个体性正在逐渐消失，现代民主所追求的"平等"最终沦落为人的"平均化"。

面对这种状况，他想到了基督教信仰，那是他的父辈自他出生之时起就给予他的东西，是他毫无理由地、荒谬地被抛入其中的生存背景，他希望通过为这种信仰注入新鲜的力量来挽救处于堕落之中的人。他捐弃了以"遁入修道院"为标识的中世纪的精神风俗，摒弃了以创造体系为荣的19世纪的精神风气；他没有构建试图解释一切的包罗万象的哲学、神学体系，而是将目光转向实实在在的平凡生活，把思考的重心转移到了"如何使个体在扎根现实的同时使其有限的生命历程具有意义"这样的根本问题之上。同时，他抛开了教会、神职人员的阻隔，让个体以"单一者"的身份直接面对上帝，因为人生意义的获得不能靠套用哲学家的观念和理论，亦不能靠教会抛出的救世理论，更不能通过逃离尘世来完成。人生意义必须靠个体在生存的旋涡中日复一日、年复一年地去完成生存所提出的要求来获得，人必须通过履行生活中的各项职责来开显出生活的精神性的意义，就像威廉法官的所作所为。

威廉法官是一个非常具有指示性的形象。他既非哲学家，亦非关心"抽象的、形式的自由"的伦理狂热分子，更不是只关心天上之事而忘记人间之事的宗教狂，他甚至都不去教堂听牧师讲道而只自己读《圣经》。克尔凯郭尔赋予了他每天都需要回应生活要求的芸芸众生中的普通一员的身份。他三句话不离工作、家庭、职责，俨然一个中产阶级。但是，威廉法官却是一个有信念的人。也就是说，他有一个无须论证即可自动拥有的思想前提和行动出发点，即人是自由的，生活的领域是一个自由的领域。这里完全没有必然性的位置，人生的领域充满了选择。威廉法官坚信，这个世界上存在着绝对意义上的选择，即"选择自我"。因此，他多次强调，在赢得整个世界和培育灵魂之间他将选择后者。于是，在忠实履行结婚、生子这样的职责的前提下，在扎根于时间之流中并且努力把每一天当作具有决定意义的接受考验的那一天的同时，他所想的只是为自己寻找生活中的各种任务并且努力完成它们，而不是去算计这些任务能否引领我们有所成就，因为后者不在我们的能力范围之内。毫无疑问，威廉法官的信念和行为准则来自《圣经》和基督教信仰，正是这一点使得威廉法官在忠实履行各项人生职责并且享受世俗生活乐趣的同时，没有忘记"培育个体灵魂"这一更高的目标。从这个意义上说，威廉法官就是一个现代意义上的基督徒。对他来说，基督教信仰的意义不在于使个人在会众之中找到归属感，而在于使个体的灵魂有所依托，使世俗化的生活开显出精神性的意义。

四、结　语

作为基督教哲学家的克尔凯郭尔是另类的哲学家，阅读他的作品不仅需要我们抛开旧有的阅读习惯，甚至需要我们挑战已有的知识系统。我不是基督徒，也没有受过正统的、系统的基督教神学训练，对于基督教的自我描述甚至还存在着知识上的空白点，基督教思想对于我来说是一个异域的思想系统。我正在努力并且将一直接近它的问题、核心和主旨。从这个方面说，阅读克尔凯郭尔也是我努力进入基督教思想的问题系统的良好契机。不过，考虑到克尔凯郭尔借助他的假名策略使基督教陌生化、距离化的企图，我在基督教知识方面的不足或许反而可以成为我的优势。这是因为，我可以不带任何成见、偏见，不受任何教条的左右，以完全自由的精神和开放的态度面向克尔凯郭尔的文本，从而体验他的焦虑，把握他所提出的问题。我相信，面对克尔凯郭尔这样一位特立独行的、具有思想原创性的作者，我们不应该从正统的基督教思想体系出发来阅读他、评判他。例如，哪位假名作者够得上是真正的基督徒？哪个观点是真正基督教的？这些诘难在一些西方神学家专论克尔凯郭尔的著作中比比皆是。我们应该换个阅读的方向，从克尔凯郭尔的写作本身出发，看看他为基督教这个有着悠久历史的宗教说了什么话、提出了什么问题、做出了什么有意义的"增补"。这恐怕才是克尔凯郭尔的假名作品所希望向我们开显出来的意义。

（原载《哲学动态》2009年第2期）

信仰何谓？
——再读《畏惧与颤栗》

《旧约·创世记》第22章所载亚伯拉罕欲把爱子以撒献为燔祭的故事自古以来就冲击着我们的常规思维。无论是对于信徒还是非信徒而言，故事里的"畏惧"都无法回避，因为耶和华曾命令亚伯拉罕亲手杀死自己的儿子，而一个"杀人犯"却被奉为"信仰之父"。在我们非信徒眼中，耶和华就是个冷面神，多疑，嫉妒，崇尚权威。他亲口许诺给亚伯拉罕一个儿子，但事后命令亚伯拉罕亲手将爱子献为燔祭并以此作为考验。此举是为了显示"神给予，神拿走"（《约伯记》1:21）[1]的绝对权威呢？还是为了惩罚亚伯拉罕初闻许诺时"俯伏在地喜笑"（《创世记》17:17）的一时信心动摇的不敬神之举呢？从亚伯拉罕这方面来看，他无条件地遵从耶和华的旨意，"不可杀人"这条世俗和神圣的戒律却被

---

1 原文是这样的："赏赐的是耶和华，收取的也是耶和华。耶和华的名是应当称颂的。"

信仰何谓？ 167

他抛在一旁。更为重要的是，谁能见证/保证他听到的是神的旨意，而不是他的"心魔"的驱使呢？

因为无法排遣围绕着亚伯拉罕的故事所滋生的困惑和畏惧，我曾试图用这样的想法安慰自己：人祭在历史上曾经在不止一个文化和区域中出现，因此它并没有今人想象得那么可怖。过去读克尔凯郭尔以假名"沉默的约翰尼斯"出版的《畏惧与颤栗》一书时，我似乎更多地将注意力放在了书的副标题"辩证的抒情诗"以及书中对亚伯拉罕心境的描摹之上；今天重读此书，却发现原本所有的抒情和心境都是伪装。假名作者从未刻意回避亚伯拉罕故事中所蕴含的畏惧；相反，他认为无视畏惧的都是柔弱者[1]，认为他们侧重的是亚伯拉罕故事中所反映出的伦常之道而非信仰。循此思路，那种试图用"历史的眼光"冲淡亚伯拉罕故事的意义的解读方法也应被排除。假名作者指出，果若如此，人们不如把亚伯拉罕忘掉，因为讨论毫无意义。[2]《畏惧与颤栗》直面信仰，揭示出了我们在这个领域中的诸多误区。

一、信仰：现世还是彼岸？

宗教具有彼岸的维度，这是因为人类生存的世界中总有不完美、不公正的现象存在。在犹太教—基督教传统中，弥赛亚

---

1 参见克尔凯郭尔：《克尔凯郭尔文集》第6卷，京不特译，中国社会科学出版社，2013年，第21页。

2 参见同上书，第22—23页。

式的期望和预言更是一条主线。从《旧约》中耶和华对人丁兴旺和"流着奶和蜜的土地"的允诺，到《新约》中耶稣所表达的天国里对现世秩序的刻意颠倒（贫穷、饥饿、哀哭的人将有福，而富足、饱足和喜笑的人将有祸；参见《路加福音》6:20-26），犹太教—基督教设立的彼岸世界给现世生活中的所有"劳苦担重担者"以生活的信心和希望。从思想渊源上看，彼岸世界又与柏拉图开创的重理念、轻现实的倾向吻合，滋生了西方人轻视现世生活、重视永恒秩序的心态。信仰似乎变得与现世生活无关，它成了对彼岸世界的永恒神圣秩序的无限期望和追求，中世纪时甚至一度成为"无限放弃"的代名词。一旦信仰成了对现世的无限放弃，彼岸世界就是一个理想国，宗教也就是抚慰心灵的精神鸦片。宗教信仰无非是软弱者对现实的逃避，尼采对基督教的批判正中要害。

不过，克尔凯郭尔不同意这种信仰观。假名作者在《畏惧与颤栗》中明确指出，信仰不是对现世和有限性的放弃；相反，信仰是借助荒谬赢得有限性。[1]亚伯拉罕之所以成为"信仰之父"，是因为他从未想过自己会在彼世获得至福。他自始至终都坚信，自己在现世就能得到至福，坚信上帝不会夺走他亲自给予的儿子。亚伯拉罕的信仰不为来生，只为此世。[2]

假名作者没有忽略通常理解之下的信仰中的放弃，他把放弃当成了信仰的一个环节。假名作者分析道，亚伯拉罕的信仰运动

1　参见克尔凯郭尔：《克尔凯郭尔文集》第6卷，第29页。

2　参见同上书，第11页。

中包含了一种双重运动[1]：首先是放弃，其次是信仰。其中，放弃是"信仰之前的最后一个阶段"。所谓"放弃"指的是，亚伯拉罕在上帝旨意的召唤下，放弃了伦常意义上的父子之爱，向爱子举起了刀。倘若他不肯放弃，而是执着于世俗事物和伦理纲常，那么他会是世人眼中的优秀市民、尽职尽责的家庭和社会的支柱。但在信仰的世界里，他就只是一个"在心里说'没有神'"的"愚人"，因为他不信"在神凡事都能"（《马太福音》19:26），而且他还会把一个命令父亲杀掉亲生儿子的神看作任意妄为的暴君。如果亚伯拉罕没有放弃世俗层面的父子亲情，他就永远无法超越，从而飞升至信仰的领地。放弃是通往信仰的第一步。福音书中所记载的耶稣训诫，有很多都是在号召信徒放弃：让家人彼此生疏成仇敌；任凭死人埋葬死人（《马太福音》8:22; 10:35–36）。这些故事所强调的都是要超越人与人之间的血缘纽带，超越世俗伦理纲常。但是，如果亚伯拉罕仅仅放弃而没有再向前一步，如果他把在此世获得至福的希望和信念连同伦理纲常一起放弃了的话（我们可以设想一下，他的刀真的落在了以撒的头上），可以想见，亚伯拉罕从此只会企盼着自己的死亡，因为他会像所有迷信的人一样，企盼在彼岸世界与以撒重逢；或者，就在亚伯拉罕举刀的一刻，神让燔祭的羊羔显现了，爱子得以存活。表面上看，亚伯拉罕毫发无损，他既实现了对外在现实世界的超越，又留住了爱子；但在内心深处，等待着亚伯拉罕的很可能是"哀

---

[1] 参见克尔凯郭尔：《克尔凯郭尔文集》第6卷，第36页。

莫大于心死"的心境。对此，假名作者有真切的描述："亚伯拉罕变老了，他忘记不了，上帝向他要求了这个。以撒一如既往地蓬勃成长；但亚伯拉罕的眼目浑浊了，他不再看见喜悦。"[1]亚伯拉罕在放弃之后向不可能性前进了一步，完成了信仰的运动。从清早离家带着以撒走向摩利亚山，直到向以撒挥刀的那一刻，他从未放弃过对全知、全能、全善的上帝的信心。正是凭着这份希望和信心，亚伯拉罕才会告诉困惑的儿子："神必自己预备作燔祭的羊羔。"

《畏惧与颤栗》所讨论的实际上就是如何解决宗教信仰中时间与永恒、有限性与无限性的不可通约的问题。与《畏惧与颤栗》同年出版的《非此即彼》下卷也讨论了相同的问题。把这两部著作综合起来阅读，会给我们别样的启发。

《非此即彼》下卷围绕伦理代言人威廉法官而展开。这是一个积极入世的行动主义者，一个外表平淡无奇的凡夫俗子，甚至有点道学先生的味道。他从未面临亚伯拉罕那样的极端处境，因此无须做出放弃的抉择，但他所思考的却是和亚伯拉罕相同的问题：我们信仰的是现世还是彼岸？在这个问题之下，两位假名作者都选择了对中世纪的修道院运动进行分析批判。沉默的约翰尼斯指出，修道院不是生活最高的选择。而威廉法官更进一步分析道，中世纪的修道院运动通过割裂自身与尘世关联的办法来躲避时间，此举是抽象的、形而上的，而非宗教的；它同时违背了人性和上帝的意愿，因为上帝并不自私。[2]可见，在威廉法官眼中，

1　克尔凯郭尔：《克尔凯郭尔文集》第6卷，第3页。

2　参见 S. Kierkegaard, *Søren Kierkegaards Skrifter*, Bind 3, Gads Forlag, 1997, pp. 232–238。

宗教跟哲学—形而上学不同，它不能被置于空中楼阁之中。哲学—形而上学是利用概念构筑的超时空体系，这个世界中的人关注不受时空限制的普遍原则，他们可以免于时间之流的冲击。在某种程度上，修道院就是一个自我构筑的安全的小世界，它躲避了真实的生存。但真正的宗教要跻身于现实性之中，宗教要求人与生存的旋涡搏斗，用爱与生存中的各种人物交往，用行动改变生存。具体到威廉法官，他的策略便是在时间中，通过把握每个瞬间的意义而赋予有限的时间以意义，就是要"努力把每一天当作具有决定意义的那一天，把每一天当成接受考验的那一天"[1]。

如此，威廉法官作为"伦理代言人"就与《畏惧与颤栗》中所描述的"信仰的骑士"有着一定的相似性。信仰的骑士具有一定的欺骗性，人们从外表上根本看不出来。他们并不具备"无限放弃的骑士"的英雄气概，甚至还会因为执着于尘世而在外在方面具有明显的小市民气（Spidsborger）。无限放弃虽然需要勇气，但这种运动却回避了时间和生存，因此它还不是信仰。"信仰不是审美的感动，……不是心灵的直接驱使，而是生存之悖谬。"[2]信仰就是在时间之中希望着不可能性。其实，自从耶稣在回应法利赛人是否该给国王纳税的问题时说"该撒的物当归给该撒，神的物当归给神"（《马太福音》22:21）之时，宗教的位置就已经在个人生活中被划定了。宗教不是要求人离世、出世，而是要求人在现世之中关心自己的精神世界，关心灵魂的培育。人无论贵贱高

---

1 S. Kierkegaard, *Søren Kierkegaards Skrifter*, Bind 3, p. 34.
2 克尔凯郭尔:《克尔凯郭尔文集》第6卷，第36页。

低都将无一例外地被卷入生存的旋涡之中，而现世中的大活人不可能真的像"田野的百合和天空的飞鸟"那样不收不种地活着，五个饼和两条鱼也不可能真的喂饱五千人。福音书中的寓言故事只是为了说明，信仰是人不可或缺的精神食粮。以信仰为支撑，人才能应对生存中的悖谬，避免使生存成为空虚和绝望。

二、信不可能性

沉默的约翰尼斯说，亚伯拉罕之所以成为"信仰之父"，在于他在"放弃"以撒之后，凭借着荒谬，凭借着"在神凡事都能"的信念奇迹般地赢回了以撒。信仰所信的是不可能性，而达到这一点则是荒谬。

以荒谬作为接受信仰的支点的思想始自德尔图良，在基督教历史上并不新鲜。克尔凯郭尔重拾荒谬意欲何为？

在《畏惧与颤栗》出版一年后，克尔凯郭尔出版了《哲学片断》一书，以思想试验的方式讨论了作为基督教信仰之核心的道成肉身原则。假名作者除了采用德尔图良曾使用的"荒谬"（absurd）一词外，还采用了逻辑学中的"悖论"（paradox）一词，以突出基督教信仰的核心与理智之间的相悖性。克尔凯郭尔不仅像德尔图良一样质疑哲学与信仰之间的关系，而且他还公开质疑基督教神学与信仰的关系。他对神学的不满远甚于哲学。沉默的约翰尼斯就尖刻地指出，神学浓妆艳抹，向哲学卖弄风情[1]；从哲

1　参见克尔凯郭尔：《克尔凯郭尔文集》第6卷，第25页。

学和神学中，我们推导不出、证明不出信仰。克尔凯郭尔与康德一样，力主信仰位于独立于知识之外的领域。信仰不是知识，不是思想体系；信仰之为信仰，正因其荒谬。"信仰恰恰开始于思想的终止处。"[1]沉默的约翰尼斯如是说。信仰所信的不可能性是奇迹，对此我们只有通过一次跳跃、通过那种相信不可能性的激情才能加以把握。那么，这种使信仰出场并且一直伴随着信仰的激情是否会使人头脑发昏，并把理智完全排除在外呢？答案是否定的，因为理智在信仰的问题上并不糊涂。"理智几乎没有要去证明不可知者（神）存在的想法。如果神不存在，那么证明这一点就是不可能的；而若他存在，想去证明这一点则是愚蠢的。"[2]相反，信仰要靠跳跃和激情出场的想法正是理智的主张。

"激情"对应于丹麦文词Lidenskab和英文词passion，它表达的是一种强烈的情感。而英文中，大写的Passion还表示"耶稣受难"的意思。克尔凯郭尔强调，要相信永恒福祉在时间中显现不可能依靠理智，而只能借助激情去接受理智所排斥的东西。克尔凯郭尔的激情更像是安瑟伦的激情："除非我信，否则我不能理解。"[3]信仰优先于理解；反之，想通过理解达成信仰不仅做不到，而且它还是对理智和不可能性的双重冒犯。这是《哲学片断》里表达的意思。值得一提的是，安瑟伦在哲学史（例如，罗素的哲学史）中被视为从概念推导出存在的关于上帝存在的本体论证明

1　克尔凯郭尔：《克尔凯郭尔文集》第6卷，第42页。

2　克尔凯郭尔：《克尔凯郭尔文集》第4卷，王齐译，2013年，第46页。

3　安瑟伦：《宣讲》，载赵敦华、傅乐安主编，吴天岳审校：《西方古典哲学原著选辑·中世纪哲学》上卷，商务印书馆，2013年，第765页。

的发明者。但康德的批判其实并未针对安瑟伦，而是针对笛卡尔对安瑟伦证明的修正。《哲学片断》中也专门讨论了本体论证明，批判的矛头所指也不是安瑟伦，而是斯宾诺莎和莱布尼茨。假如这不是偶然现象和个人偏好，其中的原因我想很可能在于安瑟伦做出证明时所采用的叙述方式（narrative），而且康德和克尔凯郭尔都注意到了这种证明方式及其意义。安瑟伦的证明不是严格的几何学式的证明，他的证明是在祈祷中完成的。克尔凯郭尔向来重视"怎样（说）"而不是"（说）什么"。[1]如果把安瑟伦证明上帝存在的叙述方式考虑在内，我们就会看到，安瑟伦并不是想通过证明使上帝出场，他应该清楚他的证明承载不了这样的功能。他的证明是在已知上帝存在的前提下，想不借助《圣经》、不借助教会神学和世俗哲学的权威，"只要自己"，来证明上帝的存在。[2]只要自己的"什么"？——当然是理智，那是上帝赐予他的被造物的灵性。这种证明从上帝出发，借助上帝赐予人的理智，不断地寻求上帝。这是一个典型的哲学家眼中的循环论证，这样的证明只能在祈祷中完成。正如安瑟伦所说："我祈祷，上帝，让我认识你，让我爱你，从而让我从你得到快乐。"[3]如此，安瑟伦的本体论证明只是信仰在其内部的自我强化机制，它根本用不着康德哲学来击溃。

1　参见 S. Kierkegaard, *Søren Kierkegaards Skrifter*, Bind 7, 2002, p. 185。原话是这样的："在客观的意义上，强调的是说什么；在主体的意义上，强调的是怎样说。"

2　参见安瑟伦：《宣讲》，第761页。

3　同上书，第783页。

安瑟伦说，没有信仰，则没有理解。克尔凯郭尔说，若无激情，则无信仰；若无信仰，则无理解。安瑟伦没有提到激情，他的激情就在他的祈祷中。激情的出现是瞬间性的。就在我们接受、相信不可能性的那一瞬，激情应该完全压倒理性。不过，只此一瞬。克尔凯郭尔认为，信仰的问题不仅是充满激情的，它还应是辩证性的，它要求个体表现出"隐蔽的内心性"，其含义应该与耶稣所教导的"你施舍的时候，不要叫左手知道右手所作的"（《马太福音》6:3）相同。这种能够同时保持激情和辩证性的信仰不可能将理智完全排除在外。否则，信仰要么沦为狂热，如为克尔凯郭尔所摒弃的中世纪修道院运动所为；要么沦为迷信（Vantro），其表现形式很多，区分并清除迷信一直是克尔凯郭尔的任务。其实，耶稣早就对迷信有所警觉了。耶稣虽然靠行神迹赢得了民众的拥护，但耶稣本人并不愿那样做，而且他批评那些只求神迹的人为"小信"。在克尔凯郭尔生活的时代，信仰经受了启蒙运动的洗礼，此时的信仰不可能仅仅靠末日审判时对义人和作恶之人的奖惩来吸引"劳苦担重担"的民众。信仰要想获得意义，拥有它在人的生活中的位置，就必须与各种形式的迷信划清界限，成为人在现实生活世界中的精神食粮。那么，我们唯有通过理智才能分辨迷信和信仰，也才能把经激情树立起来的信仰拉回到正途之上。

三、信人还是信神？

在亚伯拉罕的故事中，最让人揪心的问题就是：亚伯拉罕超越普遍伦理之上，听从神的旨意背着家人准备将爱子献祭给神；但是，谁能保证亚伯拉罕的行为是在遵从神的旨意，而不是在实施自己的某种疯狂念头？谁是他的行为合法性的见证人？

这个疑问并非没有经过克尔凯郭尔的思考，只是他并未给出完整的答案。假名作者认为，亚伯拉罕超越伦理之上的权利在于，个体有义务作为单一者与绝对建立绝对的关系。[1]这种绝对关系是一种隐蔽的内心性，它不向他人敞开，不向普遍性敞开，它只对单一者有意义，其他人无权知晓。反之，如果单一者公开宣扬与绝对建立的绝对关系，则这个单一者也就丧失了辩证性，其所作所为也就成了耶稣所批评的"在人前吹号"的行为。在这个意义上，真正的信仰者应该像亚伯拉罕那样"沉默"。与此同时，假名作者也觉察出了亚伯拉罕的沉默中潜存的危险，因为沉默既是神性的，也是魔性的。"沉默的东西越多，魔鬼也就越可怕，但沉默却是神圣与单一者之间的默契。"[2]即便如此，《畏惧与颤栗》也没有怀疑亚伯拉罕行为合法性的意思，而是坚信他听从的是神的旨意，其间的论证环节被省却了。

或许，我们在此所提的关于保证和见证的问题本身就是有问题的，至少它不同于我们的日常理解。根据《马太福音》，耶稣在进入耶路撒冷后，祭司长和民间长老曾质问他讲道的权柄从何而来。耶稣没有直接回答，反问施洗者约翰的权柄从何而来，对

---

1 参见克尔凯郭尔：《克尔凯郭尔文集》第6卷，第79—80页。
2 同上书，第89页。

方无言以对。所以，耶稣回敬质问者："我也不告诉你们我仗着什么权柄作这些事。"（《马太福音》21:27）《约翰福音》也记载了法利赛人对耶稣见证的真实性的质疑。耶稣告诉众人："我是世界的光。"（《约翰福音》8:12）法利赛人认为耶稣是为自己作见证，所以他的见证不真实。对此耶稣回答说："我虽然为自己作见证，我的见证还是真的。因我知道从哪里来，往哪里去。"（《约翰福音》8:14）耶稣的禅语式回答无非是告诉我们，信仰领域的见证不同于经验领域的见证，它其实就是以信仰为前提条件的自我见证。对于耶稣来说，他自己就是道路、真理、生命，自身的充足圆满使他不需要他者的见证；而对于亚伯拉罕来说，他的行动依据不是世俗世界的伦理纲常，而是他对上帝的绝对信仰，是他作为单一者与上帝的默契，因此他的行动亦不需要他者的见证。

但是，光凭自我见证仍不足以排除信仰问题上的魔性出现的可能性。比方说，恐怖分子、变态杀手就可以打着"神召"的旗号作恶。如何分辨和厘清何为神性、何为魔性呢？唯有理性才有能力做出甄别。

在基督教教义中，上帝是全知、全能、全善的存在，上帝就是爱。从这个前提出发，所有的恶行都不可能出自神召，而只能是人打着神的旗号的魔性行为。在亚伯拉罕的故事中，恰恰是因为对上帝的至真、至善、至美抱有无限的信心和信任，所以他才会毅然向以撒举起刀，因为他坚信，上帝的本性不会命令他真的杀掉以撒。问题是，神是至真、至善、至美的存在，而所有宗教都是人的宗教，这其实也是宗教信仰中的辩证性。而神事中一旦有人的加入，神的绝对地位就会被遮蔽，也就有发生人滥用神的名义行事的可能性。于是，十诫中的第三条"不可妄称神的名"（《出埃及记》20:7）应该引起我们充分的注意。"妄称"就是误用、滥用，就是"拉大旗作虎皮"，乃至"挂羊头卖狗肉"。犹太教—基督教从一开始就努力在人与神之间划出一条清晰的分界线：从十诫中对神的唯一性的确立，到不可拜偶像的警告，再到保持神的名字的纯洁性的告诫。所有的训诫无非是要树立神为唯一的、至高无上的、绝对的存在者，告诉人们神不向世人显露自己的形象，并且警告世人不要把自己的形象加诸神，这样神才能保持自己绝对的至真、至善、至美的形象。一个这样的神必须讲理，而且所讲的是天国的而非人间的理。也就是说，这理应该是绝对的、至上的。克尔凯郭尔一直很警惕人对神事的干预，其中包括哲学和神学、可见的教会及教士阶层对神事的干预。只有神保持着绝对的地位，每个单一者才能与绝对建立起绝对的关系，也才能不受各种相对关系的污染。

我们再一次发现，克尔凯郭尔与康德是站在同一立场上的：真正的信仰离不开理性。对于康德而言，世间本无神，神是实践理性的悬设，因此神的旨意不可能与人的理性相违背。对于克尔凯郭尔来说，基督教的上帝是至真、至善、至美的存在，它不可能与人的理性相悖，所有的恶都是人打着上帝的旗号所干的勾当。此外，克尔凯郭尔比康德更重视基督教的辩证性：至高无上的、永恒的神必须在时间中降临人间。神以耶稣基督的形象降临人间，为爱甘心降格为仆人。这个故事为我们贡献出了爱和激情的维度，从而彻底改变了克尔凯郭尔对信仰的叙述方式。克尔凯郭尔不仅跟康德一样恪守知识和信仰之间的界限，他还更多地将目光转向不可能性，因为那正是信仰的领域。

（原载《世界哲学》2013年第6期，
为纪念克尔凯郭尔诞辰两百周年而作）

第二辑

哲学史上的克尔凯郭尔

今日哥本哈根市景俯瞰

唐璜的神话在"说"些什么？

一、作为生命情感形式的神话

"神话"的希腊文mythos原义为"叙述、谈论、话语"，也由此有了"故事、传说"的含义。既为故事，那就难免有杜撰和编造的成分，至少是我们的日常经验无法验证的。因此，在中文中，"神话"常与"传说"连在一起用；而在希腊文中，mythos是和表示真实可靠的叙述的logos一词相区别的[1]，神话不过是一种口口相传的、难以证实的故事。在西方，对神话的这种态度直到浪漫主义兴起之后才得到了改观。由于其对情感、想象、幻想的重视，对原始生活方式和情感方式的向往，对神秘的宇宙节奏的追寻和感应，浪漫主义诗人们被远古神话所营造的幻境式的氛

---

1 参见亚里士多德：《诗学》，陈中梅译，商务印书馆，1996年，第197页。

围所吸引。神话不再是一堆无稽之谈，也不是什么异端邪说。相反，他们发现，神话中跳动着古老的生命力的节奏，它能激发起诗人无穷无尽的灵感和想象。不仅如此，与浪漫主义关系密切的谢林还从哲学角度对神话做出了思考。从此，神话在西方文化中由不足信的叙述上升为一种独特的观察和看待世界的方式及其结果：神话被认为是人类古老的智慧和超越理性的洞察力的结晶。因而，对神话的研究开启了一个人类认识自身的新阶段。

神话首先是作为一种独特的思维方式而重新受到人们的重视的。在这里，主体和客体还没有分化，更没有达到科学式思维所要求的分立状态；神话思维中存在着一种原始的思维同一性。持此种思维方式的人并不是在"认识"（如果从这个词的严格意义上来说的话）他周围的世界和自身的生命，而是在"感受"这个世界的存在，在"体验"他自身的生命，他对世界的所有看法均源于此种切身的体验。对于已经迫切地感到科学式思维方式的不足和局限性的现代西方世界来讲，神话思维中所蕴含的思维同一性的因子不啻是一剂良药。但是，因为认识到了对象式思维的不足就来夸大原始的思维同一性的作用显然也是不妥的。假如没有对象性科学思维，人不仅不可能像今天这样了解他所身处的世界，更不会在一定程度上让这个世界为人所用。尽管在征服和开发自然的过程中人走得远了一点，人也已经开始为自己的行为接受应有的惩罚，但是完全否认对象式思维在人类发展进程中不可忽视的作用，只是从一个极端走向另一个极端。人类的思维似乎经历了一个辩证发展的过程：从神话的原始的思维同一性出发，经过了主客分离的对象式思维的阶段，最后又在一个更高的层次上返回到思维的同一性。只是，经过了最后的综合后，思维并不一定仅停留在对于前二者的扬弃的阶段，这里更可能出现的是多种思维方式并立的多元化格局。也就是说，对象式思维与神话式思维可以从各自不同的角度参与对世界和人本身的认识和理解。

对于神话的价值重估的意义并不止于此。神话思维中不存在主体和客体的分立，当然也就不存在对所谓"客观性"和"必然性"的发现和描述。作为远古时代人类对于世界的认识的记录，神话尚未被意义和价值所渗透，尤其还没有受到道德暗示力量的左右。那么，存留在神话中而又能为我们今天所感知到的价值，就只能是蕴含在神话中的一种内在生命力感了。符号哲学家卡西尔说过："我们在神话中绝对找不到对事物的被动的沉思；其中所有的思索都源于一种态度、一种情感和意志的作用。神话凝结成持久的构型，它把客观的形式世界之稳定轮廓呈现在我们面前。就此而言，只有当我们能在其背后感受到它最初由之产生的生命情感之原动力，我们才能了解这个意义。"[1]从神话中我们看不到世界的真实样态，也做不出对一个民族或者种族的精神发展历程的科学解释。但是，对神话的研究至少可以成为一个契机，它能够帮助我们透过神秘幻象的面纱，去寻找隐藏其后的原始的生命情感形式，从而达到对人本身的洞悉和透视。所以，神话学的研究在本质上当是形而上的，也就是说它所要探寻的是人类存在的终

---

[1] 卡西尔：《神话思维》，黄龙保、周振选译，中国社会科学出版社，1992年，第78页。

极根源，其最终目的是人本身。这决定了神话研究将是开放性的、没有固定答案的，因而也是永无止境的。

而从另一个意义上来说，神话研究又应是艺术式的。艺术与神话之间不仅有着相互支撑的关系：艺术常常从神话中汲取素材和灵感，而神话也因为艺术的形式而重获新生。而且，从神话思维的非对象性、本源性的特征来说，神话思维本身就是艺术式的思维。按海德格尔的观点，神话的语言即是诗的语言；而人正好能够从这诗中找到归宿，找到家。神话因此可以说是人的本源性的家。如同诗的世界并非是纯粹虚构的一样，神话所提供的家园也有其自身的实在的模式，它凝结着人对自身的生存世界的古老感受和体悟，以及人对自身行为的解释——这里包含着最早的生存活动的意义。由于神话表达了人类精神的最初意向并以独特的视角参与了人类意识的建构，对神话的探索已经构成了一个哲学问题：神话以自己独特的方式回答着人是什么、从哪里来、到哪里去的问题。但是，神话思维——前科学的思维——毕竟还没有达到对象式思维的水平和境界，也就是还没有达到哲学思维的水平；对于上述这些问题，它们做不出系统性的解答，也不可能得出带有普遍性意味的解释。尽管我们可以从神话中找出母题、原型或者集体表象，可以去探究这些集体无意识的积淀在一个民族的精神和心理的发展历程中的影响和作用。但是，我们应该清楚地看到，这种影响不是绝对的和必然的，而只是可能的。与其说寻找神话中的原型意象是为了探寻今人的行为方式的深层心理根源以便更好地去解释人的行动，不如说我们可以通过神话原型寻找到一个思的契机。换言之，我们可以探究神话意识之所以发生的可能性条件，从中发现事关人的精神构型的诸问题。这种就神话本身来探讨神话的方法能够使我们准确地认识神话自身的价值，而不至于以神话式思维侵犯科学式思维的领地。而从另一方面讲，每一个神话都是以本源性的生命力讲着自己的话，这话对今天的人是否仍有启示意义？揭示出这一点，恐怕就是我们今天从事神话研究的目的。在神话研究中，仅凭经验主义的观察、类比和科学式的分析是远远不够的，神话思维中所蕴含的启示性成分大大超过了经验主义和理性主义的阈限。神话研究应以一种个体性的艺术感悟为基点，由此达到理性主义的思；在此，诗与思的成分是并存的，也是统一的。

有了上述的理论做基础，我将以在西方世界家喻户晓的唐璜的神话为个案，考察不同时代的不同艺术家以不同的艺术媒介塑造出的这个神话式人物对于今天会有哪些艺术的和哲学的启示。

二、唐璜神话的艺术诠释

本来，神话人物的形象仅留存于人们的口耳相传之际，他们并不是实实在在的。正是在实在与非实在之间，在定形与未定形之间，艺术家才找到了创作的契机。但这并不是说，对于神话人物的塑造可以成为一种任意的行为；也不是说，在评价这一人物的时候我们无法使用"真实"的标准。应该说，存在着一个建基于神话世界观和神话思维基础之上的神话理念。具体地说，神话的理念具备两个特点，即思维的非对象性、非反思性和对于伦理道德的超越。神话是一种生命和情感的形式，神话的思想是象征性的，神话世界中所蕴含的是支撑人类繁衍生息的生命的本能力量。因此，在评判一个神话人物的时候，我们要看在艺术形式与理念之间、在他的艺术表现与其所象征的生命情感形式之间是否存在着统一性。只有表现出了神话世界的心理和情感特质的神话人物才堪称真实，那样的艺术作品也才能被称为理想性的。

唐璜神话是一个古老的中世纪冒险故事，对这一神话的艺术表现比较著名的有三种：莫里哀的喜剧《石客记》，莫扎特的歌剧和浪漫主义诗人拜伦的长诗。在莫里哀的喜剧中，唐璜被塑造成了一个小丑式的彻头彻尾的登徒子、骗子。他使尽浑身解数追逐女色，或利用女人的虚荣心说些花言巧语，或许之以婚姻以骗取对方的信任。结果就在他出尽丑态之时，迎接他的是严厉的道德惩罚。在喜剧的尾声，被唐璜欺骗和污辱的安娜的死去的父亲变成一尊石像邀他赴宴，拖着罪大恶极的唐璜走入了地狱之门。在莫里哀的喜剧中，伦理道德的意味十分浓重，他只将注意力放在对喜剧式的唐璜的行为的价值评判之上，而极大地忽视了蕴藏在神话人物身上的生命力。莫里哀只是借唐璜故事的外壳来表达他对人世间某一类丑态的嘲讽，但真实的唐璜并不应该是喜剧式的。

在拜伦的长诗中，唐璜则由一个不值一文的好色之徒、骗子摇身一变，成为追求自由和个性解放、反抗一切现有秩序（包括婚姻秩序）的浪漫主义英雄。在一定程度上，唐璜就是拜伦自己所遵循的浪漫主义精神的代言人和传声筒。说唐璜是一个浪漫主义的英雄，首先表现在他对于情感力量的信奉和对于情感的不拘一格的追求之上。唐璜蔑视一切世俗权力和习俗法规，他不仅不愿做世俗权威的奴隶，而且也不愿做理性的奴隶，他只听从自己的情感的召唤。诗人唐璜宣称："爱情是为自由人的！"在他的婚姻中，"使他们结合的是他们自己的情感"，他不需要证婚人和牧师，因为"各人是一个天使"。[1] 在这个信念的支撑下，唐璜不惜以生命为代价起而反抗所有阻挠他获得爱情的势力。"不！固然'死亡'等着你们和我，/但是我们要像男子汉一般死去，/不要沉沦得比畜生还不如。"[2]

拜伦的唐璜听从情感的召唤而行动，这并不是说他从不反观自己的内心世界。相反，唐璜还是一个反思能力极强之人。他认为，不仅"我们的心还是我们自己的"，而且"'心'像天空一样，'天堂'的一部分，/但是也像天空一样地日夜变化；/而在天空中一定有风云雷电，/'黑暗'和'毁灭'似乎高高在那里主宰……"[3] 这说明，唐璜已经认识到了人心的复杂和多变性，发现了人心内部有阴暗的一面。而对于人的多层面的内心世界的洞察，也恰是浪漫主义者的深刻之处。这再次说明，拜伦的唐璜可以被当作浪漫主义精神的代言人。唐璜听从自己情感的召唤，他宁将自己的主宰权交给心灵。可见，拜伦笔下的唐璜绝不是简单

---

[1] 拜伦：《唐璜》，朱维基译，上海译文出版社，1978年，第218页。

[2] 同上书，第134页。

[3] 同上书，第223页。

的好色之徒，他对女色的追求实际上是他依从自己的情感心声的结果，唐璜通过顺从自己情感的呼声和反思心灵深度的方式成为他自己的主人。拜伦的唐璜从根本上早已脱离了神话的世界观，他是浪漫主义时代的产儿和代言人，他不能代表唐璜神话的理念。

现在就来看看莫扎特的歌剧《唐璜》。被称为"存在主义先驱"的哲学家克尔凯郭尔在他的化名讲述审美感性生活的著作《非此即彼》上卷中曾专门讨论过这部歌剧。克尔凯郭尔称赞莫扎特，认为正是由于歌剧《唐璜》，莫扎特才得以进入经典作曲家的行列，是这部歌剧使莫扎特"不朽"。[1]这个结论是否因带有个人喜好而有所夸张姑且不论，但是说神话的唐璜在音乐中才找到了自己的话语形式是不容置疑的。在黑格尔美学中，诗歌和音乐同属于主体的艺术，它们的表现对象都是自由的、具体的心灵生活。其中，音乐是浪漫型艺术的中心，而诗歌则更倾向于对心灵性的表现。诗歌是语言的艺术，语言中虽有时间性的因素存在，但是语言因其反思性特征而成为传达理念的最佳媒介。也就是说，诗歌更适合表达内在的心灵性的生活世界。而音乐是唯一只发生在时间中的艺术媒介。音乐只存在于表演的那一瞬间，因此它最适合在直接性中传达直接性的生活。拜伦诗歌语言的反思性特征使得诗歌中的唐璜根本上脱离了神话世界观，而成为浪漫主义精神的传声筒；只有在歌剧中，唐璜才真正以一个神话世界

1　参见S. Kierkegaard, *Either/Or*, Part I, trans. Walter Lowrie, Anchor Books, 1959, p. 49。

主人公的面目出现在我们面前。随着那具有预言性质的序曲音乐的响起，唐璜出场了。如同所有的神话人物一样，他的存在是无须任何证明的，他没有历史。拜伦曾描写唐璜青少年时代所受到的教育，写他的冒险经历，但在音乐中这一切都是没有必要的。唐璜就像莫扎特那欢快的音乐一样，散发着充沛的生命活力。克尔凯郭尔认为，歌剧里的唐璜是一个"感性天才"（sensuous genius）、一个"肉体的化身"（flesh incarnation），他代表着"感性直接性"（sensuous immediacy）的生活方式。这意思是说，在唐璜的生活中，感性占据了主导地位，并且这感性并非只作为一种因素出现，它作为"原则，力量，一个自足的体系"出现在唐璜的精神世界中[1]；感性的原则构成了唐璜生命中的原动力。虽说在歌剧中没有必要交代唐璜的身世和历史，但是从这个神话的来源看，唐璜的形象应出自中世纪，出自基督教占据统治地位的时代。在基督教的观念中，肉体与精神处于不断的斗争中，并且从一开始，精神就希望将肉体的力量驱逐出其视界。这一点与古希腊世界观有很大的差别。在古希腊世界观中，精神和肉体以及它们所代表的理性和感性并不是彼此对立的敌人；相反，它们有可能携手步入生活，并且处于和谐的欢欣之中。一个明显的证据就是，在古希腊神话中，代表着感性欲望的爱神爱若斯（Eros）的存在说明了，在古希腊的情爱世界中并不排除肉欲（erotic）的成分；而与此同时，这个爱若斯所钟爱的对象又是代表着灵魂和自

1　参见 S. Kierkegaard, *Either/Or*, Part I, p. 59。

我的普赛克（Psyche）。这也就是说，古希腊的情爱观中存在着感性的层面，只是这感性又建基于灵魂之上。基督教原则上希图将感性驱逐出人类生活，但这种愿望并不一定能造就出绝对纯洁的精神性的生活；相反，它所造的要么是禁欲主义，要么是感性的泛滥，其中还免不了虚伪的表面文章。换言之，在基督教极力排斥感性的原则之时，感性反而成了人心之所向，这不啻是一种辛辣的讽刺。唐璜神话可以说就是这种倾向的讽刺性的产物。作为感性直接性生存方式的代表，唐璜只生活在直接性之中，生活在当下的、即刻的现在时态之中。在他的身上，丝毫没有反思的因素，也不存在一丁点历史的沉积；构成他的现在时刻的生活内容的只是永无休止的、永不疲倦的行动，那就是唐璜对女色的永恒的欲望和享受。

好色之徒大致可以分成两种类型。第一种是浪漫主义者，这些人心中所有的只不过是对可能的未来情爱遭遇的一种忧郁的预兆、一种未名的情感动荡、一种对于女性的永恒梦想。对于他们来说，幻想着诸种可能的情爱遭遇比在现实中真正地遭遇情爱更有意思，也更有情味。他们宁愿生活在理想化的可能性世界中，而不愿与现实的情爱世界相遇。因此，他们永远会对现实表示失望，他们也永远不会找到心目中的理想女性。浪漫主义者的一生注定将为永恒的追寻活动所占据，但这追寻却永远也不会有结果，他们终将带着失望之情离开这个世界。另一种就是如唐璜这样的现实主义者。在唐璜的身上，欲望不仅觉醒了，等待着自己的对象，而且这欲望还幻化成了明确的目标，这就是尽其可能地诱惑和享受尽可能多的女性。其实,"诱惑"一词对于不具备反思性的神话思维来说并不确切,因为诱惑往往需要事先的谋划和思量,需要事后的反思和总结。但唐璜并没有时间去反思,反思也不符合他的思维特点;他是个生活在当下时刻也即是生活在直接性中的人,他无须多费思索就可以诱惑到1 003个女性。现实主义者把每个女性都视作独特的欲望对象。假如说人和人之间仅有1%的差别,那么他们也要亲身发现和体验这1%的差别,这也就决定了现实主义者的行动必将是无休止的,并且他们总是会带着满足的笑和欢愉的心离去。浪漫主义者的头脑中只有一个自己塑造的理想女性的图画,这个形象无可动摇地高于一切,所以他们在现实中找到的只能是失败和失望。而现实主义者如唐璜则能够动用他的感性天才的能量来焕发其无穷的理想化的能力,这能力促使他在每一位女性身上发现作为整体的女性的魅力,使他能够充分享受生活中的每一分钟。因此,莫扎特的唐璜永远是行动的,他的形象因而是不固定的。他永远徘徊于个体和理念之间,即徘徊在一个有固定自我的单个的人与一种被称为"生活,能量"的非定型的力量之间——他只能以音乐作为自己的话语形式。"他根本就没有固定的生存,他只在永远的消失中急行。这就好比音乐,乐音一停他的生命也即告终结;乐音再起时,他才重获生命。"[1]

不仅如此,在音乐的乐音流动之间,所有的道德评判也被超

---

1 S. Kierkegaard, *Either/Or*, Part I, p. 101.

越了。唐璜生活在感性直接性中，能够吸引他的只是当下的、现在时刻的生活可能性，于是他以切实的行动充实着自身的生活，并在行动中焕发出生命的能量和激情。在这股能量的推动下，唐璜有能力超越一切伦理道德的评判。面对充沛的生命力量，一切伦理的范畴甚至"罪"的观念都是不适用的；对于伦理王国的规则和戒律，他可以用审美感性式的漠然（aesthetic indifference）来使自己高居其上。[1]这一点符合神话思维的特点，也与哲学对于直接性生存的反思的结论相一致。在转瞬即逝的当下时刻里绝对没有反思的位置，同时也没有用具有普遍有效性的伦理原则来加以品评和衡量的时机和兴趣。直接性的生存是个体性的且是独一无二的，是变动的因而也是不可效仿的，因此它根本上与伦理生活互相反对。

那么，歌剧中的唐璜就是感性生命原则的代表和化身，或者说唐璜的神话象征着感性生命力量的真实性。由于其具有非反思性的思维特点、超越伦理道德的行动本位主义，唐璜没有时间和兴趣去反观自己的内心世界，没有心思去制订行动的计划，他的身上所有的就只是生命的激情，一种本能式的享受生活的欢欣之情。当石像出现之时，唐璜依旧唱着欢快的歌，以一种大无畏的气度步入地狱之门。作为神话形象，唐璜象征着对于生活的本源性的执着，象征着感性生命的力量。这才是真实的唐璜的形象！

但是，从那段著名的歌剧序曲中，可以清楚地听到唐璜生活

---

1 参见 S. Kierkegaard, *Either/Or*, Part I, pp. 88, 97。

中的两个基本动机：一个是欢快的，代表着唐璜身上的激情的喷发，标志着其生命力的充沛；而另一个则带有严峻的、阴冷的悲剧性色彩，它揭示出唐璜最终将遭到惩罚的命运。神话世界观中的唐璜本应无视这一命运的存在，因为他还不具备反思性。这命运的动机实际上是莫扎特对于唐璜神话的反思的结果，它并非隶属于唐璜的理念。而正是从这序曲之中，哲学家克尔凯郭尔听出了潜藏在唐璜生活的内里之中的忧惧和绝望之情，听出了莫扎特所意欲告诉世人的话。这一点涉及神话研究中的思的层面。

三、唐璜神话的哲学阐释

唐璜为什么能够不知疲倦地行动呢？其原因在克尔凯郭尔看来，要归咎于支配着唐璜的生活的感性直接性原则。感性之于唐璜并非一个有机的组成部分。不知不觉间，感性的主导动机已成了一种将唐璜牢牢钳制在手中的类似精神的力量——克尔凯郭尔称之为"肉体的精神"（the spirit of the flesh）。在这精神的推动和操纵下，争取去占有和享受全世界所有女性的要求在唐璜的生命范围内便变成为一项绝对命令，这要求是绝对的、永无止境的。唐璜在生活中从不反思而只是行动，他生活于现在的、当下的时刻之内，他的生活节律是从一个欲望的满足到下一个欲望目标的寻找；每一个满足的瞬间的来临便意味着另一个探寻的、征服的时刻的开端。唐璜在音乐般的流动中、在赤裸裸的直接性中享受着女色，实际上他对女色的欲望和享受早已丧失了单纯的情欲满足的意义；那无数的女性的存在已不再具有实体性的意义，女色于他已经成为人生可能性或机遇的代名词；在他追逐女色以期穷尽女性世界的渴望的背后，实则潜存的是穷尽人生可能性的欲望。对于一个如唐璜一般凭借着"感性欲望所产生的能量"来生活的感性直接性的化身来讲，最能吸引他的莫过于"穷尽人生机遇"这一远景了。他们最为渴望的是与每一种人生可能性处于同一时刻，即生活在无穷无尽的可能性世界之中。因此，历史性的时间对于唐璜们来说是没有意义的，过去在他们的生活中代表着现在的起点，而现在又是通向未来的可能性的起点。他们全部的生命是开放性的，永恒的追求和永恒的行动将是迎接他们的命运。唐璜身上仿佛有着无穷无尽的欲望，他的生命的激情似乎是永远不会衰竭的。只是，这里要问的是，这种无穷欲望的内动力来自何方呢？

说唐璜的行动根源于感性欲望、根源于生活的充沛的欢欣（the exuberant joy of life），这些答案都还未触及问题的实质。作为一个深受基督教思想浸濡的宗教思想家和哲人，克尔凯郭尔并不是要宣扬感性欲望。透过唐璜那极具感染力的笑声，克尔凯郭尔听到的是一种忧惧，"这忧惧恰是他的能量，……是他的恶魔般的生活的欢欣"[1]。这里所说的忧惧并非因反思而生的良心发现，也非由于害怕遭天罚而生。唐璜的忧惧是实体性的忧惧（substantial dread），它是与感性的力量（power of sensuousness）不可分割的。

---

1 S. Kierkegaard, *Either/Or*, Part I, p. 128.

实际上，感性即诞生于忧惧之中。对此我们可以这样来理解，忧惧本是与生俱来、不辨缘由的，而唐璜正好捕捉和感受到了它。再进一步说，唐璜是为了不被这忧惧吞没才走上了感性享受的道路的。也就是说，他希图通过对女性的征服和享受、希图以穷尽人生机遇的野心的实现来达到摆脱被忧惧纠缠的目的。但是这忧惧却是实体性的，它是不可能仅凭唐璜自身的力量就能摆脱的，靠投身于感性活动来摆脱它的想法终将与其心愿背道而驰。在感性的力量中潜藏着一个陷阱，或者说在忧惧与感性的欲望之间存在着一个无法分清始因的恶性循环圈：实体性的忧惧推动着人踏上感性享受的道路，而一个人在感性享受的力量中投入越深，他就越摆脱不了这忧惧。唐璜本是为了摆脱他所感受到的忧惧才步入征服女性世界的进程；可是，一旦瞬间的欲望得到了满足，他立刻就会被抛入更深层的忧惧之中；这忧惧将再次作为动力将他推入感性享受的道路，如此这般反反复复以至无穷。对于女色的永恒追求和隐藏其后的忧惧共同构成了唐璜的命运：他在直接性的生存中享受生活之时，也就是他体味忧惧之刻。可以说，唐璜受罚式地走上了享受女色的道路，追逐女色仿佛就是他的宿命。值得庆幸的是，唐璜的生活缺乏反思，这就使得他能够承担起这宿命，并勇敢地以忧惧作为他生存中的快乐之源。因此在某种意义上，唐璜是生活的强者，在他肩负着那挥之不去的忧惧的前提下，他有资格蔑视一切世俗法规和伦理评判，并把自身高高地置于其上。莫扎特正是看中了这一点，才用欢快的音符铺就了唐璜的生活轨迹。

现在要问的是，萦绕着唐璜的实体性的忧惧的对象究竟是什么？在《忧惧的概念》一书中，克尔凯郭尔说过："如果我们进一步问忧惧的对象的话，答案将一如既往是：虚无。忧惧和虚无通常相互呼应。"[1]根据基督教的观念，上帝是从无中创造出有的。从最原初的意义上说，虚无就是每个生存着的个体的背景——人本是面向虚无而生的。作为感性直接性生存代表的唐璜，实际上已经切实地感受到了虚无的存在，而这感性直接性的生存方式就是他用来驱逐虚无的方式。但问题是，感性直接性否弃了历史和永恒，只固着于当下的、现在的时刻，因而它面临的仍是虚无。唐璜因对虚无感到忧惧，义无反顾地投入行动：他没有时间反思，因而也不会懊悔、嗟叹、自责、犹疑；只有在行动中，他才能暂时不受虚无的干扰；他希望通过以生活于直接性即瞬间和片断中的方式，以尽可能多地体验生存的每一瞬间的方式，以消耗生命的方式，来与这虚无照面。如果没有永恒的目光的审视，唐璜就是一个行动主义者，他在行动之中以充沛的生命激情来对抗虚无。但是，有了永恒的视界，唐璜的努力便是徒劳的，他的行动和反抗不仅不能把他从虚无中解救出来，反而会进一步把他推向绝望的深渊，尽管唐璜本人对此毫无意识。只讲求直接性，只在瞬间中生活，根本上意味着否弃了终极目的，也就是说否弃了意义存在的价值；唐璜的全部行动只不过是一种重复，它早已异化

---

1 S. Kierkegaard, *The Concept of Dread*, trans. Walter Lowrie, Princeton University Press, 1957, p. 86.

成了"为行动而行动",并且丧失了实体性的内容。唐璜是受罚似地走上行动之路的,他生活中的那些瞬间缺乏成为一个有机整体、成为一个完整生命流程的机会,它们是孤立、零散、无意义的片断。透过唐璜生机勃发的欢欣的笑,克尔凯郭尔听到的却是缺乏终极目的的荒谬和无意义,感到的是我们对上帝的信仰的需要,因为只有上帝才是对付虚无的得力武器。

但是在现代存在主义者加缪眼中,过着荒谬生活的唐璜摇身一变而成了反抗荒谬的英雄;回响在他耳畔的只有唐璜那极富感染力的笑声。加缪认定,人类生存世界的根基是荒谬,荒谬是人类生存的真相,它无处不在,且极具渗透力。承认荒谬的无所不在,并不是说人对此就毫无办法。面对荒谬,有两条道路可供我们选择:要么正视生存的荒谬性,在这无意义的真空中执着地活下去;要么因不堪忍受这无意义的生存而自杀。意识到荒谬的存在是人觉醒的标志,这说明人已在他与世界的较量中取得了胜利。不过,加缪并不赞同自杀的方式,自杀只是以弃绝世界的方式逃避荒谬;只有活着才构成了对这世界的荒谬性的反抗。反抗不等于革命,反抗并不是一定要恢复或建立某种新秩序,反抗者只是要活着,并且是在这毫无希望和慰藉的荒谬的天空下活着。尽管在生存的根基处隐藏着的是虚无,但人并不应该轻视自己。加缪说过:"重要的并不是活得最好,而是活得最多。"[1]支撑着人去行动的力量并非质量或深度,而是数量或广度。这也就是说,人

1　加缪:《西西弗的神话》,杜小真译,生活·读书·新知三联书店,1987年,第75页。

每多活一天，他就以自身的力量与荒谬多较量了一天，他的生命的意义也就在这活着的进程中多积累了一些。有了这个数量的伦理学的原则，唐璜也就成了反抗荒谬的英雄。和克尔凯郭尔一样，加缪也认为唐璜是生活在当下时间中的人，他只相信事物所直接呈现出来的样子，因而他与时间齐头并进、须臾不可分。他的身上也没有任何形式的悔恨，他超越了道德范畴的评判。但他不会同意克尔凯郭尔对唐璜的命运的诊断。在加缪看来，唐璜心目中本没有任何形式的永恒（这原本是不存在的），而只有对于荒谬的信仰。唐璜不相信事物的深度，也不承认生活中有所谓深层的意义，因此他自己选择成为没有价值的人，而并非如克尔凯郭尔所言受罚致此。唐璜的生活中不仅没有悔恨，而且也没有因虚无而生的实体性的忧惧，他的语汇表中只有"爱与占有，征服与穷尽"。[1]这也就是说，唐璜在他的穷尽女人的行动中并非是在"收集女人"，他是在借穷尽女人的机会穷尽人生的机遇，并且穷尽他自己。唐璜在他的生活中十分坦然地接受了赌博的原则，即在荒谬的精神的支配下，唐璜否认了惩罚的意义。[2]承认了惩罚就意味着承认有更高的东西，就等于承认了有永恒的位置。在唐璜的世界里，命运就是命运，一个人在他自身的命运中有可能赢也有可能输，但无论输赢他都不把它与惩罚联结起来。唐璜抛开了事物具有深层意义的想法，他不想有所成就，因而他的生命的全

1　参见加缪:《西西弗的神话》，第97页。

2　参见同上书，第96页。

部重心落在了现在时态的行动之上。他知道这永无终止的行动也许不会带来任何成效，但他仍借行动反抗着生存的荒谬本性。这样的生活在克尔凯郭尔看来是没有意义和价值的，唐璜的行动因为没有终极目的的依托而成为"为行动而行动"，他的生活趋于绝望。但在加缪看来，唐璜的行动的根本动力恰恰来源于其生存意义的真空状态，来源于永恒的缺失。既然这世上没有永恒，也没有事物深层的意义，那么就让我们用自己的生命来下注吧！如果在这种前提下，我们仍把全部的生命消耗在行动上，并且我们可以看到自己的生命在这行动中一点点地延展下去，那么这也就说明我们还没有被生存的荒谬本性压垮，说明我们正视着生存中的荒谬。

总之，克尔凯郭尔的唐璜与加缪的唐璜的根本区别就在于，一个承认永恒和意义，而另一个否认这意义的存在意义。换言之，克尔凯郭尔与加缪之间的差别即在于是信奉质量的伦理学还是数量的伦理学。对于克尔凯郭尔的永恒世界来说，"数量"概念没有任何意义，"在与决定着我的永恒福祉的永恒真理的关系中，18个世纪的时间并不比单独的一天更具指示性力量"[1]。所以，唐璜的没有永恒依托的永无休止的行动在克尔凯郭尔眼中即是命运所给予的惩罚。也就是说，唐璜是被迫成为诱惑者的，他的生活最终是没有任何价值的。如此看来，唐璜的神话也就等于告诉

---

1 S. Kierkegaard, *Concluding Unscientific Postscript*, Part I, trans. H. V. Hong & E. H. Hong, Princeton University Press, 1992, p. 46.

人们，没有永恒的生活不管外表多么绚烂辉煌，也不管这种生活之下的主人公怎样高唱着生活的欢欣之歌，他们的生活根本上是绝望的，它面临着虚无的深渊。但是加缪的认识恰恰相反，他的视界里最重要的时刻就是现在，用他自己的话说就是，"最少欺骗性的荣耀就是正在活着的荣耀"[1]。因此，荒谬的人接受了克尔凯郭尔关于绝望的回答并且正视这一现实。生存本身就是充满失望的，在其深处潜藏的即是荒谬，人生因而也就成为一场梦、一出戏剧，我们都不过是演员而已。但是即便如此，对一个正视生活的人、一个勇于反抗生存的荒谬性的英雄来讲，不抱任何希望、不存任何慰藉的义无反顾的行动就是对于生活的最终回答。荒谬的人并非受某种力量驱使，也非遭受惩罚，他们是自己选择成为目前这个样子的人的。如果说人生终归是一场虚无的梦，那么他们也要尽最大力量把这个梦做得有声有色；如果说生活是一出不幸的戏剧，那么他们也要心甘情愿地把这出戏演得绚丽多彩。唐璜以无所畏惧的姿态欲穷尽天下女人的行动就是他对这个荒谬世界的最后回答，他要让自己的行动占据生活的全部，虽然这行动不会带来任何实际的成效。他只是用自己的行动证明：他在切实地活着。他靠"活着"这一事实向世人宣布，他并没有被生存的虚无所吞没，也没有被生存中无处不在的荒谬所左右。在这个意义上，唐璜战胜了荒谬，他成了荒谬的英雄。

在这两位哲人眼中，唐璜至少是一个行动主义者、一个反抗

1　加缪:《西西弗的神话》，第101页。

的人：他在以自身的力量反抗着我们生存的虚无性的侵袭。所不同之处在于，对于克尔凯郭尔来说，唐璜的反抗终究是无效的，他只会由感性的解放坠入绝望和忧惧的束缚之中；他的行动愈多，其陷入绝望的程度也就愈深。而对于加缪来说，唐璜通过穷尽生命可能性的方式已最大限度地体验了人生的辉煌，他是生活的强者。

关于唐璜的神话所讲的话的讨论还没有完结，也永远不会完结，因为神话所蕴含的象征意义期待着人们从各个角度去思索和挖掘。

（原载《外国美学》第18辑，商务印书馆，2000年）

康德对克尔凯郭尔的影响

一、意想不到的影响

克尔凯郭尔著作中有康德哲学的痕迹？这个发现有些出乎意料，因为在哲学史上，克尔凯郭尔是与黑格尔联系在一起的，尽管他是作为黑格尔以及黑格尔主义的激烈批判者而存在的。康德和克尔凯郭尔，一个是终生在哥尼斯堡过着平静的思辨生活的大学哲学家（Universitätsphilosophen），另一个是哥本哈根家喻户晓的富贵闲人和自由作家，二人的生活轨迹和精神气质几乎没有相似之处。康德深受笃信宗教的母亲的影响，直到晚年还对母亲教导他积极向善、热爱自然的教育萦怀不已。而克尔凯郭尔的生活世界中几乎没有母亲的位置，他的童年记忆中因此也缺少了母爱的温柔。作为一个富商家庭中最小的儿子，克尔凯郭尔从小就得到了父亲全部的宠爱，其中包括父亲的忧郁和他施加给小克尔凯郭尔的近乎疯狂的宗教教育。康德和克尔凯郭尔都受过良好的古典学教育，有扎实的拉丁文基础，上大学时进的都是神学系。但是，康德对数学和自然科学一直有浓厚的兴趣，撰写有《论火》《一般自然史与天体理论》等论文，还从事相关的教学工作。克尔凯郭尔在大学求学阶段则把主要精力放在阅读文学和哲学书籍以及进行艺术欣赏上。康德为生计所迫曾担任家庭教师、大学编外讲师等教职，并多次提交职称评定论文，46岁时终于获得了哥尼斯堡大学逻辑学和形而上学教授一职。而克尔凯郭尔靠遗产过着锦衣玉食般的生活，终生未从事任何职业，而且还酷爱讽刺挖苦大学教授和大学编外讲师。康德在40多年学养的基础上，集中精力思考达12年之久才写成了《纯粹理性批判》，其时他已57岁。而克尔凯郭尔匿名出版《非此即彼》时年仅30岁，从立意到付梓仅14个月的时间。他还在同一天（1843年10月16日）同时出版了假名作品《重复》《畏惧与颤栗》以及真名作品《三则建设性讲演》，可见其写作速度之惊人。

但是，如果说康德和克尔凯郭尔的生活轨迹之间存在着某种有意义的共同点（两人都终生未娶，但这也许说明不了什么）的话，那就是他们都出生在虔敬派的家庭中并且深受其影响。虔敬派属新教路德宗，源起于德国的启蒙时代，在德国和丹麦有较大影响，其主要思想在于反理智主义、反教会制度，重视内心的虔诚，提倡个人对《圣经》的理解。康德进入大学之前曾在一所虔敬派学校腓特烈公学念书，但这所学校校规甚严，缺少自由，没有给他留下美好的记忆。克尔凯郭尔的父亲不仅信奉虔敬派，还是其中的一个分支亨胡特派在丹麦的组织兄弟会的成员。亨胡特派格外重视救世主的受难、鲜血和死亡，有较强烈的情感色彩，因此也被称为"血淋淋的神学"。小时候，克尔凯郭尔会在星期日上午和家人一起去我主教堂听主教明斯特讲道，晚上则单独和父亲一起参加兄弟会的活动。[1]克尔凯郭尔对于童年所受的宗教教育有着痛苦的回忆，因此成年之后他一度离经叛道，大力追求物质和艺术享受。尽管如此，他的思想和写作从未离开过宗教/基督教问题。在关于信仰的问题上，我们从克尔凯郭尔的著作中，尤其是归在假名作者克利马克斯名下的《哲学片断》和《最后的、非科学性的附言》中多次看到了康德哲学的痕迹——尽管他并没有将自己的思想追溯到康德，尽管他们在基督教信仰的对象问题上仍然存在着严重的分歧。两个生活时代、生活境遇和精神气质迥异的人物，在思想的深层有着颇多的相通之处，其中的原因是否可以归于虔敬思想的影响呢？这是一个值得深究的问题。

二、对上帝存在的本体论证明的批判

在《哲学片断》一书里，克尔凯郭尔彻底否定了基督教思想史上以理性证明上帝存在的思路，尤其是尖锐地批判了这类证明中的本体论证明，从中我们可以清楚地看到康德对关于上帝存在的本体论证明的批判的痕迹。

---

1 参见B. H. Kirmmse, *Kierkegaard in Golden Age Denmark*, Indiana University Press, 1990, pp. 22–35。

克尔凯郭尔没有做关于上帝存在的证明的清理和分类工作，他从一开始就对这种证明之路予以彻底的否定。《哲学片断》的主旨在于以思想试验的方式寻找一个与苏格拉底不同的思想出发点。虽然克尔凯郭尔此前已经揭示出，的确存在着这样的一个思想出发点，而且它其实就是基督教的立场，但他仍然不肯轻易地把这里的思想主体称为大写的"神/上帝"（Gud），而是以思想试验的态度说，存在着一个知性眼中的不可知者，为了方便起见暂时称之为"神"（Guden）。克尔凯郭尔认为，知性甚至根本就不应该生出要去证明这个不可知者或者说神存在的想法，因为"如果神不存在，那么证明这一点就是不可能的；而若他存在，想去证明这一点则是愚蠢的，因为就在证明开始的那一刻，我已经预设了他的存在，……否则我将无法开始这个证明"[1]。对于克尔凯郭尔来说，存在的在场依靠的不是概念的推导，而是人类的经验。克尔凯郭尔举例说明了这一点。他说，我们无法证明一块石头存在，而是要证明，有个存在物叫"石头"；法庭也不是证明某个罪犯存在，而是要证明，某个存在着的被告是罪犯，他触犯了法律。

接着，克尔凯郭尔在一则注释中完整地引用了斯宾诺莎在《笛卡尔哲学原理》中提出的"本质包含存在"的命题。这个命题是说："某物依其本性越完美，它所包含的存在也就越多，越必然。反之亦然，某物依其本性所包含的存在越必然，该物就越

1　S. Kierkegaard, *Søren Kierkegaards Skrifter*, Bind 4, Gads Forlag, 1997, p. 245.

完美。"[1] 根据斯宾诺莎的思路，存在和完美是神的本质属性。因此，神的存在不仅是自明的，而且在完美与存在的程度之间还有着一种必然的联系：某物越完美，则存在越多；它存在越多，则越完美。克尔凯郭尔没有否认这种推理在逻辑上的正确性。他认为，在从"神"的概念推导出神的存在的过程中，斯宾诺莎把存在当作神的本质规定性这一点是深刻的，甚至这里的同语反复也是可以接受的。但是，这并不等于承认斯宾诺莎的论证没有问题。相反，斯宾诺莎用语不清，他混淆了本质（Væsen）与存在（Væren），没有在理想的存在（ideel Væren）与实际的存在（faktisk Væren）之间做出区分。表面上看，斯宾诺莎试图从神的本质属性中推导出神的存在；可如此一来，他就是在讨论神的本质，并由此规避了问题的难点。克尔凯郭尔坚决地指出："就实际的存在而言，讨论什么或多或少的存在毫无意义。一只苍蝇，当其存在之时，它有着与神同样多的存在。就实际的存在而言，我所写下的愚蠢论点与斯宾诺莎的深刻论点有着同样多的存在，因为就实际的存在而言，起作用的是哈姆雷特的辩证法：在还是不在。"[2]

克尔凯郭尔所讨论的正是康德所总结的关于上帝存在的本体论证明，也就是从概念、思想到存在的道路，这条道路以概念与存在的同一性，尤其是以最高的概念本身即包含实在性为

1　转引自 S. Kierkegaard, *Søren Kierkegaards Skrifter*, Bind 4, p. 246。

2　Ibid., p. 247.

前提。跟康德一样，克尔凯郭尔认为这样的证明毫无意义，它"充其量只是在展开一个概念"，因而成了一种精妙的同语反复。对于克尔凯郭尔来说，存在就是实实在在的在（real existence/actuality），而不是什么逻辑可能的存在、概念性的存在或者思辨性的存在；在存在的层面上，神的存在与一只苍蝇的存在的分量是等值的；任何存在都是在先的，它不可能从概念中被必然地推导出来，因为存在与必然相对立。克尔凯郭尔从讨论"生成"（blive til/come into existence）的观念入手，认为所有的生成都是一种变化，它甚至是一种受难（Liden/suffering）；但是必然却根本不会变化，因为它总是与自身相关联，而且是以不变的方式与自身相关联。"通过生成，所有的生成之物证明了它不是必然的；唯一不能生成的东西便是必然，因为必然在着。"[1]这里，我们看到了克尔凯郭尔与康德之间的相通点。克尔凯郭尔关于"一只苍蝇"的大胆比喻似乎可以让人联想到康德著名的"一百块钱"之说；而他以自嘲的口吻称自己写下的是"愚蠢论点"这一点则可以让人想到，此时此刻的克尔凯郭尔是在反讽地对待黑格尔对于康德的批判——黑格尔认为康德还没有触及"思维与存在在无限者中统一"的深刻思想和精神性。就克尔凯郭尔把必然当成一个总是"以不变的方式与自身相关联"的东西这一点而言，他的意思与康德仍然是相通的。康德认为"必然"是一个先天概念，我们可以在思想中建立起经验对象之间的某种因果联系；但是，这

1　S. Kierkegaard, *Søren Kierkegaards Skrifter*, Bind 4, p. 274.

种因果性、"必然"性却并不存在于实际存在的事物中，它们是我们寻找现象世界的统一性的认知活动的产物。克尔凯郭尔坚决要求在本质与存在、理想的存在与实际的存在之间进行区分的观点，也反映出了康德在客体的逻辑可能性与其实际存在之间进行区分的思想。[1] 所不同之处在于，借助这种区分，克尔凯郭尔试图揭示出：思辨哲学家所说的在纯粹思维层面上的"思维与存在的同一"只属于那些德国的"大学哲学家"；而对于一个迫切地需要在生活世界中采取行动以回应生活的需求的"大活人"来说，这些问题毫无意义。克尔凯郭尔希望以一种非哲学的方式树立起事关人的生存和意义的生活哲学，他真正切的是个体在生活世界中如何过上一种有意义的生活，因此他的工作根本上是实践性的。而康德通过严格的理性批判工作，希望在思辨理性与实践理性之间划清界限，在知识和信仰之间划清界限，在确保理性自身不陷入自相矛盾的前提下，使形而上学知识成为一门科学，而把宗教归入道德，最终建立一种"纯粹理性范围内的宗教"。康德的工作在最终的意义上是理论性的。

三、知性与信仰的冲突

对于克尔凯郭尔来说，"神"根本上并不仅仅是一个名字、一个理念，神化身为人在历史中临现是一个历史上的事实。根据

---

1 参见 I. Kant, *Critique of Pure Reason*, trans. Paul Guyer & Allen W. Wood, Cambridge University Press, 1998, pp. 553–559。

克尔凯郭尔关于存在的一般论述，对于事实和存在，我们无法依靠逻辑来加以证明，而只能通过经验来认识。而对于基督教语境中神人合一的耶稣基督，我们不能依靠逻辑证明，因为能够严格加以证明的真理都是分析性的，而所有从公认的前提出发进行的理性证明不可能确定上帝是否存在，它们最终只是在展开一种概念而成了逻辑上的同语反复。同时，我们也不能调动知性的认知能力对其加以把握，因为道成肉身的现象直接与一般意义上的逻辑（而非神学家所提出的所谓"信仰的逻辑"）和知性构成了冲突，甚至是冒犯。[1] 面对道成肉身这一在犹太人眼中的绊脚石和外邦人—非基督徒眼中的愚拙[2]，克尔凯郭尔在《哲学片断》尾声的"喻意"部分中坚决地指出，我们需要一个新的器官，即信仰。[3]

不难看出，克尔凯郭尔所说的"新的器官"与康德在《纯粹理性批判》中提出的名言"终止知识，以便为信仰留出空间"（Ich musste also das Wissen aufheben, um zum Glauben Platz zu bekommen）[4] 有着异曲同工之妙。进一步深究将会发现，这里有一个非常细小的用语差别值得关注。正是这个差别使我们确信，克尔凯郭尔受到了康德的深刻影响（遗憾的是，这个差别似乎没有被学界充分注意）。克尔凯郭尔从来都在说Forstand即知性之于

1　参见 S. Kierkegaard, *Søren Kierkegaards Skrifter*, Bind 4, pp. 242–251。

2　参见《哥林多前书》1:22–23："犹太人是要神迹，希腊人是求智慧。我们却是传钉在十字架的基督，在犹太人为绊脚石，在外邦人为愚拙。"

3　参见 S. Kierkegaard, *Søren Kierkegaards Skrifter*, Bind 4, p. 306。

4　中译本一般将aufheben译为"扬弃"。但我认为，这个词太具黑格尔哲学的意味，故改译为"终止"。

道成肉身原则的悖谬关系，继而提出知性与信仰的冲突，但却从没有提出Fornuft即理性与信仰的对立冲突。[1] 丹麦文与德文同属日耳曼语系，两种文字中的很多词汇都是同源同义的，丹麦文中的Forstand和Fornuft就分别对应于德文中的Verstand（拉丁文intellectus）和Vernunft。因此，克尔凯郭尔的用语不由得让我们联想到了康德在知性和理性的不同功能方面所做出的区分。根据康德，知性是人类通过概念进行判断的能力，它运用感性材料以产生经验知识，因此知性只对经验客体有效；而理性则具有为知识立法的功能，而恰恰是这种能力才使理性清楚地知道，只有被感觉经验到的东西才能进入科学知识的殿堂，而像"上帝""自由"和"灵魂不朽"这些不能成为经验对象的东西则不应成为知识的对象，它们存在的必要性恰恰是实践理性的悬设，它们只在道德的考量之下才具有合法性。通过对理性的立法能力和职权范围的批判，康德最终使知识终止于经验科学的领域，以此他为信仰留出了空间。上帝不是经验的对象，不是知识的对象。我们与上帝的关系不是一种认知关系，上帝存在的必要性出自我们最为迫切的道德需求。因此，我们只有通过信仰的途径才能无限地接近上帝。知识与信仰各自为政，彼此不能相互僭越。康德的这个思路清清楚楚地贯穿在克尔凯郭尔的思想中。尽管缺乏了理性批判的环节，但是克尔凯郭尔通过指出知性而非理性与道成肉身原则之间的冲突，把上帝从知识王国中清除了出去，同时又指出了信仰

1　参见S. Kierkegaard, *Søren Kierkegaards Skrifter*, Bind 4, pp. 244−257。

之存在的充分必要性，最终在知识和信仰之间划清了界限。正是因为与康德哲学在思想内里的这种一致性，克尔凯郭尔不仅对于康德以后的德国思辨哲学家力图消除康德哲学中现象与本质、知识与信仰之间的界限的努力不予理睬，而且还对思辨哲学家尤其是黑格尔在其哲学体系构建中试图以理性消解宗教及信仰问题的努力表现出了强烈不满，希望重新在知识和信仰之间划清界限。

但是，或许是忽略了克尔凯郭尔在用词上的细微差别的缘故，或许是受到了美国学者巴雷特对存在主义哲学进行总结的名作《非理性的人》的影响，西方和国内学界往往将克尔凯郭尔的思想批判为"非理性主义"。但是，如果我们坚持在用语细节上较真的话，那么克尔凯郭尔在信仰问题上恰恰不是非理性主义的，因为他并没有主张我们可以完全按照自己的意愿来看待客观事物，没有主张我们在认识世界的时候可以不要/非/无理性。从他反对将上帝作为知识对象而坚决主张将其移植到信仰领域这一点来看，克尔凯郭尔是领会了康德对于启蒙运动的口号"敢于认知"（Sapere aude）的理解的。他对于理性的功能和职权范围有着清楚的认识，知道什么是理性/理论理性所能做的，什么可以成为知识的对象。因此，克尔凯郭尔的立场不应该被称为非理性主义（ir-rationalism），而更应该被称为反理性主义（anti-rationalism）[1]；也就是说，他反对的不是理性本身，而是反对对理性不加限制的运用，反对理性主义的原则，也就是那种将理性的

---

1 参见 K. L. Carr & Ph. J. Ivanhoe, *The Sense of Antirationalism: The Religious Thought of Zhuangzi and Kierkegaard*, Seven Bridges Press, 2000, pp. 31–32。

认知方式凌驾于所有通达人生真谛的道路之上的唯理性至上的原则。借此，克尔凯郭尔像康德一样细心地守护着知识和信仰之间的界限，通过知识的退后、停滞而为信仰留出了自足的空间。

四、差异：面对悖谬和激情

根据克尔凯郭尔，信仰的对象是知识眼中的"悖论""荒谬"，这两个词在克尔凯郭尔的文本中是未加区别地被互换使用的，故此处仅采用"悖谬"一词。为了应对这种悖谬，知识的道路不仅行不通，它还构成了对信仰对象和知识本身的冒犯；对于悖谬，我们必须调动激情，而激情最为恰当的名字就是信仰。克尔凯郭尔还对悖谬大加称颂，他说："人们不该把悖谬想得那么坏，因为悖谬就是思想的激情。一个没有悖谬的思想家就像一个缺乏激情的恋人，他只是个平庸之辈。但是，任何一种激情的至上力量都希求自身的毁灭。同时，知性的激情也要求冲突，尽管这种冲突总会以这样或那样的方式导致知性的毁灭。去发现某个思想所不能思考的东西，这就是思想的最高形式的悖论。"[1]

此时的克尔凯郭尔无论是讲话的语调还是思想的重心都与康德相去甚远。康德能够认识并揭示出理性的二律背反，但是占据他的思想世界中心地位的是"头顶的星空和内心的道德法则"，他追求的是一种高尚、和谐而内敛的道德境界，这样的世

---

1 S. Kierkegaard, *Søren Kierkegaards Skrifter*, Bind 4, pp. 242—243.

界是不会给激情以太多的位置的。所以，康德的理性批判以清晰的划界为目的，为的是揭示出什么是我们能够思想的，什么是我们不能思想的。但是在克尔凯郭尔看来，思想可能思想的东西虽然一直就是可能的，厘清知识与信仰的界限当然十分重要（因为他痛恨知识在信仰领域里的泛滥所造成的恶果），但是事情并非到此为止。克尔凯郭尔并不满足于康德那样的划界思想，不满足于像康德那样把信仰引入另一个领域并让它们各行其是，他还想再前进一步。他试图冲破思想的边界，"去发现某个思想所不能思考的东西"，去发现那个使知识受到冒犯并且使之感到卑微甚至停滞的东西（悖谬），而这才是信仰这个新的器官的对象。那么，克尔凯郭尔所理解的悖谬的内容是什么？答案很明朗，那就是基督教的基本原则之一神—人的信条，就是上帝在时间中变成现实性。用克尔凯郭尔在《哲学片断》中的话说，信仰的对象就是"历史事件的永恒化和永恒的历史化"[1]；在《附言》里，对于悖谬的解释更为具体："悖谬就是永恒真理在时间中出场，上帝出场了，他出生、成长……像所有人一样地出场，与所有他人并无分别。"[2]联系到《哲学片断》的主旨以及其中克尔凯郭尔对福音书故事饱含深情的重述，我们可以肯定地说，这里的"永恒真理在时间中出场"指向的就是兼有神、人二性的拿撒勒的耶稣。[3]克尔凯郭尔及时地为"永恒真理在时间中出场"补充了一条，即这种出

1　S. Kierkegaard, *Søren Kierkegaards Skrifter*, Bind 4, p. 263.

2　Ibid., p. 193.

3　参见ibid., pp. 238–240, 258–261。

场不具备直接的可知性，否则一切都将返回到基督教之前的偶像崇拜的谬误之中。[1] 他与康德一样，坚决地捍卫了上帝存在的超验性。不过，在信仰对象的问题上，克尔凯郭尔完全站在了基督教的立场之上。也就是说，他主张的是一种历史的宗教信仰，这与康德建立纯粹理性范围内的、非历史性的宗教信仰的努力是不同的。康德把"上帝""自由"和"灵魂不朽"作为实践理性的悬设，从而使它们超越于时间性和空间性的经验知识的范围之外，它们本身并不具有时间性。而当康德把宗教信仰牢牢地扎根在内心的道德法则的基础之上时，他实际上已经把个人自由的观念推到了极点，因此他不大可能把个人拯救的希望寄托在神—人的原则之上。

那么，我们是不是由此可以把克尔凯郭尔的信仰观视为反对理性的信仰主义（fideism），甚至是宗教蒙昧主义呢？前者是我们在西方克尔凯郭尔研究界常常看到的一类评价，后者则出自无神论思想长期占据主导地位的国内学界。对此我倾向于给出一个否定的答案。根据前述，克尔凯郭尔深受启蒙思想的影响。在启蒙的背景之下，克尔凯郭尔仍然提出信仰的对象是与知性而非理性相冲突的悖谬，尤其是提出我们要以激情应对悖谬。这说明，克尔凯郭尔对信仰的理解并非停留在蒙昧主义阶段，他的意图也不是简单的护教式的，他的信仰观恰恰是在批判理性、划定理性的职权范围的基础上的现代信仰观。在将信仰与知识剥离开之

1　参见 S. Kierkegaard, *Søren Kierkegaards Skrifter*, Bind 7, 2002, p. 193。

后，他给予了信仰一个更合理的位置，把信仰当成人的终极关怀的结果。这无疑是对自身认识的深化的结果。

再向前一步。当克尔凯郭尔提出让知性停滞而让激情出场去"发现某个思想所不能思考的东西"的时候，当他把激情的至上力量定位为"希求自身的毁灭"的时候，当他极言只有激情的力量才能解除悖谬施加在知性之上的冒犯的时候，他实际上是在冒着将激情的对象和知性本身推向毁灭的危险。正因为如此，克尔凯郭尔才会说，只有两种人才能真正了解基督教，一类是满怀激情去追求永恒福祉的人，另一类则是满怀激情去反对这种追求的人；他们都是充满激情的恋人，所不同之处只在于：前者是幸福的，后者是不幸的。[1]克尔凯郭尔对激情的力量及其走向的强调给予了后现代主义者重新阅读克尔凯郭尔新的契机。美国学者卡普托（John D. Caputo）指出，克尔凯郭尔所说的"希求自身的毁灭"的激情所昭示出的正是德里达的"自动－解构"（auto-deconstruct）的意思，尽管他可能并未明确意识到这一点。[2]这意味着，当克尔凯郭尔提出我们要以激情面对信仰的时候，以信仰为核心的宗教就成了一个与自身相冲突的范畴，它面临着遭到自动－解构的危险。其结果就是，对信仰的激情有可能导致组织制度层面（institutional）和仪式层面的宗教的毁灭，用克尔凯郭尔的话

---

1 参见 S. Kierkegaard, *Søren Kierkegaards Skrifter*, Bind 7, pp. 56–57。

2 参见 J. D. Caputo, "Looking the Impossible into the Eye: Kierkegaard, Derrida, and the Repetition of Religion", in N. J. Cappelørn ed., *Kierkegaard Studies Yearbook 2002*, De Gruyter, 2002, p. 3。

说，也就是可见的教堂的毁灭[1]；而没有了组织制度层面的宗教活动，宗教与世俗之间的界限也就渐趋淡化了。对此，我们可以从克尔凯郭尔的生活和写作中找到印证。虽然他最早是以"基督教的殉道士"的面目出现在英语世界中的，虽然他的思想在不同时期被不同的人物分别与"信仰主义""有神论的存在主义""新正统派"以及"新福音派"挂上了钩，但是事实上，在克尔凯郭尔成年后的生活世界中，我们几乎看不到他作为一名基督徒所应有的那些活动。克尔凯郭尔就像他笔下的威廉法官，成年后从不去教堂，而是自己阅读《圣经》。从假名克利马克斯写作开始，克尔凯郭尔就对丹麦国教会及其神职人员进行了不留情面的批评；而到了生命晚期，他则更加公开地与国教会进行论战。在思想层面上，克尔凯郭尔一直严厉批判"把信仰挂在脸上"的中世纪隐修制度。在修道院和游乐园之间，也就是在苦行主义、禁欲主义和对世俗快乐的享受之间，他宁愿选择后者，因为信仰的核心在于内心性，在于伦理，也就是说，在于个体灵魂的培育。由此，克尔凯郭尔不仅解构了作为国教的基督教的存在基础，而且还解构了在组织制度层面的宗教存在的基础。他差一点就像康德那样把宗教落实在纯粹理性的界限之内，而所差的这一点就是克尔凯郭尔对于道成肉身悖论的激情。这使得他的信仰仍然是一种历史性的信仰，它最终未能攀升到绝对的超验性的位置。同样地，对道成肉身的激情也阻碍了克尔凯郭尔达到德里达所说的"没有宗

---

[1] 参见S. Kierkegaard, *Søren Kierkegaards Skrifter*, Bind 7, pp. 332-333。

教的宗教"（religion without religion）的境界。不管他怎样反对国教、反对教会，他都坚持认为自己是从基督教的最内里出发看待事物的，同时罪的宽恕也被他看作临终祈祷的首项内容。[1] 对于他自出生即被抛入，后来又不断地被他的父亲以几近疯狂的方式加以强化的基督教信条，他始终不能忘怀。于是，我们在克尔凯郭尔的身上看到了一种显著的思想张力：一方面是批判的、解构的力量，另一方面是对基督教教义的恪守。两个面向以角力的方式持续地存在着。幸运的是，这种思想的张力通过克尔凯郭尔间接沟通的写作方式以及呈现在我们面前的复调式作品得到了很好的传达，使得那些散漫的思想片断得以充分地延展。

（原载《哲学研究》2009年第7期）

---

1 参见 B. H. Kirmmse ed., *Encounters with Kierkegaard: A Life Seen by His Contemporaries*, Princeton University Press, 1996, pp. 124-125。

面对基督教：克尔凯郭尔和尼采的不同取向
——兼论尼采对克尔凯郭尔的批判

克尔凯郭尔和尼采是19世纪西方形而上学传统的有力批判者。他们因其思想的批判性以及对传统哲学写作方式的突破而成为人们乐于比较的对象。本文的目的不是比较，而是互读，甚至是从尼采的哲学思想出发对克尔凯郭尔进行批判。

尼采可能没有读过克尔凯郭尔的著作，但他通过丹麦文学史家和文化学者乔治·勃兰兑斯（George Brandes）知道了"克尔凯郭尔"这个名字。1888年1月，勃兰兑斯在给尼采的信中，曾建议尼采读克尔凯郭尔的书，并且预言尼采一定会对这位"世界上曾经有过的最深刻的心理学家之一"的作品感兴趣。[1] 遗憾的是，尼采声明自己不懂丹麦文[2]，而当时克尔凯郭尔的著作尚未被译成其

1　参见勃兰兑斯:《尼采》，安延明译，工人出版社，1985年，第141—142页。

2　参见同上书，第161页。

他文字。尽管如此，在尼采的著作中，我们不时能够找到许多与克尔凯郭尔相似甚至是直接相同的概念，例如"平均化""积极遗忘"[1]；同时也能找到二者彼此针锋相对的思想，它们几乎就像是尼采对克尔凯郭尔式的思想的直接批判。本文探讨的范围仅限于两位哲人面对基督教信仰时的不同取向。

一、"上帝之为必然"与"上帝死了"

克尔凯郭尔和尼采在基督教信仰的问题上存在着鲜明的差异。克尔凯郭尔坚持认为，上帝必须存在，认为"是生存者设定了上帝，上帝是一个必然"[2]。尼采则针锋相对地指出："上帝是一个残酷的答案，是一个令我们思想者难堪的东西——从根本上说甚至是一个残酷的禁令：你不可思想！"[3]其结果是：克尔凯郭尔在欧洲社会日益世俗化的19世纪中叶，逆时代潮流而上，不断重申"我们在上帝面前一无是处"的原罪论调；而尼采则高呼"上帝死了"，声明是我们人亲手杀死了上帝。

克尔凯郭尔和尼采支持和反对的都是基督教上帝，而不是形而上学传统中可以作为"绝对精神""大全"和"一"之代名

---

1 参见尼采：《论道德的谱系》，载尼采：《论道德的谱系·善恶之彼岸》，谢地坤、宋祖良、程志民译，漓江出版社，2000年，第26、37页。

2 S. Kierkegaard, *Søren Kierkegaards Skrifter*, Bind 7, Gads Forlag, 2002, p. 183; *Concluding Unscientific Postscript*, Part I, trans. H. V. Hong & E. H. Hong, Princeton University Press, 1992, p. 200.

3 F. Nietzsche, *Ecce Homo*, trans. R. J. Hollingdale, Penguin Books, 2004, p. 21.

词的上帝。在《哲学片断》中，假名作者克利马克斯虽然以"上帝"作为一个概念、一个名字而开始其思想试验，但他最终引出的却是以悖谬为对象、以道成肉身为基本原则的基督教信仰。克尔凯郭尔始终坚持以永恒之上帝在时间中化身为人这一悖谬作为信仰的对象，反对以黑格尔为代表的思辨哲学对于上帝的去人格化和形而上学化处理。而当尼采高呼"上帝死了"的时候，他实际上已经把上帝和时间以及上帝在时间中化身为人的事实联系在了一起，认同了人格化上帝的基督教传统。克尔凯郭尔对于基督教的心理依赖完全可以归诸自他出生起即被无理由地抛入的虔敬派的背景和教育带来的影响。[1]虽然上大学后，克尔凯郭尔一度以放浪形骸的方式试图反抗幼年时被强加到自己身上的基督教教育，但最终他的反抗以与父亲的和解告终。如果说克尔凯郭尔与基督教之间曾经有过不愉快的经历的话，那么尼采对基督教的激烈批判态度则与之完全相反。尼采在自传中坦陈，他所激烈反对的都是跟自己没有任何过节的东西，他与基督教之间从未有过任何不愉快的经历，他的批判性皆来自其战斗般的天性。[2]但是，倘若排除家庭背景和个人气质的影响，有关克尔凯郭尔和尼采对于

---

1 在其死后出版的《关于我的作家生涯的观点》一书中，克尔凯郭尔曾回忆道："当我还是个孩子的时候，我就受到了严苛的、严肃的基督教教育。从人性的角度观之，这教育是疯狂的：还在我的幼年时代，我就被迫置身于一种影响之下，就像那个把这影响加诸我头上而他本人则沉潜其中的忧郁的老人一样。一个孩子，疯狂地要去扮演一个忧郁的老人，多么可怕呵！"参见S. Kierkegaard, *Søren Kierkegaards Samlede Værker*, Bind 18, Gyldendals Forlag, 1964, p. 127。

2 参见F. Nietzsche, *Ecce Homo*, pp. 16-17。

基督教截然相反的态度存在着一个理路依据，即对于形而上学的态度。克尔凯郭尔在激烈地批判哲学形而上学的时候，他的思想中仍然留有形而上学思维方式的残余，这就是关于上帝存在的思想。从根本上说，克尔凯郭尔坚持的是形而上学式的"背后世界论"，而尼采才彻底地坚持了现实性的立场。

克尔凯郭尔认为，存在着一个永恒的视角（sub speci aeterni），人需要一个上帝。秉承苏格拉底的"自知自己无知"和基督教的"人是有限的理智存在者"的传统，克尔凯郭尔认为人总是有所不知、有所不能的，认为这是人的本位，我们不能因为科学技术的进步而丧失自知之明。这是克尔凯郭尔对19世纪的提醒。人非全知全能，但是全知全能却是人类的目标和希望，这是生存的终结点。正因为如此，也才有了"前知五百年，后知五百载"的各路神明，也才有了能够做出终极审判的上帝，它们全都是人一手制造出的偶像，而不管人们是否有偶像崇拜的行为。在这个问题上，克尔凯郭尔的表现亦不例外。他通过对个体生存现状的观察以及深层的心理考察得出结论：事关生存的真理不可能是体系，而只能是片断。克尔凯郭尔当然不会否认逻辑和思辨思想之为体系的可能性，他只是反对逻辑和思辨思想在现实层面上的过度渗透。用假名作者克利马克斯的话说，理智主义的泛滥导致现实层面上的"生存者""大活人"丧失行动机能，他们"变成了一本书"。类似的批判甚至是比喻在尼采那里也能找到。尼采跟克尔凯郭尔不同，他亲身体验过学院派的生活方式，25岁就当上了巴塞尔大学的古典语言学教授，但他对这种生活方式深恶痛绝，认为一个学者除了"推着沉重的书"之外无所事事，最终丧失了为自己思考的能力。[1]尼采向往的是健康的生活，也就是能够采取行动的生活，而不仅仅是充当生活的旁观者。[2]

克尔凯郭尔认定，个体生存和历史发展因其自由的品性而更多地具有断裂性而非连续性，生存者在生存的进程中只能看到一个个片断，它们因缺乏一个能够将之连缀起来的终结点而呈现出断裂的面貌。与此种思想相一致，克尔凯郭尔有意识地改变了哲学的叙述方式，传统意义上的作者所具有的鸟瞰式的全知视角隐去了，取而代之的是不同假名作者从各自角度出发对于生存所做出的观察和考量。克尔凯郭尔对于个体生存和历史发展中的片断性和诸种断层的洞视与后现代思想家福柯有着相通性。所不同之处在于，他不像福柯那样醉心于发现和揭露历史和观念史中的差异、断裂和非连续性，而是心怀有关体系、连续性和终极目的的思想；只不过，他认为这种整体性的思想不对我们凡人开显，而只对上帝开显。在这个意义上，人并没有逃出柏拉图的洞喻所描述的处境。假名作者克利马克斯说过："生存本身就是一个体系，为上帝而在的体系，但它却不可能成为一个生存者的体系。"[3]克尔凯郭尔人为地制造了一种隐显之分：体系思维对上帝是显，对

1　参见 F. Nietzsche, *Ecce Homo*, pp. 33—34。

2　参见尼采：《查拉图斯特拉如是说》，钱春绮译，生活·读书·新知三联书店，2007年，第141—142页。

3　S. Kierkegaard, *Søren Kierkegaards Skrifter*, Bind 7, p. 114; *Concluding Unscientific Postscript*, Part I, p. 118.

凡人是隐。不仅如此，备受19世纪思辨哲学推崇的"必然性"概念[1]、世界历史的视野[2]以及思维与存在的同一性原则[3]在克尔凯郭尔看来，也都只对上帝开显；对凡人而言，它们只是与人的生存事实漠不相关的纯粹理念或纯粹思想。克尔凯郭尔批判思辨哲学抹杀了这个隐显之分，把原本并不对人开显的"体系""必然性""世界历史"等观念收拢在自己的思想框架之内，试图以生存者/凡人之躯来挑战上帝，这是凡人对上帝职权的僭越。

由此可见，克尔凯郭尔认为人需要上帝存在的一个重要理由在于，人非全知全能，但人需要一个全知全能者存在，以此给予处于生存的片断和断裂层中的人以目的和希望。但是，克尔凯郭尔支持上帝存在的理由在尼采那里被彻底反转了过来。尼采认为，上帝正因其全知全能才要被人杀死。

在《查拉图斯特拉如是说》的开篇，尼采就高呼"上帝死了"。在第四部"极丑的人"的中，尼采指出，上帝必须死，因为他"看到过一切"。尼采写道："可是他——必须死去：他以看到一切的眼睛观看——他看到世人的深底，看到一切世人隐瞒的耻辱和丑陋……他总是看我：我要对这样一个目击者进行报复——否则，我不想活下去。看到过一切的上帝，也看到过世人的上帝：

1　参见S. Kierkegaard, *Søren Kierkegaards Skrifter*, Bind 7, p. 137; *Concluding Unscientific Postscript*, Part I, p. 147。

2　参见S. Kierkegaard, *Søren Kierkegaards Skrifter*, Bind 7, pp. 132, 145−146; *Concluding Unscientific Postscript*, Part I, pp. 141, 157−158。

3　参见S. Kierkegaard, *Søren Kierkegaards Skrifter*, Bind 7, pp. 175, 299, 301−302; *Concluding Unscientific Postscript*, Part I, pp. 190, 328, 331。

这位上帝必须死去！让这样的目击者活着，世人无法忍受。"[1]

尼采是在公然造上帝的反。《出埃及记》里多处明确记载着上帝对摩西的告诫：人不可见我的面，人见我面不能活。上帝以将自身超感知化的方式杜绝了偶像崇拜。与此同时，上帝似乎还在向世人说：你们无权看我，但我却有权看你们，因为我是唯一的全知全能者，任何人、任何事都休想逃过我的眼睛：我绝对不容欺骗。于是乎，"人见我面不能活"其实就是上帝的绝对权威的一种宣示，只是这种权威不为尼采所认同。在尼采看来，人不仅不需要（见）上帝（的面），人甚至都不能容忍存在着这么一双全知全能的眼睛高高在上地监视着人的一举一动。上帝因其全知全能而成为人间善恶法则的制定者、生活的目的和意义的提供者，当然也是人生的最终审判者。在尼采看来，这样的全知全能者的存在恰恰扼杀了人的自由空间和希望；所以，"上帝必须死"，这样人才有机会和可能在大地上创造自己的价值。

尼采呼吁人们"忠于大地"，他的"大地"概念当是对克尔凯郭尔的"现实"概念的突破和深层次推进；毕竟，克尔凯郭尔所说的现实性仍然取自思辨哲学体系，虽然他挖苦说那只是个骗人的幌子。[2]克尔凯郭尔在撰写自己的首部假名作品《非此即

---

1 尼采：《查拉图斯特拉如是说》，第319页。

2 《非此即彼》上卷"间奏曲"中有这么一段话："哲学家们就现实所谈论的东西常常是令人失望的，其情形一如人们在旧货店读到的一块招牌：熨衣在此。假如某君真来熨衣，他就上当了，因为那块牌子只是用来卖的。"参见S. Kierkegaard, *Søren Kierkegaards Skrifter*, Bind 2, 1997, p. 41; *Either/Or*, Part I, trans. H. V. Hong & E. V. Hong, Princeton University Press, 1987, p. 32。

彼》的时候，就选择以"一个生活的片断"作为副标题，以此表明他把哲学从天上拉回人间的决心，表明"现实"概念不再囿于逻辑和思想的层面，而是要回到人的具体的生活世界之中，并且向着人在这个世界中生存的意义敞开。问题是，克尔凯郭尔所说的"现实性"和"生活世界"在根本上仍然是二元的、两极的。也就是说，克尔凯郭尔的生活世界中有上帝的位置，他的生活世界中尚存在着一个彼岸、天国与这个此世、人间相对应。于是，生存者就不得不像走钢丝者那样，时刻警惕着在生存的两极之间保持自身的平衡。在这个意义上，克尔凯郭尔就与所有那些他激烈批判的形而上学论者一样，统统成了尼采眼中的背后世界论者（Hinterweltler/Backworldsmen）。[1]所谓"背后世界论者"网罗了这样一类人：他们认为我们栖居的现实世界是不完美的，所以就靠想象虚构出一个更完美的世界，并且自我陶醉于其中。无论是形而上学论者的理念，还是宗教信徒的天国，它们其实都是隐蔽的世界，归根结底只不过是虚无，甚至是削弱人的生存意志的毒药，是对人类的仇视。[2]尼采本着怀疑和探询的品格拒不接受上帝，他的查拉图斯特拉要教给世人一种"新的自豪"："别再把头插进天国事物的沙里，而要自由地抬起头，这大地之头，给大地赋予意义的头！"[3]从这个意义上说，是尼采真正地使哲学的关注点落到了人的生活世界（一个没有天国和彼岸的人间世界）之上，是他

1　参见尼采：《查拉图斯特拉如是说》，第27页。
2　参见同上书，第7、92页。
3　同上书，第29页。

彻底颠覆了形而上学思想；而克尔凯郭尔对形而上学思想批判的出发点和依据是基督教世界观，他的哲学根本上是一种自觉以基督教信仰为价值导向的基督教哲学。

二、上帝之爱与上帝"死于同情"

克尔凯郭尔是一个具有多面性的思想者，他也造过上帝的反，不过他针对的是《旧约》中的耶和华。在《非此即彼》下卷中，他借伦理代言人威廉法官之口对《创世记》中所载人类被逐出伊甸园的惩罚做出了《新约》式的重读。

《旧约》中的耶和华经常用"你不可"的训诫口吻对人发号施令，甚至不止一次伴以死亡的威胁。当初人在伊甸园中过着无忧无虑的生活，神警告人不可食用分别善恶之树上的果实，"因为你吃的日子必定死"。智慧的蛇洞悉了神的心思，知道人食禁果就能如神般知善恶，于是引诱夏娃偷尝禁果（《创世记》3:2-5）。蛇当然是对的，蛇其实就是人的灵性——自由意志——的体现。根据《创世记》，神依照自己的形象造人，并且给予人以世间至尊者的地位和管理其他造物的权力。但神的给予是有条件的，那就是要人保持对神的绝对服从。人在蛇／灵性／自由意志的引领之下第一次违抗了神的命令，触怒了神灵，受罚开始了艰苦的尘世劳作。威廉法官对神开出的"罚单"并不以为然，他把神所施的"你必汗流满面才得糊口"的惩罚视为人类生存的一种被给定的现实。它是上天对人类的偏爱，是人类的完美性的表现，因为正是在"为生存而劳作"这一点上，人的自由才集中地得以表现。[1]只有人才能通过劳作自己养活自己，并且通过劳作成为自然的主人，劳作成为"人是自由者"的标志。事实上，如果我们视自由高于幸福的话，那么，人类曾经在伊甸园的生活就是建立在丧失自由的基础之上的奴隶生活；而人类走出伊甸园（不管是主动还是被动地），都应标志着真正的人类历史的开端，从此以后才有了天国与尘世、该撒的物与神的物的区分。表面来看，失乐园的是人类，但是上帝在这场争斗中失去了对人的绝对权威。于是乎，《新约》中的上帝不再可能维持《旧约》中的上帝动辄强调"罪与罚"的严厉形象，而是以爱和同情的面目出场，后者才是克尔凯郭尔信奉的上帝。

克尔凯郭尔坚持的是《新约》基督教的人本主义立场。他秉承福音书宣扬的上帝对人类的牺牲和爱的精神，多次直接地或者互文性地在作品中重申上帝对人的无边无际的爱，以及人要"尽心、尽性、尽力地爱上帝"的要求；不仅要爱上帝，而且还要爱邻人，甚至是爱仇敌（《马太福音》22:37-40）。克尔凯郭尔不是仅仅简单地重复福音书的论调，他在上帝之爱的前提下，最大限度地提升了人的主体性和个体性地位，同时进一步强化了个体以"单一者"的面目出场直接面对上帝的新教理念。克尔凯郭尔曾经这样写道："上帝即是主体，因此，他只为主体性而在心性中存

---

1 参见 S. Kierkegaard, *Søren Kierkegaards Skrifter*, Bind 3, 1997, p. 268; *Either/Or*, Part II, p. 282。

在。"[1] 由于真正的关系只能存在于主体与主体之间，作为主体的上帝要求与之建立关系的人成为另一个主体，因此，人之为主体也就成了上帝对于人的一项神圣要求。

在上帝之爱的前提下，克尔凯郭尔消解了一切世俗权威的力量——包括打着神圣旗号的教会和教士阶层：除上帝之外，没有任何一个人能够对他人拥有权威。克尔凯郭尔甚至还试图消弭人与人之间在生活世界中的差别：人与人是平等的，我们都是"上帝的儿女"。在以真名发表的《爱的作为》一书中，克尔凯郭尔表达了这样的观点："如果人们真正爱自己的邻人的话，那么他必须时刻牢记：差别是一种伪装。……作为国王、乞丐、学识渊博者、穷人、富人、男人、女人等，我们彼此不同，在这一点上我们真的有所差别。但是作为邻人，我们所有人都无条件地跟其他人相似。差别是时间制造混淆的方法，它给每个人戴上了不同的面具；而邻人却是永恒的印记——针对所有的人。"[2]

克尔凯郭尔是在跟我们兜圈子吗？当他以尖锐的口吻批判思辨哲学的"普遍性"概念以及当今时代的平均化倾向时，他唯一的目的就是要解放人的个体性，捍卫人作为单一者而生存的特殊性。无论是生活还是写作，克尔凯郭尔一直都在要求作为一个特例生存的权利。在这方面，他甚至表现得相当极端。可现在，笔锋一转，克尔凯郭尔把个体之间的差异性和特殊性留给了人间，

---

1 S. Kierkegaard, *Søren Kierkegaards Skrifter*, Bind 7, p. 183; *Concluding Unscientific Postscript*, Part I, p. 200.

2 S. Kierkegaard, *Søren Kierkegaards Samlede Værker*, Bind 12, 1963, p. 90.

而把人与人之间的平等留给了天国。也就是说，在人间，人是单一者；而在天国，人回复到了普遍性生存的状态，死亡消除了一切差别。此时的克尔凯郭尔差不多是在重复耶稣基督的天国论调，在一定程度上甚至还偏离了耶稣的方向。在耶稣向世人许诺的天国里，现世的秩序其实是被颠倒的：财主进入天国比骆驼穿过针眼还难，而所有"劳苦担重担者"都可以得到安息。

显然，主张勇敢地把头埋进大地的尼采拒不接受《新约》所宣扬的上帝之爱。和克尔凯郭尔的《圣经》趣味相对立，尼采尊崇《旧约》，厌恶《新约》，因为前者是他眼中的"伟人、英雄的场地"，而后者中则充斥着"恭顺谦卑"和"热情的歇斯底里"。[1]由此，尼采再一次提出了与克尔凯郭尔针锋相对的观点。借查拉图斯特拉之口，尼采这样说道："魔鬼曾对我说：'上帝也有他的地狱：就是对世人的爱。'最近我听到魔鬼说这句话：'上帝死掉了；上帝死于他对世人的同情。'"[2]

尼采以激烈而极端的言辞洞穿了基督之爱的核心：这种爱根本上是建立在差别的基础之上，也就是神、人之间的不对等关系之上的。人生而为"罪人"，上帝出于爱化身为人，以牺牲自己为代价拯救世人；所以，上帝才有资格成为人的道德楷模和爱的对象，而人也永远在上帝面前一无是处。克尔凯郭尔一直恪守上帝与人之间的差别，认为这差别是"绝对的""本质性的"。[3]在

---

1 参见尼采：《论道德的谱系》，第117页。

2 尼采：《查拉图斯特拉如是说》，第96—97页。

3 参见 S. Kierkegaard, *Søren Kierkegaards Skrifter*, Bind 4, 1997, p. 251。

用真名发表的基督教讲演中，克尔凯郭尔更是采用了"上帝与人之间存在着一条不可逾越的鸿沟"这样的比喻性措辞。在这方面，克尔凯郭尔是有违《圣经》的精神主旨的。根据《创世记》，上帝参照自己的形象创造了人，从而使上帝与人之间具有一定的相似性，由此否定了上帝与人之间的差别的绝对性。克尔凯郭尔此举的目的在于，在一个罪感逐渐淡漠的时代重新树立基督教的原罪和救赎观。在这个问题上，尼采与之完全相反。尼采坦白说，他完全不知道自己应该在何种程度上感到"有罪"，他也从未对诸如"上帝""灵魂不朽""救赎""彼岸"这类概念给予关注。[1]一旦罪感的合法地位被动摇，基督对人类无边无际的爱也就成了一种廉价的同情；它的基础是把人视为弱者，结果连施爱者的力量也最终被削弱；爱只有在对等的前提下才会有创造性，基督教所倡导的爱和道德根本上是一种"奴隶道德"。

尼采也没有被基督教人本主义所宣扬的主体思想迷惑。尼采指出，关于主体的思想虽然或许是地球上迄今为止最好的信条，但它却只适用于"垂死者""弱者"和"被压迫者"，因为它是一种"精致的自我欺骗"。[2]对于基督教宣扬的廉价而虚妄的平等说，尼采更是鄙视不已，认为只有群氓的口中才会吐出"人与人之间在上帝面前一律平等"的言辞。[3]尼采根据文化和创造性的高低将人分为末等人和超人。凡是缺乏创造的愿望和动力的庸人就是末

1　参见F. Nietzsche, *Ecce Homo*, p. 21。

2　参见尼采：《论道德的谱系》，第28页。

3　参见尼采：《查拉图斯特拉如是说》，第343页。

等人。他们蜷缩在谨小慎微、猥琐卑劣的奴隶式的幸福之中，靠劣质的乐观主义和他人的温暖维持生存。相反，那些忠实于大地的生命的积极开拓者和创造者才是超人。

在克尔凯郭尔生活的时代，欧洲社会生活正在向世俗化方向发展，对此克尔凯郭尔一直表现得忧心忡忡。他担心，倘若没有了上帝，人必将面临绝望的深渊。到了尼采活动的世纪之交，欧洲已经开始面临基督教信仰解体之后的价值真空，虚无主义逐渐抬头。尼采对此非但没有丝毫畏惧，他反而试图打碎各种形式的背后世界论，把虚无主义引入生活，使之成为人自由行动和创造的起点。当然，并非所有人都能做到这一点。世界上不仅有强者，还有像克尔凯郭尔这样因忍受不了面临虚无的深渊所产生的眩晕感而转向上帝的人。

三、尼采对克尔凯郭尔的批判

在思想的世界中，既有像尼采这样的"强者"，也有像克尔凯郭尔这样的"弱者"。要求强者像弱者一般行事，或要求弱者像强者一样表现，二者同等荒谬。

克尔凯郭尔的思想中存在着一股巨大的思想张力：此世和彼岸之间的张力，捍卫上帝存在的绝对超验性的理性信仰和以道成肉身为标志的历史主义信仰之间的张力。这种两极性造就了现实生活中的克尔凯郭尔的终生痛苦。一方面，他对理性信仰的追求使他终生无法与世俗世界中的教会、教众和谐相处，自由的思想不断冲击着宗教的樊篱；另一方面，他对历史主义信仰的依赖又使他最终难以跳出宗教/基督教的巢窠，他的思想最终向后倒退至教父传统之中。他既是一个批判感性生活方式的艺术家，又是一个极言伦理生活之美但却在其门外止步不前的人，更是一个与教会势不两立的虔诚的基督徒。克尔凯郭尔思想的批判性使他拥有了突破各种界限的能力，其间接沟通的思想风格自动解构了贴在他身上的所有标签。他的作品介于哲学、文学、心理学（甚至是实验心理学）之间，既是思辨的文学，又是抒情的哲学，有时甚至还是以思辨的、想象的方式对人的深层心理世界的探究。尤其重要的是，他同其假名作者克利马克斯一样，一心只为"上帝的荣耀和自己的快乐"在思想的世界中轻松起舞。[1]但是，这一"上帝的荣耀"使克尔凯郭尔最终对凡人的创造力量有所犹豫。他原本有能力以生命的创造实现自我救赎，但是他不相信人能够进行自我拯救，不相信我们能够创造自我，非要将拯救的任务交付给一个理性悬设的绝对他者。尼采曾经把制造背后世界的根源毫不客气地归诸人的烦恼和无能[2]，这个诊断差不多是适用于克尔凯郭尔的。克尔凯郭尔的烦恼来自他的出身，来自自由的思想与后者的不断碰撞。但最终，他因软弱败下阵来，他缺乏的恰恰是尼采所倡导的生命的强力意志。《查拉图斯特拉如是说》中有一段煤炭和金刚石之间的对话，说煤炭和金刚石虽为近亲，但软硬

---

1 参见S. Kierkegaard, *Søren Kierkegaards Skrifter*, Bind 4, p. 217。

2 参见尼采：《查拉图斯特拉如是说》，第28页。

度迥然不同。金刚石这样质问煤炭："为什么这样软，这样让步而俯首听命呢？为什么在你们的心中有这样多的对自己的否定和拒绝呢？在你们的眼神里，为什么有这样少的对命运之抱怨呢？如果你们不愿掌握自己的命运、不愿做强硬的人：你们怎能跟我一起获得胜利呢？如果你们的坚硬不愿闪闪发光、分离和切断：你们怎能有一天跟我共同创造呢？"最后，金刚石呼吁煤炭"坚硬起来"，因为"只有最高贵的，才是完全坚硬的"。[1]

这段话几乎可以被看成尼采对克尔凯郭尔的批判。

（原载《世界哲学》2012年第2期）

1　参见尼采：《查拉图斯特拉如是说》，第254页。

看、听和信
——克尔凯郭尔和尼采视域下的信仰

近日重读《查拉图斯特拉如是说》，我比以往更加深切地体会出了尼采对《圣经》语言、典故和意象的模仿、戏仿、反讽，因而感到尼采与基督教之间的关系可能没有我们以前所总结的那样单纯。查拉图斯特拉反对追随者和门徒，他无可辩驳地带有宗教感召者的姿态和气质，于是"听"在"如是说"的过程中的作用就显得格外重要。除了"长耳""驴耳"的意象在全书中多次出现外，查拉图斯特拉甚至原封不动地照搬了《圣经》中的话："有耳可听的，就应当听。"（《马太福音》11:15）[1] 在"跟君王们对话"中，有君王说曾因看到查拉图斯特拉在镜子中露出的"魔鬼的嘴脸"而害怕。尼采随后笔锋一转说，"你总是用你的箴言刺我们的耳朵和心。我们终于说：他的面貌如何，有什么关系！"[2] 可

1　参见尼采:《查拉图斯特拉如是说》，钱春绮译，生活・读书・新知三联书店，2012年，第178页。

2　同上书，第293页。

见，尼采对"看"与"听"的作用是有所侧重的。这与基督教思想传统是一致的，由此引发了下文对这个传统的思考。

一

在基督教思想传统中，人要想通达全知全能的上帝，"看"从一开始就是被明令禁止的，"听"才是有效的途径。

在经验世界中，看是理解的基础，英文"I see"就有"I understand"的意思。赫拉克利特残篇有言曰："眼睛是比耳朵可靠的见证。"只是，希腊人对感觉经验有种本能式的怀疑，于是赫拉克利特随后立即补充道："眼睛和耳朵对于人们是坏的见证，如果他们有着粗鄙的灵魂的话。"[1]这也就是说，看虽然是认知的基础，但灵魂才是决定我们的所看的关键。至巴门尼德，理智更是成为评判意见和通达真理的标尺，而非"茫然的眼睛、轰鸣的耳朵或舌头"。巴门尼德认为："要用你的心灵牢牢地注视那遥远的东西，一如近在目前。"[2]感觉是有限的，但心灵可以超越时间和空间的制约，从而弥补感觉的不足。到康德的批判哲学，问题就更加清楚了。我们看到的并不是世界本身，而是经过我们的感知过滤的世界。人不是外在世界被动的接收器，经验的具身性决定了我们在看这个世界的同时也在创造和解释着我们所看到的。从这个意义上说，我们看到的其实都是我们期待的，现代认知科学实

1　北京大学哲学系外国哲学史教研室编译：《西方哲学原著选读》上卷，商务印书馆，1981年，第26页。

2　同上书，第31页。

验对此有多重验证。

有了经验世界中对感觉的怀疑态度的基础，当人们面对超验的神的世界时，摒弃视觉形象就是必然的了。大象无形，宗教中的形象是亵渎神灵和迷信的基础。克塞诺芬尼早就意识到，人是按照自己的模样塑造神的形象的。[1]《旧约》亦深谙此道。耶和华从不具备任何具体形象，且一直严厉谴责偶像崇拜行为，并将之写入十诫。在《出埃及记》中，耶和华出场时，人们仅能闻其声，不能见其面。当耶和华的使者从荆棘火焰中向摩西显现的时候，耶和华就告诫摩西不要近前观看，而摩西也顺从地蒙上脸，不敢看神（《出埃及记》3:2-5）。至西奈山立约之际，为了使以色列人信服摩西，耶和华对摩西说："我要在密云中临到你那里，叫百姓在我与你说话的时候，可以听见，也可以永远信你了。"（《出埃及记》19:9）耶和华还数次叮嘱摩西，让他警告民众不可看神的面，否则将有多人死亡（《出埃及记》19:21）。耶和华从一开始就坚持自身的唯一性、至上性和超越性，不仅超越一切有形的存在，而且还以"自有永有"的方式超越于时空之外。问题是，这样的超越者若想干预人事，必须找到一条下降的道路，否则神国将平静如死水，而神也将饱受无聊之苦。[2]耶和华选择的下

1　参见北京大学哲学系外国哲学史教研室编译:《西方哲学原著选读》上卷，第29页。

2　克尔凯郭尔在假名著作《非此即彼》上卷的《轮作》中讨论了神在伊甸园的生活，认为神出于厌倦而创造了人。尼采在《反基督》中竟然讨论了同样的情境，并持同样的观点。根据该书的英译本注释，这个观点最初源自席勒的戏剧《圣女贞德》：甚至诸神也难逃无聊。参见F. Nietzsche, *The Anti-Christ, Ecce Homo, Twilight of the Idols, and Other Writings*, ed. A. Ridley, trans. J. Norman, Cambridge University Press, 2005, p. 46。

降之路是允许人们听他的声音，听他以"你应该"或"你不可"为载体发布的人在可感知的行动空间中必须遵循的行为准则。人们必须俯首帖耳地去听，否则杀无赦。

在《新约》中，神同样选择了一条下降之路，但却与《旧约》中耶和华的出场大相径庭。如果说《旧约》中神的出场靠的是巫术和权威（"山的烟气上腾，如烧窑一般，遍山大大的震动。角声渐渐的高而又高，摩西就说话，神有声音答应他。"[《出埃及记》19:18-19]电影《绿野仙踪》中假巫师借助魔术的出场几乎就是对这段描写的演绎），那么，《新约》中的神则拥有一条精心设计的、悖谬性的下降之路。在《新约》里，上帝让自己的儿子化身为人，以人子的形象来到世间。《旧约》中笼罩在耶和华身上的神秘和权威隐去，人们无须畏惧耶稣。没有了浓云密雾和号角的遮掩，人们可以直接看到、听到耶稣———一个混迹于芸芸众生之间的落魄者。他非但没有华美的衣裳，甚至有时连"枕头的地方"都找不到[1]，人们可以用手指着他说"瞧，这个人"，谦卑取代权威成为福音书的基调。但是，福音书并未摒弃"神至上无形"的思想，"从来没有人看见神，只有在父怀里的独生子将他表明出来"（《约翰福音》1:18）。"表明"（made him known）一语意味着，神的出场是一种自我显现，它再次阻隔了以视觉通达神的有效性。

克尔凯郭尔对人子形象的悖谬性有深刻的体会。在《哲学片

---

1 《路加福音》9:58："耶稣说，狐狸有洞，天空的飞鸟有窝，只是人子没有枕头的地方。"

断》中，克尔凯郭尔以诗化语言描绘了神的下降之路，再现了耶稣以低下的仆人形象的出场。克尔凯郭尔没有强调人子的神性，而是强调人子的形象绝非伪装，并非"既能遮掩又能暴露……这仆人的形象就是他真实的形象"[1]。这里，克尔凯郭尔抓住了从《旧约》到《新约》的主旨转换：上帝不再作为全知全能者向人类发号施令，而是以人子受难和牺牲的形象向世人显现。这个转换的根源在于信仰的精神化。面对超自然的力量和至上的权威，人很容易屈从，但屈从不是爱，更不是信仰。用克尔凯郭尔的话来说，对全能者的爱是不忠实的，它只会"使爱萌生痛苦"[2]。真正的爱当建立在对人子饱含无可测度的忧和无可测度的爱的心的体会之上——那是对世人不理解自身的忧，对世人无边无际的爱。爱奇迹不是真爱，爱表面上与自身地位相等的人才是发自内心的爱。这是对道德的爱，建立在这种爱的基础之上的信仰才是精神性的信仰。

在《哲学片断》中，克尔凯郭尔还讨论了与耶稣同时代人的信仰状况。这些同时代人曾经亲眼见过耶稣，听过他讲道，甚至同他一同吃喝、行走。克尔凯郭尔认为，这种直接性的"亲历"非但不会成为信仰的优势，反会成为信仰的障碍，因为他们可能会受自己所看到的仆人假象的困扰，从而忘却神以低下者形象出场的真正意义；他们还可能会忍不住想象神的形象，"但是神是

1　克尔凯郭尔:《哲学片断》，王齐译，中国社会科学出版社，2013年，第35页。

2　同上书。

不能被想象的，这也就是他要以仆人的形象出场的原因"[1]。想象神的形象是偶像崇拜的隐晦形式。

总之，面对充满矛盾和悖谬的基督教（永恒在瞬间临现，永生的神化为有死的人子，"看"最不可靠），所有的直接性非但不能成为信仰的助推器，反而有可能成为信仰的障碍。

二

在基督教世界中，耳朵比眼睛更可靠，"听"取代"看"成为通达神的有效途径。听觉虽然与视觉同样有限，但我们听到的是"言"，即具有普遍有效性的符号。言一方面能够与其所指称的感觉空间中的确定事物建立联系，另一方面又使牛顿所发现的抽象空间的存在成为可能，使康德的本体—思想体的树立成为可能。言突破了构建视觉形象所需的对物质媒介的依赖，能够更加自由地表现心灵的活动。但是在听什么、如何听的问题上，《旧约》和《新约》再次表现出了不同的理路。

在《旧约》语境下，人们直接地听耶和华的命令，信仰表现为人对至上权威的绝对服从。这种直接听的潜在危险便是信仰的教条化和形式化：人们只是机械地恪守经文教条。福音书所记载的文士和法利赛人对耶稣的种种试探、刁难就是明证，如是否遵守安息日规定、是否禁食、能否与税吏一起吃饭等等。但是，正

1　克尔凯郭尔：《哲学片断》，第75页。

如耶稣引先知以赛亚的话所做的反驳，这些人只是在"用嘴唇"敬神，"心却远离"神（《马太福音》15:8）。耶稣从出场伊始，便面临着使信仰摆脱外在力量的束缚的任务，他要把信仰从对犹太律法主义的形式化恪守和迷信之中解放出来，将信仰移至人的内心，使信仰成为一种能够移山填海的精神力量。于是，在福音书的语境下，信仰的基础不能仅仅停留在直接地听那些"你不可"式的训诫之上（虽然类似的训诫仍然大量存在），而是要重点放在听耶稣以比喻和寓言形式展开的"道"之上。

何谓"道"？《约翰福音》开篇曰："太初有道，道与神同在，道就是神。"（《约翰福音》1:1）道不仅是言，还是逻各斯。因此，听取言外之意，甚至得意而忘言就成为听道的关键。保罗更是把信与听耶稣的话结合起来。他说："信道是从听道来的，听道是从基督的话来的。"（《罗马书》10:17）这个"从……来"表明信道不能直接建立在听的基础之上，其间必须经过一个转化。叶秀山先生从《说文解字》中"信"字"从人从言"入手指出，信者信他人之言，信自由者之言，显示出了汉语思想与西方思想之间在信仰问题上的相通性。[1]"信他人之言"把信仰的对象从人格化的神转向了观念、思想体，使信仰走出迷信和蒙昧而向精神层面攀升成为可能。

因为信仰的对象是思想体，所以我们无法以直接的方式去听

1　参见叶秀山：《科学·宗教·哲学——西方哲学中科学与宗教两种思维方式研究》，社会科学文献出版社，2009年，第155—161页。

耶稣的话，否则就会出现克尔凯郭尔所说的幻听现象。[1] 对于克尔凯郭尔而言，人们不能停留在听从教会、牧师和神学家的训导之上，而应越过这个中介，直面上帝。所以他笔下的威廉法官才会说，一个人到一定年纪后就应当成为自己的牧师。[2] 听道就是读道，读道与认知性的读书又有所不同，它更讲究听取言外之意，更强调得意忘言。福音书宣扬的关于拯救和永恒福祉之道都隐藏在比喻和寓言中，耶稣的门徒当时曾对此表示不解。耶稣回答他们说："因为天国的奥秘只叫你们知道，不叫他们知道。"（《马太福音》13:11）此言因充满政治意味而含义不明。耶稣曾说："凡劳苦担重担的人，可以到我这里来，我就使你们得安息。"（《马太福音》11:28）这算是对天国奥秘的直白表述了。在克尔凯郭尔看来，这个定位可能造成信仰之精神性的沦丧。如果基督教仅仅面对在现实世界中得不到公正和幸福的弱势群体的话，天国就有可能被直接地曲解成一个与经验世界相对立的更完美的世界，而非人心的状态，信仰相应地就会沦为迷信。于是，他批判这种因"仅闻其声"而造成的对信仰的误解、曲解。

针对耶稣以"田野的百合和天空的飞鸟"为参照而劝人们"不要为明天发愁"的言论，克尔凯郭尔指出，果若如此，那人的下场一定很惨，要么饥饿而死，要么仰仗他人而活，因为人显然无法只靠"精神的粮"而生存。[3] 针对耶稣赞美小孩、认为天国

1　参见克尔凯郭尔:《哲学片断》，第60页。

2　参见 S. Kierkegaard, *Either/Or*, Part II, p. 70。

3　参见克尔凯郭尔:《哲学片断》，第51页。

的大门为他们而开，克尔凯郭尔不客气地指出，如果对此仅做字面理解的话，基督教将会显得幼稚、滑稽。[1]"成为基督徒"是一桩困难的事。小孩的宗教观念是抽象的、幻想性的，这些观念固然能够成为他们接受宗教信仰的基础，但是他们缺乏做出决断的能力；只有等到成年、成熟后，一个人才能够决定自己是否成为基督徒。[2]至于"爱父母过于爱我的，不配作我的门徒，爱儿女过于爱我的，不配作我的门徒"（《马太福音》10:37）的训诫，克尔凯郭尔认为，中世纪的隐修者对此做了完全错误的解读：他们把上帝看成了自私的、狭隘的小气鬼[3]，仿佛上帝需要人类的爱来满足自身的需求，错失了耶稣超越亲情之爱而专注于博爱的精神主旨，错失了这个教导对改善和培养个人灵魂的要求。

所有这一切，都使我们进一步靠近了基督教的核心——信。

三

从《旧约》到《新约》精神主旨的转变，或许可以反映出人类信仰从对外在超自然力量的屈从到向人间至上道德的自觉服从的转化过程。这是神话思维向宗教思维的发展，虽然宗教象征

1　参见S. Kierkegaard, *Søren Kierkegaards Skrifter*, Bind 7, Gads Forlag, 2002, p. 540; *Concluding Unscientific Postscript*, Part I, trans. H. V. Hong & E. H. Hong, Princeton University Press, 1992, p. 594。

2　参见S. Kierkegaard, *Søren Kierkegaards Skrifter*, Bind 7, p. 545; *Concluding Unscientific Postscript*, Part I, p. 601。

3　参见S. Kierkegaard, *Either/Or*, Part II, p. 245。

主义很难彻底摆脱神话的影响。从根本上说，这是信仰逐渐内心化、道德化、精神化的演进过程，是人类精神的胜利。

福音书中的耶稣致力于使信仰内在化、精神化。耶稣摒弃神迹，不仅是因为他尝言，他只想要"主的荣耀"，而非自己的；更是因为他深知，对全能者和行奇迹者的爱不是纯粹的爱，建立在奇迹之上的信仰也不是精神性的信仰。当他在旷野禁食四十昼夜感到饥饿的时候，试探者要求他把石头变成食物以证实自己是神的儿子，耶稣不予理睬，却以打禅语式的方式回敬他们道："人活着，不是单靠食物，乃是靠神口里所说出的一切话。"（《马太福音》4:4）只是，耶稣的改革进行得不纯粹、不彻底。为了向易受假象迷惑和欺骗的众人播撒自己的理想，耶稣不得不扮演巫医或魔术师的角色，在海面上行走，让人起死回生，等等。只是每逢此时，耶稣的心里甚为忧伤。[1] 他斥责求神迹的世代是"一个邪恶淫乱的世代"（《马太福音》16:4），批评求神迹的人"小信"（《马太福音》14:31）。神迹是神性的外在显现，看到神迹而信算不得真正的信，"那没有看见就信的有福了"（《约翰福音》20:29）。耶稣也向因恪守律法而导致的形式主义妥协，并且还说"天地要废去，我的话却不能废去"（《马太福音》24:35），为新的形式主义留下了余地。凡此种种，皆暴露出了基督教在理念和实践之间不可调和的矛盾。基督教倡导的"信"和"望"均是围绕

1　当法利赛人试探耶稣，要求他行神迹的时候，"耶稣心里深深的叹息说，这世代为什么求神迹呢？我实在告诉你们，没有神迹给这世代看"（《马可福音》8:12）。

着超越人类经验范围的世界展开，但作为人的宗教，基督教始终未离人间半步，因此它既摆脱不了人的诸种谬误，更无法摆脱超验世界与经验世界之间的矛盾。或许，这正是路德在可见的教会与不可见的教会之间做出区分的原因，也是克尔凯郭尔把悖谬植入基督教信仰的根源。

耶稣宗教改革的不彻底性使福音书成为一个大杂烩，但却也为后世的基督教神学家和哲学家对基督教思想的推进留下了空间。保罗神学首先赋予信在精神活动中独立的空间，并且牢牢地把信与望捆绑在了一起。保罗破除了经验世界中"眼见为实"的观念，割裂了信与看之间的联系。他说："信就是所望之事的实底，是未见之事的确据。古人在这信上得了美好的证据。我们因着信，就知道诸世界是借神话造成的。这样，所看见的，并不是从显然之物造出来的。"（《希伯来书》11:1–3）这个意思是说，信仰者可以凭借信形成对世界的一整套看法，可以拥有自己的真理体系，这体系与人通过感知所获得的知识体系可以有所不同。于是，在树立"因信称义"观念之时，保罗首次明确了自己的划界思想：信与知识无关，而信本身又构成了望的基础。德尔图良的"正因为荒谬我才信仰"，更是在信仰与知识之间设立了一条不可逾越的鸿沟。这种对立思想一直延续到中世纪哲学中。即使在企图调和信仰与知识的经院哲学那里，宗教真理亦未能免除超自然、超理性的一面，只是经院哲学家否认宗教真理与理性相冲突，而是认为宗教真理会使理性更完美。

至康德，信仰与知识之间不可调和的界限在理性批判的视角下得到了澄清，信仰的合法性有了学理上的依据：知识被严格限定在经验和现象的范畴内，而信仰隶属于本体问题，是自由者对至上道德的追求，宗教成了对道德的象征主义的表达；知识与信仰之间不可通约，不可彼此替代，二者各行其是，各司其职。启蒙运动之后的信仰是需要理由的，尤其是对于现实世界中并非"劳苦担重担"的有精神深度的人而言。有精神深度的人是配有信仰的人。就连尼采都承认，完全实际的人不配拥有信仰，因为他们缺乏创造力。[1]对于克尔凯郭尔来说，人就是精神、自我，有精神深度的人因意识到人之为有限与无限、时间与永恒、自由与必然的综合体而必将陷入绝望之境。[2]所以，绝望悖谬性地既是一种"致死之疾病"，同时也是人之为人的优越性，是基督徒的优越性。在承认绝望是精神深度的心理表现的前提下，克尔凯郭尔坦白了他信仰的理由。其理由绝不在于知识和理性对信仰的证明，而恰恰在于基督教乃至生存的悖谬性——正是悖谬给予了他任性地选择信仰的权利。

克尔凯郭尔说，信仰是轻盈的跳跃，就那么一瞬，信与不信的鸿沟便在"当下时刻"形成了。之所以要将"当下时刻"加引号，是因为在克尔凯郭尔的词汇表里不存在"一劳永逸"这个词，仿佛一次越过那条鸿沟，信仰便被牢牢树立，绝望便被永远清除。对克尔凯郭尔而言，生命不息，斗争不止。生存将永无

---

1 参见尼采：《查拉图斯特拉如是说》，第136页。

2 参见S. Kierkegaard, *The Sickness Unto Death*, trans. H. V. Hong & E. H. Hong, Princeton University Press, 1980, p. 13。

休止地向人展开悖谬的面向，人的精神也将不停歇地在时间与永恒、自由与必然之间挣扎，所以跳跃必将持续地存在于时间之流的每个瞬间。正是在这个意义上，克尔凯郭尔才说，成为基督徒是难的。克尔凯郭尔的"跳跃"不是精明算计后的决定，仿佛以今世的功德换取一张天国的通行证，这种把超验世界混同于经验世界的做法不啻是迷信。克尔凯郭尔的"跳跃"也不似尼采所说是为达到"不再想存有什么愿望的一种可怜的、无知的疲劳感"所做的"决死的一跳"[1]，因为"决死的"一词有"一劳永逸"的意味，而"可怜的"一词与克尔凯郭尔在跳跃的瞬间所彰显的个体的自由和激情亦不相吻合。克尔凯郭尔的写作一直围绕着现代社会中成为基督徒之于个体的意义的问题，为此他反对其时代的世俗化倾向。具有反讽意味的是，克尔凯郭尔所谓"世俗化"不是指人们不愿成为基督徒，而恰恰指的是人们仅凭出身就能自动成为基督徒的境况。换言之，克尔凯郭尔不是嫌基督徒太少，而是嫌他们太多了，因为批量地成为基督徒在他看来是信仰的降格，它即使不是迷信也是盲信，与个体的自由选择无关。只可惜，这层意思往往被基督教新正统主义者有意地忽略了。"信仰不是认知，而是自由的行为，是意志的体现。"[2]克尔凯郭尔如是说。在意志的作用下，个体自由地选择了信，跳跃的瞬间是个体意志的胜利。怀疑被克服，在不否认存在着其他真理和知识的前提下，信

1　语出尼采《查拉图斯特拉如是说》第一部之"背后世界论者"，中译本译注称这可能是对克尔凯郭尔的"跳跃说"的反驳；参见中译本第28页。

2　克尔凯郭尔：《哲学片断》，第97页。

只相信它自身内部的真理。

有选择信的权利，就有选择不信的权利。与克尔凯郭尔思想在多处均形成鲜明对照的尼采选择了不信，坚持站在了包括宗教和形而上学在内的背后世界论的对面，他把创造背后世界的原因归结为"烦恼和无能"。[1]尼采拒斥基督教信仰的首要原因是，他无法容忍基督教造就的双重真理标准。这个标准，从耶稣说"我就是道路、真理、生命"（《约翰福音》14:6）时起，从耶稣对信他的犹太人说"你们必晓得真理，真理必叫你们得以自由"（《约翰福音》8:32）时起，就已被确立起来。尼采只相信来自大地的真理，这种真理就是认知，是价值的创造；与之相对的则是迷信，所以查拉图斯特拉呼吁哲人应效命于真理而非民众的迷信。[2]没有了基督教真理标准的掩护，基督教对真理根本上就是漠然的，它只关心对其自身真理的信仰。于是，通往真理之路就成了一条"被禁之路"。[3]而在黑格尔眼中对真理采取极端蔑视态度的彼拉多，在尼采眼中也就成了"《新约》唯一的高贵者"。[4]

尼采谴责基督教的另一个出发点是他对生命意志的肯定。他批判《新约》借助人子的受难和牺牲演绎了一出弱化生命意志的"苦情计"。人被无情地套上了内疚和怨恨的枷锁，对彼岸的希望

---

1 参见尼采：《查拉图斯特拉如是说》，第27页。

2 参见同上书，第112页。

3 参见F. Nietzsche, *The Anti-Christ, Ecce Homo, Twilight of the Idols, and Other Writings*, p. 19。

4 参见ibid., p. 45。同时参见黑格尔：《哲学史讲演录》第一卷，贺麟、王太庆译，商务印书馆，1997年，第19页。

成为人的生活重心，基督教阻隔了人与现实的关联，贬低和否定了现实性。对此，克尔凯郭尔不会赞同。克尔凯郭尔一直致力于提升信仰的精神性和内心性，并对基督教信仰中的忧惧和绝望的心理有深入的开掘。于是，他肯定人的生命意志，批判宗教神秘主义者遁入修道院之举不是真正的宗教行为，而带有抽象的、形而上学的性质。真正的基督徒将扎根在现实世界中，像所有人一样扮演生活中的各种角色，履行其现实世界中的职责。只是，他会把"培育自己的灵魂"的任务置于首位，并且"努力把每一天当作具有决定意义的那一天，把每一天当成接受考验的那一天"[1]。在这个意义上，克尔凯郭尔一直在努力使基督教摆脱背后世界论的阴影，他通过凸显"瞬间"的意义把基督教变成了一种时间中的宗教。

但是，克尔凯郭尔和尼采的思想分歧不能简单地被归结于是否信仰基督教。在《反基督》一书中，尼采对基督教的谴责在很大程度上针对的是保罗神学及基督教会基于权力对基督教进行的世俗化改造。他批判上帝神性的世俗化，指责新教是"基督教中最不洁净的类型"。[2]这样的字句不禁令人怀疑，尼采心目中是否有某种更具神性的宗教的位置——这至少会使我们相信，尼采与基督教的关系并不简单。尼采与克尔凯郭尔的分歧毋宁说在于，是否承认存在的整体性和目的性。克尔凯郭尔虽然看到了哲学片

1　S. Kierkegaard, *Søren Kierkegaards Skrifter*, Bind 3, 1997, p. 34.

2　参见 F. Nietzsche, *The Anti-Christ, Ecce Homo, Twilight of the Idols, and Other Writings*,
　　pp. 45-46, 51, 65。

断的意义，但他的心中仍然存在着整体，只是我们凡人对此无法知晓。尼采从根本上否认整体的存在，他把"偶然"奉为"最古老的贵族"，因而拒不接受任何来自上方的价值。尼采只相信时间、生成和生命的创造，"因为道路——本来是没有的！"[1]

（原载《哲学研究》2015年第3期）

---

1 尼采：《查拉图斯特拉如是说》，第228页。

哲学话语与思想重构

——从克尔凯郭尔对海德格尔的影响谈起

"影响的焦虑"的问题在哲学领域是否存在？这是一个值得讨论的话题。[1] 在国际克尔凯郭尔研究界，克尔凯郭尔对早期海德格尔的影响不是一个新鲜的话题，很多西方学者为此做了大量细致的文本分析工作。[2] 虽然海德格尔本人在1923年的自述中曾说，"克尔凯郭尔给予我冲动，胡塞尔给予我眼睛"[3]，但他只在《存在与时间》的三则脚注中直接提及克尔凯郭尔，之后似乎连这种脚注也都逐渐消失了。海德格尔对克尔凯郭尔的有意"淡化"和"错误评述"一直为克尔凯郭尔研究界所诟病，后者认为海德格

1　"影响的焦虑"概念取自美国后结构主义文学理论家布鲁姆首版于1973年的同名诗学名作；参见H. Bloom, *The Anxiety of Influence*, Oxford University Press, 1997。

2　参见V. McCarthy, "Martin Heidegger: Kierkegaard's Influence Hidden and in Full View", in J. Stewart ed., *Kierkegaard and Existentialism*, vol. 9, Ashgate, 2011, pp. 95−125。

3　转引自J. v. Buren, *The Young Heidegger: Rumor of the Hidden King*, Indiana University Press, 1994, p. 222。

尔总是尽其可能地掩盖他所受到的克尔凯郭尔的影响，但却对其错误紧抓不放。我在阅读海德格尔1929年的弗莱堡大学教授就职讲演《什么是形而上学?》的时候，就清楚地发现了海德格尔的哲学话语中的克尔凯郭尔思想痕迹。不过，我论证的目的不是为海德格尔对克尔凯郭尔的创造性"抄袭"再添一例，而是想由此说明，"影响的焦虑"在哲学领域同样存在。哲学史在很大程度上就是从不同的思想背景出发，以不同的话语对"相同的东西"所进行的思想重构。

——

海德格尔宣称自己的哲学是与西方形而上学传统的决裂，但他同样是站在巨人的肩膀上的。1929年7月24日，海德格尔在弗莱堡大学发表了题为《什么是形而上学?》的教授就职讲演，对哲学史上哲学—形而上学的自我认识和定位发起了挑战。面对西方现代性所开显的科学及对科学思维的迷恋情绪的强大攻势，海德格尔希望重拾"形而上学"这个古老的概念，并论证其在当代的合法性和必要性。这个工作在紧随其后的1929—1930年的"形而上学的基本概念"课程中得到了进一步的展开和充实。

海德格尔首先对西方现代以来以数学为严格和精确的科学的典范的做法提出了质疑，认为数学的特点是"精确"，但"精确"不一定与"严格"相关。海德格尔指出，科学自19世纪以来的大获全胜驱使一切人文学科以科学为标准，但这个定位是错误的；因为是"人在追求科学"，科学思维的模式是人自己建立的，但人反过来又拿自己思想活动的产品来衡量和约束人文学科，这个路径是有问题的。海德格尔不仅认为科学永远无法成为哲学—形而上学的标准，他还提出了一个反向的目标："只有当科学建立在形而上学的基础上时，科学才能在其根本任务上有所推进，这个任务不是对零碎的知识进行积累和分类，而是以一种崭新的方式揭示自然和历史中整个的真理领域。"[1]再进一步看，科学之所以无法担当为哲学奠基的重任，是因为科学对"无"这一概念领域的忽视。科学视"无"为空从而将之否定，但"无"却是一个被认可、被给定的现象。科学对"无"的否弃恰恰为哲学—形而上学留下了探问对象，其最终指向是作为"整体"的存在。

从海德格尔的哲学叙事中，我们看到了他对西方现代以来试图使哲学—形而上学科学化的全部努力的否定。在哲学史上，斯宾诺莎用几何学证明的方法确立《伦理学》诸原则；康德在清理旧的形而上学方法的前提下，试图借鉴数学和物理学方法，从方法论角度改造哲学—形而上学，使之走上一条"科学的康庄大道"；类似的尝试还有很多。这条路径在海德格尔看来是无意义的。在他看来，哲学—形而上学应当面对的是存在在人的身上所激起和唤醒的惊讶；而人与存在的关联必须通过"无"才能实现；通过对"无"的体悟，人才能感受到作为"整体"的存在。[2]

1　M. Heidegger, "What is Metaphysics?", in D. F. Krell ed., *Martin Heidegger: Basic Writings*, Routledge, 2008, pp. 56−57.

2　参见ibid., p. 57。

正是在对"无"和"整体"概念的引入中，我们可以看到克尔凯郭尔的影子，二者的不同之处在于哲学思考的背景和用以构建哲学叙事的概念。

克尔凯郭尔的哲学"直接"思辨哲学，其哲学批判的矛头指向黑格尔哲学和黑格尔主义哲学。正因为如此，他在概念的使用方面未能完全摆脱思辨哲学的影响。与海德格尔强调"整体"概念不同，克尔凯郭尔强调的是关于"体系"的思想。在《最后的、非科学性的附言》中，假名作者克利马克斯提出了两个命题，即一个逻辑的体系是可以得出的，一个生存的体系却不能得出。[1]要理解这对命题，必须对克尔凯郭尔的两个基本概念加以辨析。首先是"生存"概念，它对应于克尔凯郭尔著作中并未明确加以区分，且经常交替使用的丹麦语源的Tilværelse和拉丁语源的Existents。二者在丹麦语中都指示"活着"和"活着的方式"的含义。"生存"概念的频繁出现使得克尔凯郭尔从一开始即走上使哲学成为"非科学的"（uvidenskabelig）的道路，他关注的重心在于人的生存状态及生存方式。正是在这个问题上，海德格尔批评克尔凯郭尔只是在生存状态上（existentiell）而非存在论意义上（ontological）透彻思考和把握了生存问题。[2]假设克尔凯郭尔能够听到这个批评，他一定会将之视为一个"德国哲学教授"的合

1　参见S. Kierkegaard, *Søren Kierkegaards Skrifter*, Bind 7, Gads Forlag, 2002, p. 105。

2　参见M. Heidegger, *Being and Time*, trans. J. Stambaugh, State University of New York, 2010, p. 235；海德格尔：《存在与时间》，陈嘉映、王庆节译，生活·读书·新知三联书店，1987年，第283页。

理质疑，同时也会以其惯有的反讽态度表示他的不屑，因为克尔凯郭尔从未想过自己将在哲学理论上有所建树，他的哲学实践只是要实现他年轻时即已立下的"找到那种我将为之生、为之死的观念"的理想。[1]另一个需要说明的概念是"体系"。克尔凯郭尔完全接受了黑格尔所说的"体系是一个圆圈"的观点。他指出，体系具有终结性（Afsluttetheden），它从原点出发，最终要返回原点。问题是，如果哲学不以存在为对象，而是指向人的生存及活着的方式，那么，生存就不可能是黑格尔意义上的从起点出发再返回到起点的体系，生存将具有无可辩驳的片断性；对生存问题的解决也不能依靠哲学反思，而只能依靠在瞬间—当下做出的决断。假名作者甚至直接采用了黑格尔的概念对上述意思加以表述。他说："抽象地看，体系和生存不能在一起被思考，因为为了思考生存，体系的思想必须将之当作已经被扬弃的东西，而不是在场的东西。"[2]克尔凯郭尔在假名著作中反复讨论婚姻问题，也是想结合个人经历说明，再深刻的反思也解决不了生存向人提出的问题，更替代不了个体必须在瞬间做出的决断。

人的生存虽然是片断性的，但"生存本身就是一个体系，为上帝而在的体系，但它却不可能成为一个生存者的体系"[3]。《附言》是对《哲学片断》所进行的思想试验的补充和扩展。如果我们坚持认为克尔凯郭尔选择思想试验的形式对于他所欲表达的思想有

1　参见 S. Kierkegaard, *Søren Kierkegaards Skrifter*, Bind 17, 2000, p. 24。

2　Ibid., p. 114.

3　S. Kierkegaard, *Søren Kirkegaards Skrifter*, Bind 7, p. 114.

意义，那么，这里所说的Gud［上帝］不仅与Guden［基督教上帝］有所区分，而且这种区分是他有意识地做出的。于是，没有基督教人格神作为背景的作为"体系"的生存本身，就与海德格尔所强调的作为"整体"的存在之间具有了平行关系。海德格尔说："我们永无可能绝对地把握存在的整体性本身。同样，我们的确发现我们自己被置于以某种方式显现为整体的存在中。最终，把握存在的整体性本身与发现自己置身于作为整体的存在中的根本性区分占了上风。"[1]原则上，人绝无可能把握"存在的整体性本身"；但在生存中，人却能够时刻感受到"作为整体的存在"。所以，海德格尔紧接着说："无论我们的日常生存看上去多么片断零散，生存一直都在与作为'整体'的统一体的存在打交道，哪怕是以模糊的方式。"[2]海德格尔用"整体"概念替换了克尔凯郭尔的直接思辨哲学的"体系"概念，并且令思想试验中被有意识地与基督教上帝加以区分的上帝彻底退场。上帝死了，但人对存在的整体性的追求没有改变。海德格尔在存在的整体性本身和存在之间所做的区分，则把我们带回到康德在现象与物自身之间所做的区分。再向前追溯，康德令物自身成为人类认知的盲区，是为了"限制知识，为信仰留下空间"。在限制人类理智方面，康德与中世纪哲学家是一致的；所不同之处在于，中世纪哲学家是自愿限制人类理智的范围，而康德是在经过理性批判后得出这一认识

1　M. Heidegger, "What is Metaphysics?", p. 49.

2　Ibid., pp. 49−50.

的。所有这些在现象与本体之间的区分，在尼采眼中无一不落入背后世界论之中。

如果说在对待存在之为整体的问题上，海德格尔与克尔凯郭尔因哲学背景不同而采用了不同的术语，那么，海德格尔对"无聊"这一现象和"无"概念的引入则完全是克尔凯郭尔式的。克尔凯郭尔在1843年出版的首部假名作品《非此即彼》上卷的单篇短文《轮作》中，借假名作者之口对"无聊"这种普遍存在的"心情"进行了描绘和分析。在这篇具有高度反讽性的短文中，我们可以提炼出克尔凯郭尔的三个论点：第一，人应该直面无聊情绪，因为无聊的源头可以追溯至神，诸神正是出于无聊乏味才创造了人。第二，无聊并非如人们通常认为的一无是处；相反，无聊的不同方式可以成为划分人的精神等级的标准——使他人感到无聊的是庸众，使自己感到无聊的是贵族和特选者。第三，常人极易感受到的无聊是建立在常人不易察觉的无的基础之上的；这个关联解释了为什么使自己感到无聊的人都是贵族和特选者，因为他们能够捕捉到与生存相纠缠的无。"无聊立足于缠绕着生存的无之上，它所产生的眩晕感（Svimmelhed/dizziness）是无限的，如同望着无底深渊时所产生的眩晕感。"[1]

同样，海德格尔也从对深刻的精神层面的无聊的体验中引出对存在之为整体的体悟，他甚至也用了"深渊"的比喻，只是海德格尔以"漠然"情绪替代了克尔凯郭尔面临深渊时产生的"眩

---

1 S. Kierkegaard, *Søren Kierkegaards Skrifter*, Bind 2, 1997, p. 280.

晕感"。海德格尔说:"深刻的无聊像包裹着我们的雾那样在生存的深渊中四处飘荡,它把万物、人类和自己一起带进显著的漠然之中。这种无聊令存在显现为整体。"[1]

无独有偶,尼采在《反基督》中也关注到了"无聊"情绪,甚至也像《非此即彼》中那样语出惊人地说,"甚至诸神也难逃无聊"。不过,根据该书英译本的注释,这句话当出自席勒的戏剧《圣女贞德》。[2] 只是,无论是克尔凯郭尔还是尼采都因袭了席勒惊世骇俗的文学笔法,只有海德格尔把"无聊"提升到感受生存之为整体的高度,尽管这种提升在逻辑经验主义哲学家艾耶尔眼中,只不过是缺乏推理的在各种感受中的推演而已。[3] 而且,与克尔凯郭尔所说的"无聊立足于无之上"的观点不同,海德格尔认为,无聊的出现恰恰掩盖了我们对无的寻求;只有在忧惧(Angst)的心情之下,我们才能感受到无,虽然只是在短暂的瞬间。"忧惧显现了无。我们'盘旋'在忧惧之中。更准确地说,忧惧使我们悬浮着,因为它导致我们从作为整体的存在中溜走。"[4]

但是,进一步的文本分析将清楚无误地揭示出,海德格尔对"忧惧"的认识受到了克尔凯郭尔的直接影响。对此,海德格尔在《存在与时间》第40节的一处脚注中是公开承认的。海德格

---

1 M. Heidegger, "What is Metaphysics?", p. 50.

2 参见 F. Nietzsche, *The Anti-Christ, Ecce Homo, Twilight of the Idols, and Other Writings*, ed. A. Ridley, trans. J. Norman, Cambridge University Press, 2005, p. 46。

3 参见艾耶尔:《二十世纪哲学》,李步楼、俞宣孟、苑利均等译,上海译文出版社,1987年,第260页。

4 M. Heidegger, "What is Metaphysics?", p. 51.

尔写道："克尔凯郭尔在对'忧惧'现象的分析方面走得最远，而且他是在神学背景下、在关于原罪问题的心理学阐释中完成的。"[1]海德格尔承认克尔凯郭尔是"忧惧"概念使用的先行者，但他对克尔凯郭尔的评论却没有任何实质性内容，因为那几乎就是原作副标题的翻版——"一则单纯的对原罪教义问题的心理学考量"。[2]海德格尔甚至罕见地列出了他所参考的克尔凯郭尔《忧惧的概念》的德译本详情。"忧惧"概念的丹麦文拼法Angest与德文拼法Angst的高度一致性，进一步坐实了海德格尔所受到的克尔凯郭尔的影响。

在《忧惧的概念》中，克尔凯郭尔比在《非此即彼》中更明确地提出了"忧惧与无总是彼此对应"的观点："如果我们进一步问忧惧的对象是什么，那么我们的答案与在任何其他地方一样，它只能是无。"[3]在这个方面，海德格尔的论述没有超出克尔凯郭尔，但他在术语和表达方式上却做出了有意识的区分。虽然强调忧惧与无之间的呼应，但克尔凯郭尔采用的仍是19世纪思辨哲学的术语"对象"（Gjenstand），对此海德格尔当有意识地加以回避，因为事实上忧惧与无的对应性已经剥夺了忧惧的对象性；而且正因其缺乏对象性，忧惧才更深沉。海德格尔写道："忧惧的确是面临着……的忧惧，但却不是面临这个或那个的忧惧。面临着……的忧惧总是对……的忧惧，但却不是对这个或那个的忧

1　M. Heidegger, *Being and Time*, p. 184；海德格尔：《存在与时间》，第230页。

2　参见S. Kierkegaard, *Søren Kierkegaards Skrifter*, Bind 4, 1997, p. 309。

3　Ibid., p. 399.

惧。"[1] 如果我们承认哲学话语的表述方式与哲学家所要表达的思想之间存在着某种关系的话，那么海德格尔在这里使用的省略号有意识地承担了对忧惧的去对象化的功能。

在《忧惧的概念》中，克尔凯郭尔还从心理学层面探讨了忧惧产生的原因。他说："忧惧可以与眩晕相比较。一个人向张开大口的深渊望去时会感到眩晕。但眩晕的原因既在于眼睛，也在于深渊；因为假如他没有向下看的话……于是乎，忧惧就是自由的眩晕，它在精神欲设定综合体的时候出现。这时，自由向其自身的可能性望去，并且立刻抓住有限性以支撑自身。自由在这种眩晕之中瘫倒了。"[2]

这里，贯穿克尔凯郭尔著作的关于人的"双重生存"的立场显露无遗。生存是时间和永恒、有限性和无限性的综合，生存的双重性决定了人之无对象性的忧惧的产生。自由的可能性也是无限性的可能性，人在面对这种可能性的时候会感到眩晕。这种眩晕不难与海德格尔所说的"在忧惧中人觉得'茫然失其所在'"[3]构成平行对应关系。对于克尔凯郭尔来说，眩晕来袭之时，人不敢继续探问自己的无限性和自由，而是像抓住救命稻草那样抓住身边的有限性；人克服了眩晕，同时也放弃了进一步探问自由的可能性的机会。这种放弃被克尔凯郭尔归诸心理学的局限性。在《忧惧的概念》中，假名作者写道："心理学无法并且也不愿再向

1　M. Heidegger, "What is Metaphysics?", pp. 50−51.

2　S. Kierkegaard, *Søren Kierkegaards Skrifter*, Bind 4, p. 365.

3　M. Heidegger, *Being and Time*, p. 182；海德格尔：《存在与时间》，第228页。

前迈进一步了。"[1] 他令人"认命",止步于生存之为有限性和无限性的综合的事实。

海德格尔同样承认了人的有限性。他说："我们是有限的,以至于我们无法在最初时通过我们自身的决断和意志面对无。有限性在生存之中根深蒂固,以至于我们与生俱来的深刻的局限性拒绝屈从于我们的自由。"[2] 有限性成为人追求自由的羁绊,但海德格尔不满意于克尔凯郭尔对眩晕的克服和对进一步探问自由的可能性问题的悬搁。他要从心理学出发,向前行进到形而上学,让那些能够确定无疑地感受到忧惧的勇敢者进一步探问无。对无的追问使我们与形而上学相遇,"形而上学是对超出存在之上或之外的探问,其目的在于恢复严格字面意义上的和作为整体的存在,以使其为我们所把握"[3]。对无的追问是海德格尔赋予哲学—形而上学的使命。

二

海德格尔对哲学—形而上学的定位留下了很多可讨论的话题,但这不是本文的重心。通过对《什么是形而上学?》中海德格尔思想与克尔凯郭尔思想之间的平行和推进关系的分析,我想得出的结论是,哲学史中的"影响的焦虑"是不可避免的。

1　S. Kierkegaard, *Søren Kierkegaards Skrifter*, Bind 4, p. 365.

2　M. Heidegger, "What is Metaphysics?", p. 55.

3　Ibid.

海德格尔在关于尼采的课程中曾经说过:"所有伟大的思想家都思考着相同的东西。但这个'相同的东西'却是如此根本、如此丰富,以至于没有任何一位思想家能够究尽之。"[1]这句话当然可以被视为海德格尔为自身所做的辩护,但我认为它更应被视为对"何谓哲学的创造性"的回答。虽然"伟大的思想家都思考着相同的东西",但哲学话语和哲学叙事却必然有很大的不同。海德格尔的这个意思其实并不新鲜。克尔凯郭尔在《附言》中,就把"就相同的东西讲着相同的话"作为主体性的生存思想家的标识,而克尔凯郭尔的这一认识又源自苏格拉底。哲学史上的概念和观点一直都在进行对话、争论和博弈。如果我们承认哲学史中的"影响的焦虑"是不可避免且有意义的,即便哲学家们总是就相同的东西讲着相同的话,但我们仍然愿意去阅读他们的作品并且可能从中受到启迪,那么我们就应承认,这些"相同的东西"是在不同的思想背景之下、以不同的哲学话语对哲学思想所进行的重构。

仍以海德格尔与克尔凯郭尔的哲学问题和哲学建构为例。克尔凯郭尔身处后黑格尔时代,他对思辨哲学的批判试图解除宗教与哲学的不幸联姻,重新给予宗教信仰以独立的合法地位,在一个世俗化的现实社会中的合法地位。克尔凯郭尔的哲学话语并没有完全摆脱思辨哲学的问题和概念,所幸在哲学日益专业化的19世纪,他能够自由地选择自己的写作方式,对生存中某些特定

1　M. Heidegger, "What is Metaphysics?", p. 36.

的心情所开显出的现象进行描绘，例如"无聊""忧惧""空虚"等。即使在阐释"反讽"和"忧惧"等概念时，他也非常关注概念的现象和生命史[1]，把哲学和宗教信仰引入了现代性的维度。相比之下，海德格尔不仅摆脱了思辨哲学的问题和概念，他的问题也超越了克尔凯郭尔，因为他生活在"上帝死了"的时代。上帝死了，无成为存在的基础，但这并不意味着人将任由虚无主义吞噬。在正视并且追问无的前提下，追问如何在作为整体的存在中活得有意义就成了海德格尔的哲学使命。海德格尔重新发现了克尔凯郭尔对"无聊""无"和"忧惧"概念的阐释，但他比克尔凯郭尔更大胆地正视"自由的深渊"。他用比克尔凯郭尔更加学院派和世俗化的方式完成了克尔凯郭尔赋予其思想试验的任务。

如果说哲学史在一定程度上是一部思想重构的历史，那么哲学话语的呈现方式就有着不容忽视的意义。在《附言》中，克尔凯郭尔曾经说过："在客观的意义上，强调的是说什么；在主体的意义上，强调的是怎样说。"[2]前者探问的是思想范畴，后者探问的是内心性。换言之，对于探问内心性的哲学，"怎样说"是有重大意义的。哲学写作绝非小事。纵观欧洲哲学史，在哲学成为一门可教可学的、系统的科学之前，除经院哲学对三段论运用的严格要求外，哲学写作的形式是丰富多样的，哲学叙事成为哲学家追寻智慧和真理的完整过程的载体。随着分析哲学在英美大学开

1　参见 S. Kierkegaard, *Søren Kierkegaards Skrifter*, Bind 1, 1997, p. 71。

2　S. Kierkegaard, *Søren Kierkegaards Skrifter*, Bind 7, p. 185.

始占据主导地位，哲学的写作形式变得日益单一，其意义亦有被忽视的倾向。不用说克尔凯郭尔和德里达在哲学系的尴尬处境，甚至海德格尔关于形而上学的讨论也曾受到卡尔纳普和艾耶尔的质疑。

对哲学写作方式的强调直接关乎我们的阅读方式。在我们面对哲学家的"全集"，且以学术的方式将其划分为不同阶段并努力寻找其内在的发展连贯性的时候，我们不要轻易忽略哲学家在思想形成历程中的自我矛盾和不一致，不要忽略哲学家提出和思考过的那些悬而未决的问题，因为这些裂隙和没有答案的问题或许正是哲学家在智慧探寻之旅中的亮点。而在阅读像莱辛、克尔凯郭尔、尼采、萨特这样的思想家时，如果我们只遵循从概念到概念、从命题到命题的专业化的哲学方式的话，我们有可能会错失其精心选择的写作方式所欲传达给我们的信息。在这个意义上，当海德格尔认为克尔凯郭尔是神学家，认为他把一切都弄得过于容易的时候，他恰恰错失了克尔凯郭尔选择思想试验的形式所欲传达的意义，因为克尔凯郭尔想尽办法就是为了与基督教的立场保持距离，为了使从基督教内部出发考量一切的神学立场变得困难起来。我认为，克尔凯郭尔的努力应该得到应有的承认。

（原载《哲学动态》2018年第6期）

《爱的作为》中的"现实"和"内心性"
——兼论阿多诺对克尔凯郭尔爱的原则的批判

《爱的作为》是克尔凯郭尔以真名发表的作品，它包含了写于1847和1852年的两个"系列"，首版时各系列拥有独立的版权页，页码单独编制。根据国际克尔凯郭尔研究界通行的分期法，1843—1846年是克尔凯郭尔的假名写作时期，1847—1851年是其基督教时期。如果把1846年出版的《最后的、非科学性的附言》作为克尔凯郭尔的告别哲学之作，那么《爱的作为》就是其基督教时期的开端。我一直认为，上述两个阶段的划分更多地着眼于写作形式，前者是克尔凯郭尔以间接沟通的方式讨论基督教哲学的问题，后者则直接面对基督教。《爱的作为》围绕福音书宣扬的爱的诫命展开，这种爱不是情爱、友爱等"偏爱"，而是爱邻人、爱全人类，甚至是爱敌人这样的普遍之爱。仔细阅读，不难追索到克尔凯郭尔对已逝父亲的爱以及他对与雷吉娜的婚约事件的反思，而他把基督教和基督教的爱归诸"内心性"的观点也预示了他在生命晚期与丹麦国教会的论战。在这个意义上，知名克尔凯郭尔学者乔治·派蒂森（George Pattison）在为2009年出版的《爱的作为》英译本所写的序言中评价这本书"集中了克尔凯郭尔写作生涯中的所有面向"，并非夸大之词。[1]对于克尔凯郭尔这部被广泛阅读的著作，学界已经就情爱（Elskov/erotic love）与爱（Kærlighed/love）、偏爱（Forkjerlighed）与邻人之爱、爱与信等问题进行过广泛讨论，成果丰硕。[2]当然，也有阿多诺从社会批判角度对《爱的作为》做出的犀利批判。鉴于此，本文暂不讨论"爱"的主题，而将结合克尔凯郭尔的重要哲学概念"现实"在《爱的作为》中的含义逆转，论证克尔凯郭尔在基督教时期如何令现实滑入人的内心性，令个体和单一者滑向普遍的邻人。在此基础上，本文将结合阿多诺对《爱的作为》的批判，为克尔凯郭尔把基督教及其爱的原则限定在人的内心性之中的做法做出辩护，认为此举不仅是对该撒的物和神的物的区分的坚持，更是对宗教信仰在现代社会中的合理地位和功能的昭示。

1　参见G. Pattison, "Foreword to the Harper Perennial Modern Thought Edition of *Works of Love*", in S. Kierkegaard, *Works of Love*, trans. H. V. Hong & E. H. Hong, Harper Perennial, 2009, p. ix。

2　有关这方面的成果有关，可参见Sh. Krishek, *Kierkegaard on Faith and Love*, Cambridge University Press, 2009；该书重构了克尔凯郭尔关于浪漫之爱的理论，提出在浪漫之爱与信仰之间存在一种同构关系。亦参见M. Strawser, *Kierkegaard and the Philosophy of Love*, Lexington Books, 2015；该书构建了克尔凯郭尔的爱的现象学，包括审美感性的爱和宗教的爱。汉语研究可参见张晓梅：《邻人》，载金泽、赵广明主编：《宗教与哲学》第3辑，社会科学文献出版社，2014年。

一、坚硬的"现实"

"现实"（Virkelighed/Wirklichkeit）是触动青年克尔凯郭尔开始哲学思考的重要概念。1837—1849年，"现实"一词在他的笔记本中共出现61次，其中最著名的当属1841年的8号笔记本（Notebog 8）第33则所记他在谢林的柏林讲演中听到"现实"一词时的激动心情："我真高兴听到了谢林的第二场讲演——无法言传。我已经叹息太久了，而且思想在我身内叹息；当他就哲学与现实的关系提到'现实'一词的时候，思想的胚胎快活地在我体内跳动，就像以利沙伯一样。我记住了他随后所说的几乎每一个词。也许就在这里，一切都可以明晰起来。这个词令我想起我在哲学方面所受的所有痛苦和折磨。"[1]

19世纪在丹麦占主流地位的是黑格尔及黑格尔主义哲学，上文所说的"在哲学方面所受的所有痛苦和折磨"当来自克尔凯郭尔对黑格尔及其思辨哲学的困惑和不满。作为思辨哲学的集大成者，黑格尔有一整套严密自洽的概念，对这些概念的正确理解必须在其体系中才有可能。如黑格尔在《法哲学原理》中所说的引发诸多诧异和反对的话，"凡是合乎理性的东西都是现实的，凡

1　S. Kierkegaard, *Søren Kierkegaards Skrifter*, Bind 19, Gads Forlag, 2001, p. 235. 文中的"以利沙伯"典出《路加福音》1:41—42："以利沙伯一听马利亚问安，所怀的胎就在腹里跳动，以利沙伯且被圣灵充满，高声喊着说：'你在妇女中是有福的！你所怀的胎也是有福的！'"

《爱的作为》中的"现实"和"内心性"　　269

是现实的东西都是合乎理性的"[1]，只有在黑格尔的哲学体系之中，在明确了他对"现实"与"偶然的事物"、"现实"与"定在"（Dasein）和"实存"（Existenz）的区分之后，其真实含义才能昭然若揭。黑格尔指出，存在是"没有经过反思的直接性"；实存是"存在和反思的直接统一，因此实存即是现象，它出于根据，并回到根据"；作为本质论中的最高环节，"现实是本质与实存或内与外所直接形成的统一"。[2]可以看出，在思辨哲学传统之下，"现实"是一个逻辑范畴，它被界定为超越实际存在者的形而上的存在，处于自然和精神世界中合乎理性的层面。正因为如此，黑格尔才提出，哲学的内容就是"现实"，"哲学的最高目的就在于确认思想与经验的一致，并达到自觉的理性与存在于事物中的理性的和解，亦即达到理性与现实的和解"[3]。

对于克尔凯郭尔来说，思辨哲学关于"现实"的定义是令人困惑的。在著名的1835年8月1日的吉勒莱日记中，22岁的大学生克尔凯郭尔表达了把行动置于知识之先的决心，认为"我要做什么"比"我要知道什么"更重要。他说："问题的关键在于寻找一种为我而在的真理，寻找一种我将为之生、为之死的观念。"[4]这种追求"为我而在的真理"的动机使克尔凯郭尔不可能认同黑格尔

1　黑格尔：《小逻辑》，贺麟译，商务印书馆，1994年，第43页。

2　参见同上书，第295页。

3　同上书，第43页。

4　克尔凯郭尔：《克尔凯郭尔日记选（1842—1846）》，王齐译，中国社会科学出版社，2021年，第3—4页。

用一套概念解释万事万物并赋予万事万物以合乎理性的秩序的努力。他曾对批评过黑格尔的谢林寄予厚望，专程到柏林听谢林的启示哲学讲座，希望谢林能解决他的困惑。但他很快失望了，因为谢林口中的"现实"仍然是一个抽象的逻辑范畴。于是克尔凯郭尔提前返回哥本哈根，着手撰写他自己的第一部假名作品《非此即彼》，并在该书上卷的"间奏曲"中写下了很可能是回应其失望心情的一段话："哲学家们就现实所谈论的东西常常是令人失望的，其情形一如人们在旧货店读到的一块招牌：熨衣在此。假如某君真来熨衣，他就上当了，因为那块牌子只是用来卖的。"[1]克尔凯郭尔抛开了思辨哲学的概念游戏，着手讨论每个人在生活中都会遇到的诸如"结婚还是不结婚"这样事关己身的问题，努力把现实还原为个体栖居其中的实在的生活世界。《非此即彼》开篇就提出了对"外在的就是内在的，内在的就是外在的"的哲学命题的质疑[2]，矛头直指黑格尔的"现实"定义。随后，他以一系列对人生百态的描摹来强化现实的纷繁无序，如生命中最高、最辉煌的享乐瞬间与死亡相伴，人往往通过对立面得到自己欲求的东西，登徒子唐璜内心充满忧惧，诱惑者约翰尼斯体验到绝望。就连《非此即彼》下卷中那个循规蹈矩的新教伦理化身威廉法官，他的内心深处亦怀有"在上帝面前我们一无所是"的沉郁罪感。

在1844年出版的《忧惧的概念》一书中，假名作者"哥本哈根的守望者"（Vigilius Haufeniensis）本着逻辑与现实的区分，批

1　S. Kierkegaard, *Søren Kierkegaards Skrifter*, Bind 2, 1997, p. 41.

2　参见ibid., p. 11。

评黑格尔使"现实"概念进入逻辑学所带来的双重损失。假名作者写道:"无论是逻辑还是现实都没有得到好处。现实没有得到好处,是因为逻辑学无法接纳在本质上隶属于现实的偶然性。逻辑学没有得到好处,是因为假如逻辑学思考了现实,那么它就接纳了某种它本不能吸收的东西,它吸收了原本只能倾心的东西。"[1] 克尔凯郭尔以正论的方式把"现实"从逻辑学中剥离出来,继而将偶然性纳入"现实"之中,为"现实"正名。

与此同时,克尔凯郭尔对"实存"概念也做出了不同于黑格尔的阐释,使之与"现实"成为一对相互依存的概念,进一步将哲学思考的重心由思辨转向人的生存。黑格尔注意到了"实存"(Existenz)概念的拉丁词源existere具有"从某种事物而来"的意思,只是他在逻辑必然性和本质主义的思路之下将之解释为"从根据发展出来的存在,经过中介的扬弃过程才恢复了的存在"[2]。这样的"实存"概念在克尔凯郭尔眼中无疑仍然只是一块用来出售的招牌,他想要做的是恢复并进一步挖掘这一概念所具有的"生活""活着"的含义。[3]

如果说,克尔凯郭尔在《非此即彼》中重在揭示偶然的、理

1　S. Kierkegaard, *Søren Kierkegaards Skrifter*, Bind 4, 1997, p. 318.

2　黑格尔:《小逻辑》,第266页。

3　克尔凯郭尔在写作中,有时使用Existents这个具有拉丁语源的丹麦词汇,有时使用丹麦本土词汇Tilværelse,二者在他的作品中并无根本差别。Existents在进入丹麦语之后主要被用来表达两层意思:一是表示"活着",二是表示"活着的方式";而Tilværelse作为Existents的同义词,首先指示着在现实世界中的存在,尤其是人和其他生物在现实世界中的存在。在这个意义上,把Existents(以及Tilværelse)译成克尔凯郭尔语境中的"生存"就比译成黑格尔语境中的"实存"更恰当。

性不可穿透的现实中的百态人生，那么，在1846年的《附言》中，他的重心则转向揭示人的生存的双重性。书中，假名作者为"生存"下了这样的定义："何谓生存？生存就是无限和有限、永恒和时间所生的那个孩子，因此它持续地奋斗着。"[1] 在现实中，作为个体而在的人要在无限和有限、永恒和时间这两极持续拥有的张力之下生活，生命不息，斗争不止。生存的艰难即源于在两极间维持平稳：偏向无限和永恒的一极，会出现个体忘记在此世的职责的可能，从而陷入神秘主义的泥淖；而偏向有限和时间的一极，则会忘记福音书"人若赚得全世界，赔上自己的灵魂，有什么益处呢？人还能拿什么换灵魂呢？"的教诲[2]，从而陷入有限性的羁绊之中，最终沦为追名逐利之徒。一个人究竟应该如何在两极之间泰然生活呢？假名写作时期的克尔凯郭尔并没有给出答案，这当是间接沟通方法的要求。此时的克尔凯郭尔着力表现的是人在现实中困顿无解的悲喜剧样态，一种如同"把一匹翼马和一匹老马套在一辆车上驾驶"的生存的"不适感"。[3] 在假名写作时期的克尔凯郭尔看来，这种不适感就是人面对现实时的真实感受。而到了《爱的作为》这部以直接沟通的方式写就的著作中，当克尔凯郭尔完全用基督教范畴面对坚硬的现实以及生活于其

---

1 克尔凯郭尔：《最后的、非科学性的附言》，王齐译，中国社会科学出版社，2017年，第67页。

2 语出《马太福音》16:26及《马可福音》8:36。"灵魂"或作"生命"，此处"灵魂"的用法遵从英文新国际版。

3 参见克尔凯郭尔：《克尔凯郭尔日记选（1842—1846）》，第155—156页。

中的个体的时候，他的态度发生了转变——现实回归到了内心性（Inderlighed/inwardness），成为与思辨哲学的抽象逻辑范畴内里相通的概念。

二、当"现实"成为"内心性"

无论是在假名写作时期还是在基督教时期，克尔凯郭尔一直反对把基督教感性化，坚持"基督教是精神"的主张。不同之处在于，在假名写作时期，当基督教精神落入克尔凯郭尔所树立的与思辨哲学正相反对的活生生的现实中时，这精神便因有限与无限之间的张力而处于一种恒久的激荡、不安和无所适从之中。而在《爱的作为》中，当现实回归内心性后，双重生存中有限的一现世的一时间的一极的意义隐去了，人在两极间持续挣扎的不安感消失了，作为精神的基督教开始远离世俗生活。这个意思当然不是说，基督教在世俗的意义上对一切都漠不关心；而是说，基督教"在精神层面上关怀一切"[1]。

以自由为例。假名写作时期的克尔凯郭尔注意到，自由令人眩晕，在无限的要求之下，个体无论怎样努力结果都差不多；但即便如此，人还是要努力在两极间抗争。在《爱的作为》中，克尔凯郭尔也写到了这种眩晕。他说，无限与有限的比较令人眩

---

[1] 克尔凯郭尔:《爱的作为》，京不特译，中国社会科学出版社，2013年，第155页；S. Kierkegaard, *Søren Kierkegaards Samlede Værker*, Bind 12, Gyldendals Forlag, 1963, p. 142.

晕，因此要警惕世界强加在我们身上的比较，比较之中的现实乱
七八糟。"不要往四周看，'在路上也不要问人的安'（《路加福
音》10:4），不要听人叫喊和呼唤……不要让你因世界把你的热情
称作疯狂、称作自爱而受到打扰——在永恒中每个人都将被迫明
白，热情和爱是什么。"[1] "不要往四周看"就是回避活生生的现实。
这个说法表明，《爱的作为》中的克尔凯郭尔已经远离了他之前
把现实从抽象的、逻辑的轨道上解救出来的努力，开始在不再有
运动和变化的永恒之中求得慰藉了。[2] 在《爱的作为》的结语部分，
克尔凯郭尔干脆在现实与内心性之间画上了等号。他说："这个内
心性的世界，就是其他人所称之为'现实'的另一个版本，这就
是现实。"[3] 也就是说，在基督教内部的现实就是内心性。正因为如
此，克尔凯郭尔肯定地把基督教的慰藉称为"喜悦"（Glæden），
它完全不同于任何人性的慰藉，因为后者总是对喜悦丧失的某种
补偿。[4]

当现实成为内心性之后，再来看克尔凯郭尔对一个家庭中的
爱的建设性情景的描绘：一个大家庭挤在一间小公寓中，当爱遍
在于每一个家庭成员之上和之间的时候，这公寓就足够宽敞，因

1　克尔凯郭尔:《爱的作为》，第199页；S. Kierkegaard, *Søren Kierkegaards Samlede Værker*, Bind
　　12, p. 180.

2　克尔凯郭尔的假名著作《哲学片断》讨论了"永恒在时间中的降临"，即"道成肉
　　身"的哲学意义。

3　克尔凯郭尔:《爱的作为》，第410页；S. Kierkegaard, *Søren Kierkegaards Samlede Værker*,
　　Bind 12, p. 365.

4　参见克尔凯郭尔:《爱的作为》，第70页；S. Kierkegaard, *Søren Kierkegaards Samlede
　　Værker*, Bind 12, p. 67。

《爱的作为》中的"现实"和"内心性" | 275

为一个无爱的人会占掉所有空间，而"有心灵空间（Hjerterum）的地方才会真正有空间"[1]。此时的空间不再是现实中的空间，而是纯然作为精神性而在的心灵空间；这幅情景也成为纯然的心象。

当现实成为内心性之后，基督教进一步远离了现实的世俗生活。克尔凯郭尔肯定地说："基督教除了是内心性（Inderlighed），还能是什么！"[2]相应地，如果说基督教能够引起改变，那么这改变定不在外在，不在可见之物，而在内在，因而这改变是无限的。[3]对于外在，基督教想要做的只是"抓住它，净化它，神圣化它，因此使一切变成新的，尽管一切照旧"[4]。

问题是，《爱的作为》中作为内心性而在的"现实"与克尔凯郭尔之前力图纠正的思辨哲学的"现实"在本质上有何区别呢？对于这个问题，比克尔凯郭尔晚生31年的尼采看得很透彻。在尼采眼中，西方形而上学传统与基督教内里相通，它们都是人出于烦恼和无能而制造出的"背后世界"，它们的存在令人忘却了大地的意义。克尔凯郭尔提出的基督教与外在现实、与改造外在现实无关的主张，也印证了尼采对基督教的批判，即基督徒的观念世界中没有任何与现实有关的东西，"去掉一个概念，仅仅

---

[1] 克尔凯郭尔：《爱的作为》，第233页；S. Kierkegaard, *Søren Kierkegaards Samlede Værker*, Bind 12, p. 207.

[2] 克尔凯郭尔：《爱的作为》，第148页；S. Kierkegaard, *Søren Kierkegaards Samlede Værker*, Bind 12, p. 135.京不特取"Inderlighed"的另一意思，将之译为"真挚性"。

[3] 参见克尔凯郭尔：《爱的作为》，第147页；S. Kierkegaard, *Søren Kierkegaards Samlede Værker*, Bind 12, p. 133。

[4] 克尔凯郭尔：《爱的作为》，第155页；S. Kierkegaard, *Søren Kierkegaards Samlede Værker*, Bind 12, p. 142.

代之以一个实在——全部基督教就化为乌有了！"[1] 转了一圈，克尔凯郭尔最终又回到了他的哲学批判的起点。

我们再向前一步。为了使现实回到内心性，克尔凯郭尔叫人"不要往四周看"。他害怕看见什么呢？是害怕看见外在的现实与基督教给出的现实之间的鸿沟吗？现实中充斥着差异性，在现实世界中，人与人之间是不平等的；而在基督教观念之下，每个人都是上帝的儿女，被上帝观念神圣化的个体之间是平等的。是这样的吗？

事实上，生长于新教路德宗信仰和文化氛围中的克尔凯郭尔并没有否定现实中存在着差异性和多样性；相反，他认为，人与人之间的差异正是人性丰富性的表现，基督教无意取消世俗的差异性，也不偏袒任何一种差异。换言之，基督教不是要去抹平或改变现实中的差异性，而是要保护个体灵魂不受世俗差异性的伤害，即"不去看那使人伤害自己灵魂的东西"，因为对灵魂的伤害是基督教眼中的头等大事。[2] 那么，什么才能保护个体灵魂不受伤害呢？答案就是基督教伦理观——上帝创造了单一者，基督拯救了单一者。

在《附言》中，假名作者也把上帝当作个体得以出场的前提。只是那时，克尔凯郭尔心中的论敌是思辨哲学体系。他借用思辨哲学的概念指出，上帝是主体，上帝要求人也以主体的面

---

1 尼采：《敌基督者》，余明锋译，商务印书馆，2017年，第55页。

2 参见克尔凯郭尔：《爱的作为》，第76页；S. Kierkegaard, *Søren Kierkegaards Samlede Værker*, Bind 12, p. 74。

目出场，因为只有主体与主体的关系才是真正有意义的关系。至《爱的作为》，克尔凯郭尔直接站在基督教的立场上宣布："基督教把每一个人设置得很高，无条件地设置每一个人，因为在基督面前正如在上帝面前，没有数字，没有人众，无数人在他眼前被数过，纯粹的单一者；基督教把每一个人设置得如此高，为的是不让他因世俗生活的差异性而骄傲或者叹息，从而使灵魂受到伤害。"[1] 这段话完全可以被视为个体平等伦理学的宣言。但倘若尼采读到这段话，他想必会为自己"基督教营造出的是一个虚构的世界"的观点找到又一有力证据。[2] 假如没有"上帝"的观念，人作为单一者独立于世就需要尼采倡导的自己创造道德和价值的狮子般的勇气，需要只把现阶段的人当作桥梁的超人理念。如果没有"上帝"的观念，环顾四周就只会看到人与人之间的差异，所以克尔凯郭尔要求人"不要往四周看""闭上眼睛"，回避坚硬的现实，在基督教观念中求得慰藉。对于曾经批判思辨哲学的"现实"只是一块招牌的克尔凯郭尔来说，这是思想上的倒退。

最后一个跟现实成为内心性相关的问题是单一者与邻人的关系。克尔凯郭尔在假名写作时期提出"单一者"概念，无疑受到了基督教的直接影响，其目的在于反对思辨哲学意义上的"普遍的人"。在《爱的作为》中，福音书中的"邻人"概念的频频出现对"单一者"的观念产生了强烈的冲击。

---

[1] 克尔凯郭尔:《爱的作为》，第75页；S. Kierkegaard, *Søren Kierkegaards Samlede Værker*, Bind 12, p. 73.

[2] 参见尼采:《敌基督者》，第20页。

《爱的作为》不止一次指出，"邻人就是所有人"[1]，邻人因上帝赋予的平等性而具有在上帝面前永恒的相同性。那么，"所有人"是否就是"普遍的人"呢？对此克尔凯郭尔给出了解释。他说，"邻人是纯粹的精神规定性（rene Aaandsbestemmelse）"，一个人只有在闭上眼睛或无视各种差异性的时候，才看到邻人。[2]因此，"邻人"就是基督教观念之下的"普遍的人"。相应地，"爱邻人"的诚命不是教导一个人去爱作为单一者的妻子或朋友，而是教导人普遍人性地（almeen-menneskeligt）爱所有人，无条件地爱所有人，包括所有人的各种不完美和弱点。[3]当爱的对象是所有人的时候，当爱是以普遍人性的方式得到实践的时候，这种爱实际上是没有对象的，更遑论有单一者的位置了。克尔凯郭尔在基督教时期重拾的"邻人"概念与思辨哲学的"普遍的人"概念合流，再次从一个侧面证明了尼采对于形而上学与基督教思想的内里一致性的论断。

三、对《爱的作为》的批判以及批判的批判

克尔凯郭尔明确地在《爱的作为》前言中指出，这本书不

1　参见克尔凯郭尔：《爱的作为》，第55、63、73页；S. Kierkegaard, *Søren Kierkegaards Samlede Værker*, Bind 12, pp. 56, 64, 71。

2　参见克尔凯郭尔：《爱的作为》，第74页；S. Kierkegaard, *Søren Kierkegaards Samlede Værker*, Bind 12, p. 72。

3　参见克尔凯郭尔：《爱的作为》，第153、184页；S. Kierkegaard, *Søren Kierkegaards Samlede Værker*, Bind 12, pp. 140, 168。

是关于爱的，而是关于爱的作为的。但通读全书，在究竟应该如何爱邻人、如何实现爱的作为的问题上，克尔凯郭尔并没有给出明确的回答。相反，克尔凯郭尔更重视爱的意向而非行动，他用"仁慈，爱的一种作为，尽管它无所给予，无所作为"作为《爱的作为》第二系列第七部分的标题。克尔凯郭尔还指出，从现世角度出发，重要的是扶弱济贫，救苦救难；而从永恒的角度出发，重要的则是看救苦救难的行为是否以仁慈（Barmhjertighed）的方式完成——如果不是，则其悲惨程度要大于现世的苦难。[1]这一点招来了阿多诺的严厉批判。阿多诺的论文《论克尔凯郭尔的爱的原则》虽然发表于1939年[2]，但它至今仍然是讨论《爱的作为》时不可回避的作品，值得进行分析。

当阿多诺写作此文之时，《爱的作为》英译本尚未问世，他阅读的是1924年版的德译本，故阿多诺称《爱的作为》是"克尔凯郭尔不太为人所知的作品之一"尚无大错（尽管这本书在今天被公认为被阅读和讨论最多的克尔凯郭尔作品）。在开始对《爱的作为》的批判之前，阿多诺提出了他对克尔凯郭尔的整体认识，认为克尔凯郭尔是"黑格尔式的哲学家"和"狡黠的神学家"，这样的认识在今天很难为克尔凯郭尔研究界所接受。具体言之，对于前者，阿多诺的证据是克尔凯郭尔的审美、伦理和宗

1　参见克尔凯郭尔：《爱的作为》，第349页；S. Kierkegaard, *Søren Kierkegaards Samlede Værker*, Bind 12, p. 312。京不特将"Barmhjertighed"译为"慈悲"。

2　参见Th. W. Adorno, "On Kierkegaard's Doctrine of Love", *Zeitschrift für Sozialforschung* vol. 8, no. 3, 1939, pp. 413–429。

教三阶段说具有黑格尔式辩证法的结构，但却失之简单，从而造成克尔凯郭尔的布道词成为"令人厌倦和不愉快的阅读"。根据本文第一部分的分析，克尔凯郭尔的哲学生涯始自对黑格尔及其所代表的思辨哲学传统的批判。虽然他采用的仍然是思辨哲学体系的概念，如"现实""生存""辩证法"等，但他展开的却是这些概念的新的可能性。从他的首部假名著作的标题《非此即彼》即可看出，"非此即彼"这种曾为黑格尔所批判的传统逻辑学和旧形而上学的片面、独断的思维方式，在克尔凯郭尔打开的现实和生存世界中却表现为一个有效的选择原则。在这个意义上，阿多诺的批判失之偏颇，而把克尔凯郭尔定位为"后黑格尔时代的哲学家"更为准确。至于称克尔凯郭尔为"狡黠的神学家"，原因或可归诸阿多诺生活的时代对克尔凯郭尔文本考察的欠缺。克尔凯郭尔始终坚称自己没有布道的权柄，因此他从不称自己的基督教写作为"布道词"，而是做了精心的命名设计，如"建设性讲演"（opbyggelige Taler）、"基督教讲演"（Christelige Taler），《爱的作为》则是"基督教的审思"（Christelige Overveielser）。阿多诺显然没有注意到这些区分，将克尔凯郭尔的基督教作品统称为"布道"（sermon），这在一定程度上错失了克尔凯郭尔站在可见的教会之外审视基督教的努力。

那么，什么是"基督教的审思"呢？在一篇题为《建设性讲演与审思的区别》的札记中，克尔凯郭尔做出了详细的解说："审思并未把概念规定性作为给定的和理解了的东西预设出来；因此它不应像去唤醒人、刺激人并且强化思想那样去感动、缓解、安

《爱的作为》中的"现实"和"内心性" | 281

慰和劝服。审思的瞬间当然是在行动之前，因而其关键在于令所有环节行动起来。审思应成为一只牛虻，因而其色调完全不同于建设性讲演。建设性讲演落在情绪之上，而审思则应在好的意义上不耐烦，怒气冲冲。反讽在此必不可少，喜剧性是一种更加意味深长的成分。当思想变得越来越清晰和尖锐的时候，人们甚至会不时发笑。一则关于爱的建设性讲演预设了人们在根本上知道何谓爱，如今它要为爱赢得那些人，去感动他们。而审思并非如此。因此，审思应该首先把人们从地窖中带上来，呼唤他们，借助真相的辩证法在其平庸的思想道路上来来回回地转化他们。"[1]

如此，作为审思，《爱的作为》并没有预设何谓爱，这一点克尔凯郭尔在前言中是点明了的。作为对爱的作为的审思，《爱的作为》的重心在于审思而非行动。这一点构成了《爱的作为》的反讽，也成为我们正确理解这部作品的关键。从阿多诺的批判来看，他显然没有把握住克尔凯郭尔赋予审思以及关于爱的审思的讨论的意义。尽管存在着对克尔凯郭尔整体认识上的偏差，阿多诺仍然敏锐地发现，克尔凯郭尔提倡的爱实际上是内心性，因此这种爱的原则是完全抽象的，且是一种无力的仁慈（impotent mercifulness）；他甚至批评克尔凯郭尔冷酷无情（callousness）。[2]同

1　S. Kierkegaard, *Søren Kierkegaards Skrifter*, Bind 20, 2003, p. 211.

2　阿多诺做出如此严厉的批判，或许是因为他读到了《爱的作为》中现世的救助与永恒所要求的仁慈之间的冲突。克尔凯郭尔在批评世界不理解永恒时这样说："'事实上，穷人、悲惨的人会死去，因此最重要的事情是得到救助。'不，永恒说，最重要的事情是，仁慈到以实践，或者，这帮助是仁慈的帮助。'给我们钱，给我们医院，这是最重要的！'不，永恒说，最重要的是仁慈。"参见克尔凯郭尔：《爱的作为》，第349页；S. Kierkegaard, *Søren Kierkegaards Samlede Værker*, Bind 12, pp. 312−313。

理，在阿多诺看来，克尔凯郭尔提倡的基督教平等观也是一种虚构的内心性原则，克尔凯郭尔并未触及世俗的不公正和不平等。阿多诺的批判切中了《爱的作为》的基督教人本主义思想底色。只是，阿多诺站在社会批判的立场之上，他对基督教爱的诫命和克尔凯郭尔倡导的信仰的内心性原则毫无同情，因而他的批判是从外部做出的。[1]事实上，在批判克尔凯郭尔爱的原则的空洞抽象和软弱无力之时，阿多诺已经注意到了"邻人"概念的现代困境——传统意义上的邻人伴随着城市化进程已不复存在。或许正因为如此，阿多诺才希望能有一个切实可行的社会改造方案替代空洞的"邻人之爱"，但他却忽略了把"邻人之爱"归诸内心性/真挚性的克尔凯郭尔方案的意义，忽略了克尔凯郭尔在世俗之风日盛的19世纪为基督教信仰寻找合理位置的努力的意义。

克尔凯郭尔本人是见证了欧洲城市化进程的加快以及由此带来的社会生活的世俗化的。但克尔凯郭尔眼中的世俗化不在于人们不再信基督教，这不是他担心的问题。相反，他所担心的世俗化恰恰是基督教世界在19世纪的大获全胜，他担心教众甚至是教会以不恰当的方式信基督教或者为基督教辩护。在这个过程中，人们有意无意地把一些原本并不属于基督教的东西硬塞给它，把

---

1 阿多诺认为，克尔凯郭尔没有意识到"内心性"可能导致的"魔性后果"（demonic consequence），即把世界交给了恶魔。但实际上，克尔凯郭尔对此是有所意识的，他在1843年出版的《畏惧与颤栗》以及生前未出版的《阿德勒之书》中都讨论过这个问题。虽然克尔凯郭尔无法给出一个完整的回答，但其借助理性分辨真假信仰的思路是明确的。

《爱的作为》中的"现实"和"内心性" | 283

信仰变成迷信、盲信，变成人们获取世俗成功的手段。正是在这个意义上，克尔凯郭尔在《哲学片断》中提醒信仰与哲学的"错误联姻"，在《附言》中提出要使成为基督徒变得难起来。如何使成为基督徒变得难起来呢？首先是树立神的绝对地位，强调神、人之间的绝对差别，警惕一切人事对神事的干预。其次是在精神层面上回归《新约》的教导（注意，是领会《新约》的精神，不是按字面意思理解《新约》的训诫，后者恰恰是迷信和盲信的来源之一）。假名写作时期的克尔凯郭尔提出的个体双重生存的论调，就是对"该撒的物当归给该撒，神的物当归给神"（《马太福音》22:21）的教导的呼应。此后，克尔凯郭尔更是一步一步地把信仰推向了人的内心性——从《附言》中所说的"上帝永远无法企及，上帝是主体，因此上帝只为主体性存在于内心性之中"[1]，到《爱的作为》明确地把基督教定为内心性，把爱定为良心之事（samvittigheden Sag）。克尔凯郭尔说："基督教把人与人之间的每一重关系都转化成了良心之事，爱亦然。"[2] 于是，爱的意向就与爱的行动同等重要。

我们看，克尔凯郭尔在这里遵循的就是《新约》精神，因为耶稣实际上就非常重视内心性。在福音书中，耶稣告诫人们：施舍的时候"不可在你前面吹号""不要叫左手知道右手所作的"；祷告的时候，"要进你的内屋，关上门"（《马太福音》6:2-6）。

---

[1] 克尔凯郭尔：《最后的、非科学性的附言》，第162页。

[2] 克尔凯郭尔：《爱的作为》，第148—149页；S. Kierkegaard, *Søren Kierkegaards Samlede Værker*, Bind 12, p. 135.

在福音书的另一处，耶稣把往银库中投入两个小钱的穷寡妇看得比众人投入得更多，说明耶稣重视爱的意向。[1]在现代社会，该撒的物和神的物的界限比基督教诞生之时更加分明，信仰不能替代人们在现世生活中应尽的义务，亦不能干预现世生活的规则，对此克尔凯郭尔当有充分的意识。在这种情况下，如果一个人仍要坚持信仰，只能把信仰转化成内心性，受克尔凯郭尔影响的蒂利希的"终极关怀"也是同一种思路。克尔凯郭尔把耶稣提出的"关起门祷告"和"爱你的邻人"的教导糅合在一起指出，"你为了祷告上帝而关起的那扇门，在你打开它走出去的时候，你遇到的第一个人就是你应当去爱的邻人"[2]。基督教关乎人的内心，它只能改变人的内在，净化个体的心灵空间。这一点难道不是基督教在现代世俗社会应有的恰当功能吗？

阿多诺对克尔凯郭尔的外部批判颇有杀伤力。阿多诺说，冗长是克尔凯郭尔所有作品的危险；还说，克尔凯郭尔的宗教作品之冗长达到令人痛苦的顶点。但《爱的作为》中的"冗长"不正是克尔凯郭尔所希望的"把人们从地窖中带上来，呼唤他们，借助真相的辩证法在其平庸的思想道路上来来回回地转化他们"吗？"同类相知。只有身处爱之中的人才能认识爱，正如他的爱

1　参见《马可福音》12:41-44及《路加福音》21:1-4。克尔凯郭尔在日记JJ:348中抄录了这个福音故事，只是他把"两个小钱"写成了"三个小钱"。参见克尔凯郭尔：《克尔凯郭尔日记选（1842—1846）》，第146页。

2　克尔凯郭尔：《爱的作为》，第55页；S. Kierkegaard, *Søren Kierkegaards Samlede Værker*, Bind 12, p. 56.

以同样的方式被认识。"[1]克尔凯郭尔如是说。在阅读克尔凯郭尔的时候，我们希望有来自内部的、同情式的批评，以免错失克尔凯郭尔写作所开显出的精神深度。

（原载《世界宗教研究》2022年第5期）

---

[1] 克尔凯郭尔:《爱的作为》，第11页；S. Kierkegaard, *Søren Kierkegaards Samlede Værker*, Bind 12, p. 22.

第三辑
克尔凯郭尔研究剪影

克尔凯郭尔研究中心旧址

克尔凯郭尔研究在丹麦

1999年8月，我以"克尔凯郭尔的审美生活境界及其相关问题"的课题，获得了在哥本哈根大学克尔凯郭尔研究中心（Søren Kierkegaard Research Center，简称SKC）从事博士后研究工作的机会。从此，我进入了丹麦人研究克尔凯郭尔的世界，在那座古典风格的白色小楼里度过了两个春秋。

克尔凯郭尔研究中心成立于1994年，它隶属于哥本哈根大学神学系，但因获得丹麦国家基金会资助，在资助期内暂时作为相对独立的单位存在。中心位于哥本哈根拉丁区一条幽静的街道上，街的两端分别矗立着哥本哈根的两座标志性建筑：全市唯一的大教堂圣母教堂（Vor Frue Kirke）以及哥本哈根大学在中世纪时用作天文学观测和藏书库的圆塔（Round Tower）。不仅如此，中心所在的四层小楼亦是哥本哈根的历史文化遗产之一，它始建于1829年，曾是克尔凯郭尔同时代的丹麦著名律师、短篇小说作家以及词作家彼得·法伯（Peter Faber）的故宅。克尔凯郭尔生活的19世纪上半叶是丹麦经济、政治危机重重但文学艺术事业却得到长足发展的"黄金时代"，当时的哥本哈根市民在圆塔周围常可见到几乎所有的文化名流，包括克尔凯郭尔和安徒生。今天的哥本哈根的城区规模和格局基本保留着"黄金时代"的城市景象，漫步在哥本哈根街头，就好像进入了一座巨大的露天历史博物馆，其中的每一座房子都像是博物馆的一扇窗户，每一扇窗户背后又凝聚着一段早已逝去的生活和历史。

　　我几乎倾向于认为，克尔凯郭尔研究中心选择建在这么一个充满历史感的地方并非偶然。可以毫不夸张地说，哥本哈根是克尔凯郭尔的城市。这不仅是因为他出生、成长并且生活在这里，而且还因为他的生存方式（思考和写作）与这座城市有着不可分割的关联。克尔凯郭尔是一个"活在大街上的人物"，除了闭门写作外，他白天经常在市区的大街小巷漫步或者与他遇到的熟人聊天。作为一个生活在自己的思想世界中的孤独的思想家，一个与周围的世界和时代格格不入的"单一者"，漫步街头，一边继续沉浸在思考的世界中，一边观察芸芸众生的行为几乎成了他与现实人生接触的唯一途径。换言之，哥本哈根与克尔凯郭尔之间的关系并不仅仅涉及一个历史的维度。克尔凯郭尔属于那类你读了他的作品就忍不住想了解作品背后的人的作者，只是他有意地不让读者抓住作品背后的"真实的"作者形象。他常常不使用真名，故不同作品之间的观点经常相互冲突或矛盾。他所钟爱的"中国盒子"现象在其写作中随处可见：作品套作品，一个作者评论另一个作者。最终人们几乎无法搞清，究竟哪一种声音代表着真正的克尔凯郭尔。从各个方面看，他的生活和写作对于他同时代的以及今天的读者来说都构成了谜，构成了一种诱惑。因此毫不奇怪的是，克尔凯郭尔研究在经过了一段因存在主义思潮的相对冷却而带来的沉寂局面之后，又随着后现代主义思潮而再度兴起。他对体系的破除，对作者话语权威的打破，以及其文本的开放性，都使人们自然而然地把他的写作方式看成一种对传统意义上作者的"写"的权威的解构。后现代主义的阅读和在基督教神学框架下的阅读共同成为当今国际克尔凯郭尔研究领域的两大主流，尽管这两类学者相互敌视。而对于丹麦学者而言，发掘出一个"历史的"而非"真实的"克尔凯郭尔形象成了他们的目标和使命。更重要的是，对克尔凯郭尔思想的历史主义研究也吸引了不少国际学者的关注，而成为克尔凯郭尔研究领域中的第三大主流。

从克尔凯郭尔研究中心正在整理出版的学术版《克尔凯郭尔文集》（*Søren Kierkegaards Skrifter*）的工作中，我们可以看到丹麦学者对于"历史的"克尔凯郭尔的兴趣和关注。克尔凯郭尔的作品可以分为两大部分，一是他生前自费出版的作品，包括化名、假名作品以及他签署真名的作品。二是他去世后才为人所知的大量日记、笔记和文牍，包括观察手记、对各类问题的分析和思考、发表或未发表作品的提纲、讲演或听课笔记，当然还有大量关于他个人的生活细节的材料。目前，克尔凯郭尔生前发表的作品共有三个文集版本（它们都叫*Samlede Værker*）。第一版出现于1901—1906年间，由三位语言学家达赫曼（A. B. Drachmann）、海伯格（J. L. Heiberg）和朗格（H. O. Lange）以克尔凯郭尔生前出版作品的第二版为依据进行编纂，共14卷。这三位古典语言学家似乎更倾向于"合乎规范"的文本，所以当面对克尔凯郭尔这位不喜循规蹈矩的作家以惊人的速度写就的文字时，他们忍不住对语法、标点、字体等进行过修改。第二版出现在1920—1936年间，由同一批编纂者在第一版的基础上根据克尔凯郭尔的手稿做了修订，并辅之以索引，共15卷。为了凸显其学术性，这一版全部采用哥特体印刷。遗憾的是，它并不怎么为今天的学者所青睐。1962—1964年间，一个叫彼得·罗得（Peter P. Rohde）的人在第一版的基础上推出了一套20卷的平装小开本文集，为的是使克尔凯郭尔的著作更为大众化。这一版至今仍能在哥本哈根的旧书店买到，我在回国前也购买了一套作为纪念。遗憾的是，据中心的丹麦同事说，这一版打印错误较多。在新版文集尚未完全面世的情况下，这些旧版本仍是研究克尔凯郭尔的学者们的重要参考依据。

与以前的文集相比，新版文集将成为迄今为止收录克尔凯郭尔作品最多、最全的文集。文集计划出版55卷，其中文本28卷、集释27卷，将于2009年完成（最终于2012年完成出版）。对于克尔凯郭尔生前发表的作品，新版文集将以第一版为原始依据，同时参考手稿进行修订，对那些与正统丹麦语用法不甚相符的地方亦不做改动，所有这些差异将在集释卷中得到体现。出版一本与文本匹配的集释卷的初衷，在于既为研究和翻译提供帮助，而又不让编者和专家学者的意见干扰读者的阅读。这一点已成为新版文集的又一大特色。克尔凯郭尔的遣词造句有自己的风格，其"怪"令其本国人也深感头痛。尤其是，从克尔凯郭尔生活的时代到今天，丹麦语这种虽只有550万人口使用的语言却经历了很大的变化，以至于有一次我竟然听一个年轻人在丹麦国家电台的文化节目中说，读克尔凯郭尔的原文还不如看英文来得容易。因此，解释文本中的语言点并且指明它们与现代丹麦语之间的差异，即使对丹麦读者来说也是有意义的。不仅如此，克尔凯郭尔的行文中还夹杂有大量的拉丁文、希腊文和德文，这些都给阅读造成了一定的困难。除了解决语言难点的任务之外，研究者们还负责对原文中的引文、所提及的人物及其思想观点或作品进行标注，为克尔凯郭尔可能影射的人物或思想的来源提供参考和解说，其中重点落在了克尔凯郭尔所涉及的同时代丹麦学者的观点和著作，以及当时丹麦学术界所讨论的问题等历史背景之上，以尽可能地将克尔凯郭尔"还原"到其生活的时代之中。

新版文集最为重要的部分在于对克尔凯郭尔生前未发表的大量文牍的整理。当克尔凯郭尔的外甥亨利克·隆德（Henrik Lund）首次发现这些文稿时，它们实际上是写在64个以不同的标签区分开来的不同颜色的日记本和笔记本上的。但是，以前的编纂者们在处理这部分文稿时却犯了一些今人不能原谅的错误。一个严重的错误是，他们为了贯彻根据年代顺序编排文稿的原则，不惜将这些原本可能并不同质的文稿从不同的笔记本中抽取出来放置在一起；而对于那些并没有标注出时间的文稿，编纂者们则根据自己的理解对其年代做出判断。另一个严重的错误是，克尔凯郭尔在记日记和笔记的时候喜欢将一页纸分作两部分，正文部分写在纸的正中央，而两边的空白处被用来做补充或更改。编纂者们没有保留这种分别，硬把正文和页边注放置在一起，不难想象这中间需要他们做出多少"决断"。此外，文稿的编纂者们还依据文本内容强行为它们贴上诸如"神学的""哲学的"和"美学的"之类的标签。总之，读者看到的并不是克尔凯郭尔遗留文稿的原貌，而是编纂者们所给予我们的一个形象。更有甚者，受克尔凯郭尔的长兄P. C. 克尔凯郭尔之托，一位名叫汉斯·巴福（Hans Barford）的报纸编辑负责处理这部分文稿，他于1869—1877年间出版了3卷。但是，巴福没有受过语言学训练。他不仅对文稿进行了大量的筛选，而且还直接在手稿上更改标点和句子，删除或者重组某些段落。然后，他把经他"手术"后的文稿直接交付出版商，有一部分原稿出版后被出版商弃置。针对以上错误，新版文集将利用现代科技手段辨认克尔凯郭尔的手迹，剔除原编纂者的主观印迹，并且从内容编排到版式设计方面都尽最大可能地还原克尔凯郭尔写作的原貌，比如说保留正文和页边注的区分等。中心负责人尼尔斯·扬·凯普伦教授认为，对这一部分文牍的重新整理有可能会引发一场克尔凯郭尔研究的"革命"。

除了整理出版一套新版文集外，克尔凯郭尔研究中心还以促进和深化国际克尔凯郭尔研究为己任。对克尔凯郭尔的研究在他去世后就出现在丹麦、德国和法国，后因深受其思想影响的存在主义神学家保罗·蒂利希移民美国而使对他的教学和研究在美国各大学的神学系扎下了根。1989年东欧政局变化后，俄罗斯、罗马尼亚、保加利亚、匈牙利等国的学者对克尔凯郭尔表现出了极大的热情，对他的教学、研究和翻译在一定程度上对世界的克尔凯郭尔研究起了推波助澜的作用。目前在全世界的范围内，共有20多个国家设有专门的克尔凯郭尔研究会，在亚洲有日本和韩国。而新版文集的出版无疑又会为这一研究领域注入新的活力。以新版文集为蓝本的翻译项目现已有5个，克尔凯郭尔生前未发表的文牍将被完整地译为英文、德文和法文，西班牙文和中文的翻译项目则将根据具体国情选译出包括发表和未发表作品在内的10卷。克尔凯郭尔研究中心的学术气氛十分浓厚，因为每年都有一批来自世界各地（主要是欧洲和美国）的学者来做学术访问。有趣的是，作为在中心正式工作的唯一的亚洲学者，我在丹麦的两年中几乎成了中心国际克尔凯郭尔研究的"形象代言人"，竟然接受过几次媒体采访。相信随着中文版《克尔凯郭尔文集》的翻译和出版，会有越来越多的中国学者加入国际克尔凯郭尔研究的行列，让更多的人听到来自中国的声音。

（原载《中国哲学年鉴2002》）

《论反讽概念》：走进克尔凯郭尔思想的门径

　　汉译克尔凯郭尔的《论反讽概念》终于出版了！它虽然不是国内出版的第一本直接从丹麦文翻译的克尔凯郭尔作品，但却是一个中丹合作的系统的克尔凯郭尔作品翻译计划（10卷本《克尔凯郭尔文集》）中的首部作品。

　　克尔凯郭尔是丹麦著名的作家、哲学家和宗教思想家。他从未担任公职，终生靠遗产生活，所有作品一律自费出版，以目前世界上仅550万人使用的丹麦语写作。这样的一位生活在19世纪欧洲主流文化边缘地带的自由撰稿人似乎不具备成为举世瞩目的人物的客观条件。但是在国际范围内，克尔凯郭尔研究却是一门显学。他的虔诚、他与丹麦国教会之间的冲突和斗争使得基督教神学界一直不敢放松对他的研究；他凭借着对"生存"和"个体"概念的开发而被誉为"存在主义先驱"；而今天，他所采取的反讽和假名写作的策略又使解构主义者们两眼发亮，认为他提供了一个堪与德里达的"无权威的阅读"相媲美的"无权威的写作"的范例。克尔凯郭尔是个高产作家，面对他多达28卷的著述（包括死后整理发表的日记、笔记），我们如何才能找到一个步入他的思想世界的门径呢？《论反讽概念》就是一个可能。

《论反讽概念》写于1841年，它并不是克尔凯郭尔发表的第一部作品，但却是他一生当中唯一一部"有求于人"的作品——他想以此申请哥本哈根大学哲学系的博士学位。这个目标决定了此文相对而言不可能是"纯粹"的自由创作，因为它必须顾及基本的学术标准和规范。

《论反讽概念》共分为两部分：上篇"苏格拉底的立场，理解为反讽"，克尔凯郭尔以历史的态度详细阐明了苏格拉底与"反讽"概念的联结；下篇"论反讽概念"是对"反讽"概念本身的直接讨论，其中着重批判性地讨论了德国浪漫主义作家弗·施雷格尔、蒂克和佐尔格的反讽立场。稍有学术背景的读者不难看出，作为一篇学位论文，《论反讽概念》存在着较为明显的缺点。全书整体结构自由而松散，上篇用200页的篇幅讨论苏格拉底，而下篇则仅用了80多页来讨论"反讽"概念，悬殊的篇幅差别有碍整体的平衡。另外，本书文风奇特多变，那种典型的克尔凯郭尔式的抒情的、讽刺的、嘲弄的口吻在这本书中已经基本成形——这些似乎并不符合一篇学位论文的要求，克尔凯郭尔的论文评阅者们都不约而同地指出了这一点。但可能是因为克尔凯郭尔对古今文学、哲学以及美学思想的广泛涉猎和研究，更可能是因为该书所体现出的"活跃的才智和新鲜的思想"，克尔凯郭尔最终如愿以偿地获得了哲学博士学位。这部作品虽然还不够"成熟"，但它至少可以为我们从整体上把握克尔凯郭尔思想提供三条重要线索。

首先，该书比较鲜明地反映了青年克尔凯郭尔所受的黑格尔哲学的影响，从而历史性地展示了其思想发展历程。书中除了有不少直接引述黑格尔作品的文字外，在讨论苏格拉底的反讽立场的时候，克尔凯郭尔还使用了黑格尔逻辑学中出现的"可能化""现实化"和"必然化"范畴。在比较苏格拉底与浪漫主义者的时候，克尔凯郭尔几乎全盘接受了黑格尔的观点。他把苏格拉底的反讽理解为严肃的、在世界历史意义上必然的；而浪漫主义者的反讽则在充满深层道德关怀的同时饱受虚无主义的侵蚀，最终沦为一种"精致的游戏"。此外，克尔凯郭尔还接受了黑格尔对苏格拉底的批评，认为苏格拉底轻视整体，否定国家，在他的身上"随意地自己规定自己"的主观性起了决定作用。[1]1850年，早已成为黑格尔的激烈批判者的克尔凯郭尔回顾了自己在学位论文中所做的上述批判。他在日记中写道："我当时真是个愚蠢的黑格尔主义者！"其悔恨之情溢于言表。

其次，虽然受到了黑格尔哲学的影响，但是《论反讽概念》已经预示了克尔凯郭尔在未来可能取得的成就。克尔凯郭尔思想的新鲜之处并不在于他想去解决什么学术问题，因为无论是哲学系教授还是克尔凯郭尔本人都清楚地知道，试图把"反讽"置于概念的框架之中的做法本身就是一种反讽，而且就像要描摹头戴隐身帽的小妖精一样毫无可能。[2]在决定以"反讽"为题撰写博士

---

1 参见克尔凯郭尔：《论反讽概念》，汤晨溪译，中国社会科学出版社，2005年，第200页。

2 参见同上书，第6页。

学位论文之前，克尔凯郭尔还曾考虑过"讽刺"和"自杀"这两个同样非同寻常的题目。明知其不可为而为之，这充分表明了青年克尔凯郭尔的目标不在于得学位和做课题，而是直接关注他的"生活的计划"，关注他一直努力寻求的"只为我而在的真理"。克尔凯郭尔把大部分的论文篇幅都给了苏格拉底，就是因为他一直把苏格拉底视为自己思想和行动的楷模。

最后，"反讽"是克尔凯郭尔独特的写作策略之一，对它的把握能够帮助我们摆脱在阅读克尔凯郭尔之时常常会出现的那种若有所失、不得要害的困境。尤其是，他看重只提出问题但却永远不给出最后答案的苏格拉底式的反讽立场。这不仅把他与19世纪的体系化的思辨哲学区分了开来，而且还把他与后现代主义立场联结了起来，因为他几乎宣告了"作者的死亡"，解构了传统意义上作为一名作者所拥有的权威。不过，历来以苏格拉底为楷模的克尔凯郭尔无论如何也想不到，有朝一日他的立场会与后现代联系起来。这一点多少有些反讽的意味。

《论反讽概念》一书中有大段的黑格尔和德国浪漫主义作家的著作引文，所幸译者汤晨溪先生执教芝加哥大学德语系多年，其研究专长就是德国浪漫主义，因此译起来得心应手。作为以外语思考、写作的海外华人学者，汤兄能够以娴熟而不失典雅的汉语传译出克尔凯郭尔文字的精彩之处，可以想见他曾为此付出的劳作。愿这份辛劳能够换得更多的人对克尔凯郭尔思想的关注。

（原载《中华读书报》2006年）

跨越时空的心灵碰撞
——读《反理性主义的意义：
庄子和克尔凯郭尔的宗教思想》

　　庄子与克尔凯郭尔，他们之间何以会有，又有着怎样的关系呢？我面前的这本英文著作《反理性主义的意义：庄子和克尔凯郭尔的宗教思想》[1]就在"反理性主义"的旗帜之下，让生活在人类历史的轴心时代的中国思想家庄子与19世纪的丹麦宗教思想家克尔凯郭尔相遇了。早在1989年，上海社会科学院哲学所的翁绍军先生就曾对庄子和克尔凯郭尔进行了比较，指出东西方在非理性主义方面有着相通之处。[2] 不过，无论从篇幅还是从内容上看，那都只是一则建立在直接的阅读感受和类比基础之上的随

1　K. L. Carr & Ph. J. Ivanhoe, *The Sense of Antirationalism: The Religious Thought of Zhuangzi and Kierkegaard*, Seven Bridges Press, 2000.

2　参见翁绍军：《人的存在——"存在主义之父"克尔凯戈尔述评》，文化艺术出版社，1989年，第215—232页。

感。而我面前的这本书则是作为比较宗教学的课题由两位美国学者通力合作完成，他们一位是汉学家菲利普·艾文贺（Philip J. Ivanhoe），另一位是克尔凯郭尔专家卡伦·卡（Karen L. Carr）。作为一个以汉语思想为背景从事克尔凯郭尔研究的中国学者，我认为这本书在帮助我们理解庄子和克尔凯郭尔各自的思想特征及其深层的文化和心理差异方面显示出了比较研究的优势，但同时也暴露出了作为一门学科的比较宗教学所存在的问题。

为什么要选择庄子和克尔凯郭尔作为比较研究的对象？本书的作者根据比较宗教学的原理对这一问题做出了解释。作者指出，为了使比较宗教学的优势得到最大限度的发挥，被比较对象必须同时具备两个条件：既具有足够的相似之处，又必须在深层具有明显的差异。[1]没有前者，则跨传统之间的对话和沟通无法进行；而缺乏后者，则比较工作毫无意义，并且还会使我们错误地认为所有的宗教传统大致相同。在这个方法论前提之下，他们在庄子和克尔凯郭尔之间发现了一定的可比性：他们是时代的激烈批判者；他们采取的是反理性主义的立场；他们以故事和比喻作为哲学和宗教思想的载体。[2]

一方面，庄子和克尔凯郭尔都承认真正的知识（真理）之于个体的至上意义，因此他们不满于其所身处时代的主流文化。像庄子就批判儒家、墨家和名家的思想，认为这些学说或者因其对

---

1 参见 K. L. Carr & Ph. J. Ivanhoe, *The Sense of Antirationalism*, p. xiii。

2 分别参见《反理性主义的意义》的第一章"历史背景"、第二章"反理性主义"和第四章"哲学风格"。其中，每一章都分为"庄子""克尔凯郭尔"和"结语"三个部分。

旧礼制的极度推崇，或者因其对客观理性的极端追求，而败坏了人的自然天性。在他所提倡的道家视域之下，传统势力和客观理性的作用应该受到一定的限制，以便使人能够倾听到天道的声音。而克尔凯郭尔面对的是理性主义思想方式对社会生活的各个层面尤其是伦理—宗教层面的渗透的局面，他深感理性主义的泛滥抽空了个体存在的深度，并且把个体与上帝之间原本应该具有的带有灵魂拷问性质的关系淡化为如同人们吃饭、睡觉一样自然而简单的事情。为此，他把批判的矛头指向了以客观思想为主旨的黑格尔主义哲学，以及深受这种思想影响的丹麦国教会，希望能够唤醒个体对伦理—宗教生活所具有的个体的、主体的意义的重新领悟。

另一方面，庄子和克尔凯郭尔的思想立场都是反理性主义的。这里有必要就"anti-rationalism"和"ir-rationalism"这两个术语之间的区分做一点阐发。从语词构成的角度出发，"anti-"具有"opposed"和"against"的意思，对应于汉语的"反""反对"；而"ir-"则有"not"的意思，对应于汉语的"非""无"。可能是受巴雷特那本著名的《非理性的人》影响的缘故[1]，学界常常用"非理性主义"来概括存在主义哲学包括克尔凯郭尔哲学的思想立场。但是本书作者却明确地指出，庄子和克尔凯郭尔的立场不是"非理性"的，而是"反理性"的。根据作者的界定，所谓

---

1 参见威廉·巴雷特：《非理性的人：存在主义哲学研究》，段德智译，上海译文出版社，1992年。

"非理性主义"指的是对与自己的价值和意愿相冲突的事实的有依据的（principled）排斥，这种立场允许人们按照自己的意愿来看待客观事物。[1]如此一来，西方的浪漫派就是典型的非理性主义。然而，"反理性主义不是一种反对理性或者与理性不相谐调的观点。毋宁说，它是对理性主义的一种有依据的反对。理性主义在这里被视为一种或者一组观点，它们认为理性在获得真正的知识方面优越于其他方式。其最为强烈的形式认为，唯有理性才能引导我们步入真正的信仰"[2]。这里的意思很清楚，反理性主义是对理性主义立场的反对（anti-rationalism），而不是反对理性本身的主义（anti-ration-[al]ism）。反理性主义不反对理性之于人类认识的作用和价值，它所反对的只是对理性不加限制的运用，反对的是仅把理性视为通达人生真谛的至上途径的观点。不仅如此，在事关人生的目标和终极意义之类的问题时，反理性主义者不仅不把希望寄托于抽象的、冷冰冰的理性推理之上，而且他们还相信，对于理性的过分信任有可能妨碍我们按照事物的本真面目来看待事物。作者认为，在寻求人生真谛的问题上，反理性主义者更相信"另类的智慧源泉"（alternative sources of wisdom）[3]，这个"另类"显然是指与西方科学思维并立而生的宗教思维方式。具体言之，庄子的人生至境就是与自然和谐相处、和合同一。为了达到这个目的，我们所要依靠的不是理性推理和客观知识，而是人的

1　参见K. L. Carr & Ph. J. Ivanhoe, *The Sense of Antirationalism*, p. 32。

2　Ibid., p. 31.

3　参见ibid。

直觉和自然倾向。在庄子眼中，理性似乎无法把握我们力求与之和谐共处的有机自然体所具有的多样性和细微差别，而且抽象、无个性的反思和推理还有可能导致思维的僵化，使人不能用一种开放的灵活态度来看待我们周围的世界和具体的生活境遇。

如果说用"反理性主义"这一彻底的西方式概念思维的产物来概括庄子的思想立场多少显得有些生硬和隔阂，那么，用它来描述克尔凯郭尔的思想立场却是再合适不过了，因为克尔凯郭尔毕生都在致力于肃清理性主义思想的泛滥对于个体的伦理—宗教生活所造成的负面影响。克尔凯郭尔本人从未反对和否定过理性的作用，事实上，他在思考方式和写作风格上都曾受到理性主义哲学的深刻影响。克尔凯郭尔的"心病"在于理性和理性主义思想方式对基督教信仰领域的威胁和侵犯。理性主义的发展不仅会从根本上消解"原罪"的观念，而且还会使人产生一种错觉，使人误以为自己有能力认识上帝，也能够依靠自己的力量获得拯救。基督教发展史告诉我们，理性在基督教的确立和传播过程中起到过非常重要的作用，基督教信仰从一开始就在努力寻求理性的支持；倘若没有这一点，信仰的普泛化就会成为问题。只是，克尔凯郭尔并不关心基督教如何获得更多人的认同的问题，相反，他十分反感这种批量"生产"基督徒并且由此构建所谓"基督教世界"的做法。在他看来，伦理—宗教的事项只能是个体性的，它非但不需要普遍力量的支撑，不需要理性论证和推理的帮助，相反，理性论证和普遍力量还会从根本上削弱信仰的力度。为此，克尔凯郭尔创造了一种较之于西方19世纪高度专业化和技术化的思辨哲学传统而言的"另类"的哲学风格：他用打比方和讲故事的形式替代了理性主义哲学的概念推理和逻辑分析；他利用假名作者和反讽的手法替代了传统写作中的那种全知全能的"上帝之眼"的视角。他的写作只是使诸种彼此不同甚至对立的意见自己显现出来，而他却并不为读者提供问题的最终答案。不难看出，这种另类写作方式与庄子的写作方式之间有着相似相通之处。所不同之处在于，克尔凯郭尔有明确的针对性，他是有意识地将反理性主义的立场贯彻到底；而对处于人类思维原创期的庄子而言，采用这种更为诗化的写作方式似乎更自然、更合理。

如果说庄子和克尔凯郭尔在时代背景、思想立场和写作风格上有着既可比拟又有所不同的关系的话，那么在本书题为"拯救之路"的第三章中，两位思想家在文化背景、民族心理方面所具有的根本差异得到了彻底而鲜明的显现。根据作者的思路，庄子和克尔凯郭尔都认为其同时代人中的多数处于一种精神的堕落状态。作为反理性主义者，他们认为个体的信仰并不关乎人们应该知道或相信"什么"，而关乎个体"怎样"达至拯救。在这个意义上，庄子和克尔凯郭尔的思想为人们提供了某种精神治疗（spiritual therapy），这种治疗的焦点集中在向人本身、向人的真实自我的回归之上。[1] 庄子的真实自我是自然主义的（naturalistic）。[2] 庄子绝对信赖人在前反思状态下的直觉（prerational intuition）和

1　参见 K. L. Carr & Ph. J. Ivanhoe, *The Sense of Antirationalism*, pp. 55, 88, 92。

2　参见 ibid., p. 89。

人的自然天性，相信我们身处其中的自然界。在这个信念的支撑之下，他否定了儒家为我们安排的"君君，臣臣，父父，子子"的等级秩序，认为人应当在天地自然、道的无边无际的怀抱之中找到安身立命之所。与之不同的是，克尔凯郭尔的自我是由上帝塑造但却又受到罪的腐蚀的自我。因此，回归真实自我不是在创造自我，而是重新发现和寻找自我。人将重新发现自己是单独站立在上帝面前的有罪的个体。只有首先做到了这一点，个体才能最终通过上帝对罪的宽宥而回归真实自我，才能得到拯救。我们看，一边是庄子描述的与自然、道和谐共处的自我，另一边是克尔凯郭尔为基督教原罪思想所笼罩的自我；乐感文化和罪感文化之间的差异形成了强烈的对比。

与之相应的是，庄子的个体拯救之路呈现出一派平和、宁静的景象。在如何实现天地合一的人生至上理想的问题上，庄子提出了"虚静""无为"的途径，认为只有在一定程度上放弃自我、隐去一部分自我意识（"坐忘"），摆脱社会和人伦秩序加在真实自我之上的外壳，人才有可能聆听到自然的天籁之音，并且得以颐养天年。在庄子那里，没有神的恩典的位置，也没有那种旷野呼告的痛苦和坚执，因为人的行动只是对既在我们内心又在我们身处的世界之中的道的一种直接而自然的表达。与之形成鲜明对比的是，克尔凯郭尔的个体拯救之路充满了张力、激情、忧惧不安和矛盾斗争，这斗争不仅贯穿于个体的整个人生，而且个体能否最终获得拯救还须得仰赖上帝的恩典。上帝的存在对于其自身而言是自明的，但是对于我们作为有限理智而在的人来说却是一种客观不确定性。我们永远也不可能看到、认识到上帝的全部面目，因而我们只能不断地去接近、上帝，去爱上帝，并且在爱中忏悔我们的罪。

但是这些还不够。我认为，庄子和克尔凯郭尔之间还有一个深刻差别，即他们对人的基本定位不同。这一点，很遗憾未被本书作者指出。庄子的人是自然的一部分，其最为理想的生存状态便是与天地自然和谐共处。而克尔凯郭尔的人则是作为个体、作为单一者直接面对上帝，其存在有着绝对的基础。克尔凯郭尔的思想复杂且矛盾：一方面，他是一个与启蒙思想的主旨相违背的神本主义者，他坚持"原罪说"和"上帝恩典说"这两个基督教的基本教义；另一方面，克尔凯郭尔又是一个基督教人本主义者，他从基督教上帝的唯一性、绝对性、至上性出发，为人作为个体的出场以及人与人之间的平等关系提供了一个绝对的基础。在他看来，上帝是绝对的、唯一的主体，因此只有当人也成为主体、个体、单一者的时候，他才有资格与上帝直面相对。只有作为主体的上帝是至上的存在，与之直面相对的个体之间的绝对平等才有可能，因为除了上帝之外，没有任何人、任何势力能够对个体构成权威。如此一来，在克尔凯郭尔那里，信仰就成了完全私人性的事业，它只是个体与上帝之间的一桩密谋。这个思想不仅极大地提升了个体的尊严和价值，而且还从根本上瓦解了作为组织制度的基督教的根基，瓦解了普遍化的宗教信仰的基础，把基督教解构成了一种"没有宗教的宗教"，这使他受到了后现代主义的重视。

在检索了本书的主要内容之后，我可以说，这项比较宗教学研究达到了自己的初始目的，即它极大地加深了我们对自身传统的认识，扩大了我们对其他传统的理解。但是对于比较宗教学的第三个目标，即在理解了自身和其他传统的前提下进一步理解普遍的宗教现象，本书却显得语焉不详，而这个目标其实才是全部宗教学研究的最终指向。[1]既然他们二人在关于个体拯救的问题上存在着如此根本的差异，我们就很难从庄子非神论的（non-theistic）"宗教"与克尔凯郭尔有神论的（theistic）基督教中归纳出宗教的普遍现象。这是因为作者功力尚浅，还是因为这一目标对于该课题的研究对象本身来说就是不可能实现的呢？

另外，本书的写作视角完全是西方式的，像"反理性主义"和"另类的智慧源泉"之类的说法显然带有西方思想的背景，虽然作者好像并无西方文化中心论的倾向。相反，他们承认，通过比较，他们认识到了宗教经验的多样性，并以此希望重新审视自己的生存方式。[2]问题是，以这样纯粹的西方视角来看待庄子，除了显得有些牵强之外，是否还会产生认识上的偏差呢？对此我无力做出判断。我想说的是，这种现象反映了作为一门学科的比较宗教学潜在的致命弱点，也就是这门学问在实际操作过程中的难度。试问，一个人在把握异域文化的过程中，如何才能避免无意识流露的文化优越感？人们又如何能够在有限的生命进程中同时

1　关于比较宗教学的三个目的，参见K. L. Carr & Ph. J. Ivanhoe, *The Sense of Antirationalism*, p. xii。

2　参见ibid., pp. 120–121。

从深层次把握至少两种博大精深的文化？如果做不到这些，所有的比较都将因其肤浅而显得无意义。对于这些疑问，本书的作者表示不愿深究，他们只是怀着对比较方法的高度信任尝试着以跨学科合作的方式来使比较变得更为可行。但是这一尝试或许做得还不够，因为相比于这样的一个主题，这本书的篇幅显得还太小（连同概念索引和参考书目一共才158页），很多方面似乎都展开得不够，至少对于克尔凯郭尔的部分来说是如此。作者曾指出，宗教学研究始于一种比较研究。其实，在知识交流变得十分便利的现代社会，任何好的阅读都应该是一种融会贯通的阅读，也都应该是在做着比较的工作。那么，专门谈比较研究似乎显得意义不是很大，至少在目前的情况下是如此。

（原载《哲学动态》2006年第3期）

谁有资格研究克尔凯郭尔？

谁有资格研究克尔凯郭尔？在我看来，这是一个伪问题。2008年8月，借第22届世界哲学大会在韩国首尔召开之际，韩国克尔凯郭尔研究会与首尔大学哲学系联合召开了题为"克尔凯郭尔对我们意味着什么"的特别会议，我有幸参加大会并做题为"作为基督教哲学家的克尔凯郭尔"的发言。正是在这次会议上，我从非基督徒的立场来研读克尔凯郭尔的合法性受到了韩国学者的普遍质疑，这在我个人的经历中尚属首次。我曾经听同事说起过，香港基督教思想界就有人对大陆学者不信基督教但却一本正经地从事基督教思想及哲学研究的行为颇为不忿，但我历来只是一笑置之，因为我相信，至少就克尔凯郭尔研究而言，我出自非基督教文化背景的非基督徒身份，应该能够为这一研究贡献出独特的声音。在会上，我曾为自己做过有力的"辩护"；不过坐在书桌前更冷静地思考这个问题的时候，觉得还是有话要说。

对于中国读者来说，我们走进克尔凯郭尔是因为存在主义哲学思潮。[1] 尽管在利科看来，"存在主义哲学"只是一个存在于哲学教科书中的有名无实的称谓，它既不为被划归在该阵营中的主要人物所认可，又缺少共同的信念和方法论，不过，包括克尔凯郭尔在内的人围绕"生存"所做的尽管有分歧的思考却是不容忽视的。尤其是克尔凯郭尔，他抛开了对"生存"的形而上学的讨论，借助高超的观察能力和丰富的想象力，直接从个体的生命体验和生活本身入手，把"生存"这个概念拉回到了人的生存、生活的层面之上，从而构成了对黑格尔的绝对哲学的有力一击。随着阅读的深入和拓展，尽管我们不得不承认，仅用"存在主义先驱"这样的称号来概括克尔凯郭尔有其不尽如人意之处，但我们总还是把他当成哲学家来看待的——尽管他是一个另类的哲学家，甚至是一个反（思辨）哲学的哲学家。而在英语世界，尤其是在美国，克尔凯郭尔研究是在神学系、神学院进行的。但近年来，在后现代主义思潮的影响之下，越来越多的哲学家开始重视克尔凯郭尔。究其原因，首先可能是由于克尔凯郭尔在美国的影响力是通过保罗·蒂利希的神学传播和树立起来的；其次，这可能是受到了第一位把克尔凯郭尔的著作译成英语的美国牧师沃尔特·劳瑞（Walter Lowrie）的基本态度的影响。劳瑞在退休后的

---

[1] 最早对克尔凯郭尔与存在主义哲学的关系的梳理，参见汝信为《西方著名哲学家评传》（侯鸿勋、郑涌编，山东人民出版社，1985年）第8卷所撰写的"克尔凯郭尔"一章。徐崇温主编的《存在主义哲学》（中国社会科学出版社，1986年）一书中亦有"克尔凯郭尔"一章，但其中存在不少事实性错误。

1936—1944年间，怀着对克尔凯郭尔的高度热爱翻译了包括《基督教讲演》在内的克尔凯郭尔的许多主要著作，并且著有克尔凯郭尔的传记两本。[1] 在他的传记当中，他一直视克尔凯郭尔为正统基督教信仰的卫道者。尤其是在评价克尔凯郭尔晚年与丹麦国教会的论战时，他更是浓墨重彩地将其描摹成一位"基督教的殉道士（Martyr）"，认为克尔凯郭尔反对基督教世界、反对丹麦国教会的态度其实是为基督徒树立了一个一般人难以企及的高标准。这个有些原教旨主义意味的态度在相当长的一段时间内成为英语世界的克尔凯郭尔研究的主基调。韩国学界对克尔凯郭尔的研究始于20世纪40年代，当时韩国的西方哲学研究者就有负笈留学的经历，这个传统一直保持到今天。如今韩国各大学的西方哲学教授、副教授清一色是"海归"博士，而韩国的克尔凯郭尔研究会的绝大多数成员也同时身为大学教授和虔诚的基督徒，他们差不多仍在遵循着劳瑞对克尔凯郭尔的基本看法。大会讨论中甚至有学者提出，他们研读克尔凯郭尔的初衷就是为了"成为一名更好的基督徒"，而这一点正是克尔凯郭尔写作的真正意图。对于作为个体的其他学者研读克尔凯郭尔的初衷以及他们个人精神寄托的走向，我无条件地表示尊重。这个说法其实也没有脱离克尔凯郭尔所树立的圭臬，因为他向来认为，信仰是且只能是个体选择的结果。但是反过来，在学术研究的层面上，我对把克尔凯郭尔

1　参见 W. Lowrie, *Kierkegaard*, Princeton University Press, 1938; *A Short Life of Kierkegaard*, Princeton University Press, 1942。

写作的真正意图（如果我们有能力确定存在着这么一个"真正意图"的话）仅仅确定为使人"成为一名更好的基督徒"却表示怀疑。这样的解读方式完全忽视了克尔凯郭尔作为一个创造性的作者/作家（Forfatter）的意义，忽视了他采用包括假名策略、反讽手法等在内的间接沟通的写作方式的意义，从而成为英国学者罗杰·普尔（Roger Poole）提出的在西方克尔凯郭尔研究界广为人知的"blunt reading"（即"直白的阅读"甚或"迟钝的阅读"）的典型例证。[1]虽然普尔在强调间接沟通的意义时走得太远了（他否认克尔凯郭尔的假名著作在向我们传达某种"意义"），不过，他所揭示出的照字面本义的解读和将阅读者自己的意图强加在克尔凯郭尔作品之上的解读在西方神学界却是真实存在的。

克尔凯郭尔对自己的定位是作者/作家。1848年，克尔凯郭尔在撰写《致死之疾病》和《基督教的训练》的同时，曾写作了《关于我的作家生涯的观点》一书，想以此作为对自己的写作生涯的总结和终结。该书于克尔凯郭尔去世后由他的兄长负责出版。在克尔凯郭尔生活的时代，一个拥有哥本哈根大学神学系博士学位的人面临两条出路：或者充当大学神学、哲学教授，或者在教会担任圣职。但是，克尔凯郭尔却靠着父亲留下的大笔遗产摆脱了这两条常规道路。除了曾经在日记中表达过想当一名乡村牧师的愿望之外，克尔凯郭尔根本没有动过从事一项职业的念头，而是终生过着自由写作、自费出书的作家生活。克尔凯郭尔

---

[1] 参见R. Poole, *Kierkegaard: The Indirect Communication*, Virginia University Press, 1993。

没有做到"自食其力"，但是这种生存状态恰恰是他所引以为自豪的，因为这样一来，他的写作既不用通过创新体系来谋取教授职位，也不用靠迎合读者趣味、争取销量的方式来换得更优厚的报酬。他所需考虑的只是如何完全独立地表达自己的思想，包括自由地展现他从生活中直接观察到的或者间接地通过思辨而认定的可能存在的他者的生存样态。克尔凯郭尔对19世纪专业化水准相当高的（思辨）哲学不感兴趣，对于那些"德国哲学教授"也是一有机会就讽刺挖苦，但是他本人却为其重要假名作者克利马克斯在《最后的、非科学性的附言》一书中所提出的主体思想家（subjective thinker）提供了完全的诠释：一个主体思想家直接对立于客观思想家（objective thinker），他首先应该清楚地意识到，自己是一个在生活之流中苦苦挣扎的大活人、一个凡人，他拥有任何一个凡人都具有的思想、情愫、欲望、矛盾、困惑。一个扎根于生存之中的主体思想家不以追求体系化的客观思想和对世界历史进程的把握为己任，而是努力探寻一个大活人在现世中"活着""活下去"的意义。因此，一个主体思想家的重点不在于"说什么"，而在于"怎样说"；不是去告诉他人什么才是生存的意义，而是要让他人自己去寻找这个意义。对于克尔凯郭尔来说，他的"怎样说"体现在他的间接沟通的思考和写作方式中。他从一个大活人／凡人的眼光和视角出发，通过揭示出具体的、生动活泼的、充满着"喧哗与骚动"的生存原生态，启迪我们为自己的生活选择一种意义。这样的作品注定只能是片断的，并且拥有与生存的多面性相一致的复调结构。因此，仅从一种固定的视角出发进行解读，甚至用读者自己的意图去揣测克尔凯郭尔的意图，这种武断的解读方式在错失间接沟通的意义的同时，也会使我们与克尔凯郭尔擦肩而过。

此外，克尔凯郭尔虽然一再宣称自己自始至终都是一个宗教作者，但他在基督教信仰的问题上不仅从未以正统自居，相反，他从一开始就表现出了强烈的反神学、反教会的倾向，而这种倾向为他在生命的晚期向丹麦国教会发起猛烈进攻埋下了伏笔。把克尔凯郭尔写作的真正意图定位于使人"成为一名更好的基督徒"，很可能来自克尔凯郭尔在《附言》中为自己设定的苏格拉底式的任务，即"使成为一名基督徒变得难起来"。问题是，克尔凯郭尔明确声明，这个目标不是为了劝那些非基督徒皈依基督教，他不是在传教，而是为了使那些已经是基督徒的人重新审视这一身份的意义。克尔凯郭尔生活时代的丹麦是一个标准的民族国家（nation state），新教路德宗已经成为丹麦国教而受到法律的保护，因此丹麦公民身份与基督徒身份是等同的[1]，信仰成了一种自然归化的过程。这种局面对于教会来说似乎代表着基督教的大获全胜，今天的基督徒不用再像使徒时代的基督徒那样蒙受屈辱和迫害。不过，在克尔凯郭尔眼中，这种量化的胜利所标识的其实是信仰的沦丧，因为信仰已经没有了激情，丧失了内心性，而成为人们日常生活中的一种点缀。除了将之归咎于思辨哲学对信

---

[1] 自17世纪初开始，就有富有的犹太人开始在丹麦生活，但是犹太人在以基督教为国教的丹麦始终是局外人。直到1814年3月29日（当时克尔凯郭尔还未满一岁），犹太人才获得"临时丹麦公民权"，1849年获得正式公民权后，他们才能从事自己的宗教活动。

仰的僭越之外，克尔凯郭尔认为教会的实践也应负很大的责任。首先，他认为，教会在其实践活动中传播了很多有关信仰的错误认识，其中最为滑稽的便是婴儿洗礼式：以一个根本不具备选择能力的婴儿的受洗作为他成为基督徒的标记，这简直就是精神性的彻底沦落。其次就是可悲的"会众/教众"（congregation）概念的出现。上帝作为唯一的、至上的存在者，他只能与单独的个体或者单一者建立关系。因此，"会众/教众"概念本身就是对人与上帝之间的关系的扭曲和误解，它只能引出批量"生产"基督徒的荒谬局面。总之，在克尔凯郭尔看来：基督教是精神；精神是内心性；内心性即主体性；主体性在本质上是激情，其最高点在于个体对于其永恒福祉的无限投入。[1] 由于强调精神性和内心性，克尔凯郭尔对中世纪的修道院之路持强烈的反对态度，认为一个真正的宗教个体看起来与一般人并无二致，他不自视高人一等，也不因为自己与上帝的关系而使自己显得特殊；他将完全沉浸在隐蔽的内心性之中，独自一人谦卑地面对上帝。一个真正的宗教个体，要么可以像《非此即彼》下卷中的伦理代言人威廉法官那样，只阅读《圣经》而不去教堂；要么他可以去参加外在的神圣活动，但这行为完全出自他个人的愿望、为了他个人的需要，而不是为了在他人眼中看起来像基督徒，甚至他都不应该去想象有这么一个他礼拜上帝的见证人的存在。从这个意义上说，做一个真正意义上的基督徒是困难的，其人生情致是痛苦的，因为他必

---

[1] 参见S. Kierkegaard, *Concluding Unscientific Postscript*, Part I, trans. H. V. Hong & E. H. Hong, Princeton University Press, 1992, pp. 33, 43, 57。

须承受生存的有限性与无限性这两极间的巨大张力。外在地，他看起来与他人完全一样，他兢兢业业地履行着作为（比如说）公务员、丈夫、父亲的各项职责；而在内心里，他一直清楚地知道，作为一个罪人，他在上帝面前一无所是。

在现实生活中，自长大成人后，克尔凯郭尔就很少去教堂，他甚至拒绝接受牧师举行的临终圣餐式。他认为自己是从"基督教的内里"出发来看待事物的，而国教会只是国家官僚体系的一部分，与基督教无关。我理解，这个"基督教的内里"就是《新约》，克尔凯郭尔在根本的方面是与之一致的。在《新约》中，耶稣就在多处强调内心性之于信仰的重要性。耶稣曾驳斥过那些爱在会堂和十字路口膜拜上帝的伪善者，指出真正的虔诚行为要在内屋中、关上大门进行，真正的善行也应做到"不要叫左手知道右手所作的"。而"该撒的物当归给该撒，神的物当归给神"所要告诉我们的其实就是，在生存的现实性中如何应对生存的两极间的张力。甚至对于间接沟通的写作方式，我们也不应排除克尔凯郭尔是受到了《新约》的直接启发。但是，这种以《新约》作为衡量现行教会的标准的做法并不意味着，我们能够把克尔凯郭尔塑造成一个基督教原教旨主义者，因为他的思想尚有其他的层面，这些层面中包含着某些甚至连他自己都未能明确意识到的解构性的力量。于是，让我们再前进一步。假如丹麦国教会在克尔凯郭尔的攻击之下得到了改良，假如教会的神职人员真的达到了《新约》中所提到的使徒般的高水准，那么克尔凯郭尔就会因此而成为会众/教众的一分子吗？对此我表示怀疑。因为在思想的层面上，克尔凯郭尔一再强调的"基督教是精神"以及"信仰是个体与上帝之间的一桩密谋"从根本上解构了在组织制度层面上的基督教存在的意义。当他提出个体当以"单一者"的形象出场直接面对上帝的时候，他绝对不需要也不会允许任何品质的可见的教会作为第三方插足个体与绝对的上帝之间的无中介的绝对关系。从这个意义上说，教会把克尔凯郭尔吹捧为殉道士简直就是一种一厢情愿的有意误读；而以一个人是否是基督徒这一点来衡量他是否具备研读克尔凯郭尔的资格，更是无稽之谈。

阅读克尔凯郭尔，我有时感觉就像在解一个谜，他的作品不断挑战我们的阅读和思想习惯。克尔凯郭尔自出生即被"抛入"一个基督教虔敬派家庭的生存背景之中，从小受到了近乎严苛的基督教教育，而他偏偏又培养起了天才般的感受性和高度辩证的批判头脑；这与他的被给予的生存背景之间必定形成巨大的张力，从而使他无可避免地成为一个痛苦的灵魂。尤其是，当他不可能将内心的痛苦全部倾泻出来的时候，创造出一个个观点连环相扣、彼此叠压冲突的"中国盒子"式的作品就成了他的精神出路。作为读者，我们既不能走直白阅读的道路，因为那样很容易就会中了间接沟通的圈套；同时也不应放弃对他的写作的意义也就是多重意义的追问。法国作家安德烈·莫洛亚（André Maurois）曾精彩地指出，作家就像一只被追捕的动物那样注意掩埋自己的脚印，但是非常灵敏的猎犬还是能发现其痕迹。每一个克尔凯郭尔的阅读者都要力争成为一只这样的猎犬。

（原载《文景》2009年第4期）

两百年后的克尔凯郭尔

2013年是克尔凯郭尔诞辰两百周年。为此，世界各地的克尔凯郭尔学者以参加学术研讨会的方式纪念这位19世纪的丹麦哲学家、基督教思想家和对丹麦语言起过重要塑造作用的作家。在所有的纪念性研讨会中，最为学者们重视的当推在克尔凯郭尔的故乡哥本哈根召开的纪念研讨会"全球化视野下重审克尔凯郭尔"（Kierkegaard Reconsidered in a Global World）。如果对他的阅读和研究不仅仅是被克尔凯郭尔所挖苦的教授们的谋生手段，在全球化时代，我们还会读克尔凯郭尔吗？这是我从参会伊始就一直在思考的问题。

一、克尔凯郭尔故乡纪念研讨会印象

每年夏天，隶属于哥本哈根大学神学系的克尔凯郭尔研究中心都会围绕着克尔凯郭尔的一本著作举办国际学术研究会。此次为了纪念克尔凯郭尔诞辰两百周年，年会特意提前至克尔凯郭尔出生的5月召开。天公作美，会议期间，哥本哈根天气晴朗温暖，玉兰、鸢尾、郁金香竞相开放，黄色的蒲公英点缀着绿色的草坪，正式宣告春天的到来。会议期间，哥本哈根大街上随处可见写有"克尔凯郭尔两百周年"的旗帜，步行街上的实体书店的橱窗布置了克尔凯郭尔的书籍。克尔凯郭尔的诞辰日5月5日适逢星期日。当天上午10点至11点半，丹麦主教雅各布森（Peter S. Jacobsen）在位于市中心的圣母大教堂为克尔凯郭尔举行了官方纪念性宗教仪式，丹麦女王玛格丽特二世（Margrethe II）亲自到场。我因粗心未考虑时差而错过了这次活动，错失了一次体验异域文化的机会。克尔凯郭尔生时曾高调向丹麦国教会宣战，他的遗嘱中明确表示不允许教士参加他的葬礼。但自他在世界范围内为人所知的那一刻起，他的名字就常常与"基督教的殉道者"之类的称谓相关联，演绎着一幕幕悖谬性生存的悲喜剧。

学术研讨会于5月6—8日在哥本哈根大学礼堂召开。除了大会发言外，本次研讨会还设有哲学、心理学、宗教哲学、文学艺术、伦理学、基督教神学等若干分会场，我的发言被安排在宗教哲学会场。第一天，大会发言"当今世界的克尔凯郭尔研究"最受人瞩目。八场发言概括性地回顾了克尔凯郭尔在英语世界（以美国为代表），德语、法语、意大利语、西班牙语、葡萄牙语、荷兰语、日语世界，比利时以及北欧国家的研究历史和现状。克尔凯郭尔研究中心曾于2003年立项编纂题名为"克尔凯郭尔在国际范围内的研究和接受"的丛书,我应邀撰写了关于中国克尔凯郭尔研究历史和现状的文章[1],并做过相关的阅读,对国际克尔凯郭尔研究的整体面貌略有所知;但这次用"穿七里靴"的方式在短时间内纵览一个多世纪以来世界性的克尔凯郭尔研究,还是有种豁然开朗的感觉。八场报告会给我的突出感受是:除了在德国外,克尔凯郭尔作为哲学家所受到的重视还远远不够;克尔凯郭尔在不少地区所掀起的研究热潮,差不多都是因为基督教的原因。在德国,早在20世纪三四十年代,雅斯贝尔斯就指出,是克尔凯郭尔和尼采使我们睁开了眼睛。海德格尔作品中有着明显的克尔凯郭尔的痕迹,不管他愿意承认与否。更重要的是,海德格尔从清理西方形而上学的主旨出发,把克尔凯郭尔对"生存"概念所做的非哲学化的处理重新拉回到哲学的道路之上。这不啻是对克尔凯郭尔哲学之意义的提升。至60年代,又有阿多诺关注克尔凯郭尔的审美思想。这个现象并非偶然,因为克尔凯郭尔的思想与德国哲学有着同源性,虽然他表现出了对在其生活时代仍然流行的德国思辨哲学的激烈反对。再加上德语和丹麦语的接近,使得德语世界对克尔凯郭尔的研究最为深入。在美国,从克尔凯郭尔作品的早期翻译者和鼓吹者沃尔特·劳瑞牧师开始,克尔凯郭尔差不多被诠释成一位正统的基督教信仰的卫道士乃至牺牲者,后来他又被与新正统派和新福音派相联系。在意大利,由

---

1 参见Wang Qi, "Chinese Reception of Kierkegaard", in J. Stewart ed., *Kierkegaard's International Reception, Tome III: The Near East, Asia, Australia and Americas*, Ashgate, 2009。

于天主教与新教存在分歧，对克尔凯郭尔的接受中充斥着错误和浓烈的火药味。日本学者之所以赢得了大会发言的机会，是因为2013年正值日本纪念克尔凯郭尔研究一百周年。具有反讽意味的是，在斯堪的纳维亚国家，克尔凯郭尔从未被作为哲学家严肃地对待。他至多是公众眼中受欢迎的作家。在思想上，他总是被与虔敬派、文化极端主义和宗教批判相联系，甚至被冠以"新教圣徒"的称谓。所幸这种情况近年来有所好转。借助55卷本（文本28卷、集释27卷）学术版《克尔凯郭尔文集》的编纂出版，尤其是集释卷册中对克尔凯郭尔生活时代的历史背景和相关人物的介绍，克尔凯郭尔研究中心开启了北欧学界对克尔凯郭尔文本的历史主义解读的风气。这套文集无疑成了能够阅读丹麦语的克尔凯郭尔学者的福音。学术版文集首次全面整理了克尔凯郭尔生前未发表的作品，抛开了此前的编纂者因机械遵循年代编排原则而肆意对作品进行标签式重组的做法，希望全面恢复这些未发表作品的真面目。这套文集全部卷册的出版工作在2012年完成，为克尔凯郭尔诞辰两百周年献上了一份厚礼。

因为是纪念克尔凯郭尔诞辰两百周年，除了白天紧锣密鼓般进行的发言和讨论外，每天晚上，中心都为我们精心安排了特色活动。5月6日会议结束后，我们受邀前往哥本哈根市政厅，在享用了市政厅传统的待客甜点后，观看了我期待已久的独立演员克劳斯·达姆伽德（Claus Damgaard）自编自演的"克尔凯郭尔喜剧"（Kierkegaard Comedy Show）。几年前，我曾接到这位演员的邮件，说他特别想把自编的以《非此即彼》为主题的独角戏带到中国。我当时就十分期待，后来他因个人原因未能实现这个梦想。近40分钟的演出中，克尔凯郭尔的名字一次也没有被提及。故事的背景完全是当今的丹麦社会：一个离异的中年男子向观众讲述他与前妻生活的点点滴滴。其中有一个场景极具指示性：表演者一边说着"难道我需要这个吗？"，一边疯狂地扔掉那些现代人生活中必不可少的书籍（从菜谱、育儿经到婚姻指导手册、心理疏导指南等）。这一幕清晰地展现了喜剧与克尔凯郭尔之间的关联：知识不能解决个体在生存中遇到的问题，有时甚至还有起反作用的可能，因为个体会借知识幻想依靠他人的经验走出其人生困境。据朋友介绍，很多丹麦的高中生看了克劳斯的演出后激起了阅读克尔凯郭尔的兴趣。

5月7日晚上的活动是大提琴独奏与克尔凯郭尔作品片断朗读会，题名为"我爱，所以我支持重力"（I love, therefore I support the force of gravity）。演出在弗里德里希花园不远处的弗里德里希教堂举行。这个花园是克尔凯郭尔假名作品《最后的、非科学性的附言》中一个著名场景的发生地点，也是假名作者克利马克斯获得事业灵感的地点。当时，克利马克斯悠闲地坐在露天咖啡馆中，边抽雪茄边反思自己一事无成的人生。他看到，人们通过各种发明而使生活变得日益容易，而他则下决心要使生活变得困难起来，具体言之就是要使成为基督徒变得困难起来。[1]表演以

1　参见S. Kierkegaard, *Søren Kierkegaards Skrifter*, Bind 7, Gads Forlag, 2002, pp. 170-173; *Concluding Unscientific Postscript*, Part I, trans. H. V. Hong & E. H. Hong, Princeton University Press, 1992, pp. 185-188。

大提琴独奏始，每段乐曲后都伴有克尔凯郭尔作品朗读，所选作品出自《非此即彼》《爱的作为》以及克尔凯郭尔1845年出版的《三则假想情境下的演说》当中的第二则。很显然，朗读者低沉优雅的丹麦语朗诵无法与德国籍女大提琴手克里斯蒂娜·迈斯纳（Christina Meißner）的表演相抗衡，大家的注意力差不多全集中在音乐上。除了耳熟能详的巴赫的六首无伴奏大提琴曲的乐章外，其余音乐片断均出自现代音乐家之手。其中，除了生于1932年的丹麦试验音乐先锋诺伽德（Per Nørgård）的名字我曾在亚马逊网站的进口音乐碟片中见过外，像尹伊桑（Isang Yun）和弗兰吉兹·阿里–扎德（Franghiz Ali-Zadeh）的名字我都是首次见到。与巴赫琴弦之间流泻出来的和谐与美的世界相比，这些现代作品具有试验色彩，表演者在用琴弓缔造出一个断裂的世界的同时，还加入了许多身体语言——尖锐的呼叫声，跺脚，手掌用力拍击琴身，等等。虽然我并不了解这些现代作曲家的艺术理想，但有一点可以肯定：他们的音乐的确把我们带入了一个令人不安、焦虑的世界之中。

5月8日，大会闭幕，我们欣赏了由瑞典驻丹麦使馆资助的独幕歌剧 Promenade Abyss。标题鲜明的悖谬性立刻让我想到了"逍遥深渊"这个汉语对应词，它活脱脱地勾勒出手持拐杖、头戴礼帽在哥本哈根大街小巷漫步的克尔凯郭尔的形象。但是诚如假名作者一再强调的，外在与内在并不必然地一致，这个众人眼中的富贵闲人在内心深处面临的是一道道难以逾越的深渊：作为有限存在者的人如何追求无限？生而有罪的人如何在现实中扮演各种人生角色并履行相应的义务？歌剧中只有一架钢琴和一位女高音，唱词大部分取自假名作品《致死之疾病》。可惜我未能体会出用美声女高音来诠释克尔凯郭尔的妙处，音乐没有打动我。

还有一项给我留下深刻印象的活动是丹麦皇家图书馆举办的克尔凯郭尔手稿展。克尔凯郭尔的手稿一直被作为国宝珍藏在皇家图书馆，有专门的手稿和文献专家负责辨认和保护这些历史文献。1997年，克尔凯郭尔手稿被列入联合国教科文组织的"世界记忆名录"，成为全人类共同珍视的遗产。2000年我在克尔凯郭尔研究中心工作的时候，曾随中心的同事参观过这些手稿，当时只注意到克尔凯郭尔成段删改初稿的现象，对克尔凯郭尔研究史上臭名昭著的编者汉斯·巴福对克尔凯郭尔文字的擅自删改印象颇深。这次展览只展出了部分手稿，其精彩之处不在于全，而在于精心的编排。展览在皇家图书馆地下一层举行，根据不同的主题，手稿被安置在不同的房间，并配有相应的声光效果。所有展厅中最令我感叹的是题名为"左手"（Med Venstre Hånd）的房间。一看到这个主题，我立刻想起了假名作者克利马克斯在《附言》中引用的德国启蒙思想家莱辛的名言："假如上帝把全部真理握于右手，而把对真理的唯一的、持续不懈的追求置于左手，甚至补充说，我会永远犯错，假如他对我说：'选择吧！'我会谦卑地拜倒在他的左手边并且说：'在天的父呵，给我吧！纯粹的真理只为你而在！'"[1]莱辛认为，理性的力量不在于对真理的占有，而在于

1　S. Kierkegaard, *Søren Kierkegaards Skrifter*, Bind 7, p. 103; *Concluding Unscientific Postscript*, Part I, p. 106.

对真理的获得过程。所以"左手"展出的应该是代表克尔凯郭尔对真理的不懈追求的假名作品,那么相邻的题名为"右手"的展厅所陈列的就应该是克尔凯郭尔以真名发表的《建设性讲演》和《基督教讲演》了。果然,推开"左手"展厅的大门,首先映入眼帘的是散落在角落和玻璃展柜边上的一张张被揉成团的人物肖像画,耳中传来男女老少各色人等的窃窃私语声。在暗红色的微光之下,这些"假名作者"倾诉衷肠的声音彼此交织,有点类似于歌剧重唱营造的复调效果。这根本不是单纯的手稿展,而是一场行为艺术的盛宴!丹麦艺术家在"复活"克尔凯郭尔方面匠心独具,多少弥补了因克尔凯郭尔的乡亲未曾严肃对待他而在我心中滋生的遗憾。

二、多维视域下的克尔凯郭尔

为克尔凯郭尔两百周年诞辰举行的一系列纪念活动在很大程度上将克尔凯郭尔及其作品艺术化了,这恐怕是让丹麦公众记住和了解克尔凯郭尔的最佳途径。常常听丹麦人抱怨说读不懂克尔凯郭尔19世纪的丹麦语,他们不明白,我们这些外国人何以能读懂?丹麦语言在过去的两百年间确实发生了很多变化,其中可以想见的一个影响源于英语的强势渗透,但其变化的幅度绝对无法与先秦语言与现代汉语之间的差别相提并论。在我看来,"读不懂"的根源不在于语言,而在于时代背景和社会生活方式的巨大差异。在克尔凯郭尔生活的19世纪40年代,丹麦社会经历了向君主立宪制的和平转变（1849年），哥本哈根1844年修建了第一座拥有现代化设施的游乐园蒂沃利（Tivoli），标志着哥本哈根向现代化都市的演进。蒂沃利的开业为哥本哈根市民提供了星期日午后休闲的场所，对消除不同社会等级之间的界限起到了重要的推动作用。但也正因为如此，保守宗教人士批判它破坏了家庭生活和新教倡导的崇尚劳动的价值。假名作者克利马克斯在《附言》中构想了一个"修道院还是游乐园"的寓言，尽管他所说的游乐园还不是蒂沃利，而是一个位于皇家园林鹿苑中的乡气十足的传统游乐场巴肯（Bakken）。克利马克斯提出了一个尖锐的选择题：修道院还是游乐园？一个是谦卑地承认自己的人性，从而谦卑地接受有限性生存中的乐趣的人；一个是以无限的热情弃绝此世的生活，泯灭人性，绝望地想使自己成为神的人。哪一个才是合格的基督徒？这就是克尔凯郭尔在其短暂的生命历程中所思所想、所欲纠正和建树的东西。但是，对于现代社会生活境遇中合格的基督徒的标准问题，生活在当今这个基本上处于"完成状态"的社会中的丹麦人可能比我们这些外国人更难理解和接受。今天的丹麦社会，无论在政府廉洁透明度、社会竞争力，还是在公民幸福指数等的全球排行榜上都名列前茅。丹麦国教会靠纳税人支撑，去教堂的人数很少，但大家并不反对纳税，以确保传统的延续。丹麦国教会的牧师有半数以上都是拥有神学博士学位的女性，牧师完全成为一项职业。克尔凯郭尔晚年就此问题与丹麦国教会的论战在当时就没有激起民众的反响，更何况今日。在这种社会生活境遇发生巨大变化的情况下，克尔凯郭尔研究中心开启的历史主义的研究方向不仅是自然的，而且也十分必要。缺失了历史的环节，我们进入克尔凯郭尔便会有难以克服的障碍。

但是，仅凭历史主义的途径不足以挖掘出克尔凯郭尔思想的全部内涵，克尔凯郭尔的思想早已超越了国界、语言和时代的限制。于是，以对待文学艺术作品的方式阅读克尔凯郭尔也是一个潮流。丹麦社会对创造性艺术、生活审美化的追求早已成为其社会竞争力的重要组成部分，丹麦电影在欧美拥有良好的口碑，而以家居用品见长的丹麦设计（Danish Design）更是受到讲究生活品位的人士的追捧。从Bang & Olufsen这个世界顶尖级音响品牌对视听效果的不懈追求，再到Georg Jensen品牌设计的别出心裁，丹麦艺术家们以一系列造型别致、简洁而不失精美的物品向世人宣示，这是一个已经脱离和超越了焦虑和对深度的追求的后现代社会。这也就是我在观看那些新鲜有趣的克尔凯郭尔演出或展览的时候，惊喜之余总感觉有所欠缺的根源之所在：后现代主义的视域抚平了克尔凯郭尔写作中无时不在的个体反思的深度；个体在孤独之中渴望着完整、在有限之中渴望着无限的无解的张力和焦虑也随之烟消云散。克尔凯郭尔被无情地平面化（leveling）了，一如他本人曾经担心的那样。

克尔凯郭尔一直受到作家的喜爱，于是西方涌现出成功的"克尔凯郭尔小说"。克尔凯郭尔研究中心曾在一次研讨会上请到了全球闻名的文艺理论家和作家大卫·洛奇（David Lodge）做主题发言，因为他的小说《治疗》以其对克尔凯郭尔的生平及作品的不下20次直接和间接引用，堪称一部"克尔凯郭尔小说"。小说主人公是一个成功的中年室内剧编剧，出场时正遭受着无可明状的焦虑的折磨：不明原因的膝盖疼痛，得心应手的事业遭遇瓶颈，怀疑自己，空巢家庭凸显婚姻裂痕。他开始反思自己的人生，陷入了现代迷信——治疗（心理分析，婚姻咨询，甚至是东方式的香薰治疗）——之中，并为之支付高昂的费用，但这些治疗师演绎不出福音书中耶稣治愈病患的神迹故事。直到有一天，他的红颜知己艾米的一句"你的忧惧怎么样了"，使他从字典和百科全书中挖掘出了克尔凯郭尔的名字。于是他痴迷地阅读《非此即彼》和专论忧惧的书《忧惧的概念》；甚至丢下没写完的剧本，跑到哥本哈根探访保存有克尔凯郭尔的书桌等个人物品的城市博物馆，到墓园寻访克尔凯郭尔和雷吉娜的墓地。主人公一度把自己当成了《非此即彼》中的诱惑者，甚至当成了与雷吉娜解除婚约的克尔凯郭尔本人，因为他曾经为追随理想离开了自己的初恋情人。于是，他一路追随初恋情人，与她共同参加了在西班牙的徒步朝圣活动，在朝圣途中接受了电视记者的采访，道出了一个克尔凯郭尔式的定义，即一个"把朝圣视为自我定义的生存行为"的人才是真正的朝圣者。[1]此言切中假名作品的要旨：每个人都必须真诚面对自己的人生，找到适合自己的人生道路，不问时代和文化背景的差异。可惜，我无缘到场聆听这位我所景仰的小说家的演讲。不过，今年研讨会开幕式后的首场主题发言也是由一位挪威裔美国知名女作家席莉·胡斯特佛（Siri Hustvedt）担

1　参见D. Lodge, *Therapy*, Penguin Books, 1995, p. 304。

纲。这位名下拥有数部欧美畅销小说的作家同时还拥有哥伦比亚大学的文学博士学位,因此她经常参加学术研讨会并发表学术文章。此次她发言的主题是《克尔凯郭尔的假名作者和虚构作品的真理》。席莉的父亲与克尔凯郭尔著作的英译者洪教授(Howard V. Hong)同在明尼苏达州的圣奥勒夫学院(St. Olaf College)任教,她小时候见过洪教授。席莉演讲开场即以一句"我有时并不知道我在写什么"来表达文学作品中蕴含真相/真理的可能性。回国后,我从网上买到了她亲自推荐给我的小说,感到她的小说差不多都是围绕女性生存历程中上演的悲喜剧而展开。这些主人公中,有阅读过克尔凯郭尔的知识女性,如在《蒙住双眼》中;也有的根本不可能知道这个名字,如在《丽莉·戴尔的魔咒》中。这些小说既没有像《治疗》那样让克尔凯郭尔的生平和作品直接介入主人公的生活(那样的作品在我看来应该遵循现代派艺术的法则:只有"第一次"才是有价值的,其余皆为拙劣模仿),也不像此次研讨会闭幕式推介的美国哲学教授夏里丹·侯(Sheridan Hough)突发灵感写就的小说《镜子的深度》对克尔凯郭尔与雷吉娜之间未果的爱情故事的直接取材——克尔凯郭尔研究圈子之外的读者对这个故事似乎并无太大的兴趣。如果我们要武断地在席莉的小说与克尔凯郭尔的作品之间建立某种联系的话,这种联系只能在于,克尔凯郭尔的作品(尤其是其假名作品)以其对个体生存众生相的深度剖析滋养着作家的心灵,并为她打开了一扇透视人生的窗棂。在克尔凯郭尔的感召下,作家从自己作为单一者的视角出发,用写作探索着个体生存的真相/真理。

克尔凯郭尔的假名作品之所以持续吸引着文学艺术家，很可能是因为从类型（Genre）上看，假名作品本身可以被划归于广义的反思文学，而作家与假名写作之间从来都有着相当大的亲和力。值得玩味的是，大卫·洛奇和席莉·胡斯特佛都在理论领域有所建树，这一点或许可以从一个侧面解释他们能成功地写作"克尔凯郭尔小说"的原因。克尔凯郭尔虽然不是学院派哲学家，但却受过良好的哲学训练。倘若没有对西方文学和哲学的深入了解，仅凭文学激情是不足以把握克尔凯郭尔的思想主旨的。我认为在很大程度上，假名作品就是对苏格拉底推崇的"认识你自己"的古训的唤醒，更是对苏格拉底提出的"知识回忆说"的生存论改造。苏格拉底认为，知识原本在每个人的心中，只不过有些人忘了，因此教师要提醒个体回忆已被忘却的知识。假名作者克利马克斯从生存论的视角出发，把"回忆说"向前推进了一步：凡生存者都拥有关于生存的知识（包括对生存的体验、感悟、反思等等），它们原本在每个人身内，只是人们的记忆深浅不一；如果知识被遗忘了，那么教师—他人就需旁敲侧击，诱导启发，使个体自己记起生存的目标和任务。克利马克斯还由"回忆说"引申出了个体主义思想：既然知识原本在个体的心中，那么教师只不过是学生进行回忆的偶因，教师与学生的关系是平等的，一个人无权成为他人的权威。此外，假名作品还以深厚的基督教尤其是路德宗新教思想作为思想渊源：个体不仅应该作为单一者单独面对上帝，还要在有限的生存历程之中，在完成现世生活中应承担的诸种角色义务的同时，心怀人类的谦卑和对上帝的绝对意识，时刻不忘培育灵魂的任务和方向。不管假名作者克利马克斯如何坚称自己不是基督徒，在我看来，这些都有可能是克尔凯郭尔以"中国盒子"式的写作方式为读者设下的又一个迷局。我认为，假名作品力图塑造的可能正是现代乃至后现代社会中的基督徒的形象。

我对假名作品的这种解读是基于我对基督教哲学及其可能性的认识而做出的，很可能与基督教神学家的立场不相吻合。在我的发言结束后的讨论中，有两位学者做出的评论十分有意思：有位喜爱中国文化的学者认为，我对克尔凯郭尔的解读是"从克尔凯郭尔的外部进行的"；而作家席莉喜欢我的发言，认为我的解读与她心目中的标准一致，即"从克尔凯郭尔的内部进行的"。这两个貌似相反的评论实则说的是同一回事，因为无论内外，我们都是要用福柯的知识考古学的方法清理掉层层叠加在克尔凯郭尔文本之上的历史文化积淀，回到克尔凯郭尔的文本。我们每个人都是从自己熟悉的世界、以自己的视域进入一个异域世界，进入历史的视域，这就使我们的阅读成了一次冒险。西方学者熟知克尔凯郭尔文本中的每一个概念和术语的历史渊源，但可能正因为如此，他们才有可能陷入阅读的误区，有意错失克尔凯郭尔的假名作品真正想要告诉我们的东西。在这个意义上，我们没有基督教文化背景的中国学者更有可能站在基督教思想视域所构建的效应历史之外，从克尔凯郭尔的文本出发，开显出克尔凯郭尔写作的意义。

从另一个角度出发，克尔凯郭尔所强调的个体作为单一者直接面对上帝的思想，对于人/人格（person）维度和个体（individual）维度长期处于缺失状态的中国文化亦有启示作用。中国传统文化要求人们扮演"君君，臣臣，父父，子子"的角色，向模范学习或者争当他人的模范。一旦维系着传统社会等级和秩序的基石消失，人们便对如何成为真正意义上的个体感到茫然不知所措，以为个体就是可以不顾他人而任意妄为。克尔凯郭尔的个体是在上帝这一绝对维度之下的个体：上帝是主体，所以上帝要求人必须作为主体而在，只有成为主体的人才有资格直接面对上帝，成为主体对人已成为一项神圣的要求。与此同时，人作为主体必须承担起他应该承担的一切责任，包括真诚面对自己的人生、对个人内心世界的探究和反省、与其他主体建立恰当的关系。这一点或许能成为克尔凯郭尔对中国文化的"增补"，也是消费主义日盛的当今中国需要正视的问题。归根结底，我们在异域世界所进行的所有阅读和理解的冒险最终都是为了更好地理解自身。

（原载《中国哲学年鉴2014》）

《最后的、非科学性的附言》译者的话

《最后的、非科学性的附言》终于译完了。我找出电脑中完整保存的校改前文件，发现开始翻译这本书的时间居然是2012年2月，初稿的完成时间是2014年6月。我不是一个快手，但光阴飞逝如此，怎不令人唏嘘感叹。从2015年起至2016年6月，我断断续续花一年半时间对译稿进行了修订，先是对照原文和普林斯顿大学出版社出版的英译本进行校改（参考英译本，是因为每一种翻译都是一种理解）。在对比过程中，我明显感觉到了自己与英译者在理解上的契合与分歧。然后，我抛开原文，只就中文稿进行润色。每当我在译稿中发现一处误译或者有歧义的语句，或者从英译本中找到明显错误之时，我都会惶惑不安，忍不住把已经校改过的译稿再看一遍……即便如此，及至今日，不如意之处仍比比皆是。但是我知道，倘若一味追求完美，这部书永远不会完成。聊以自慰的是，我的翻译是研究性的翻译，呈现在这里的是我目前对克尔凯郭尔文本的理解。疏漏、误解、误读一定存在，我对此全权负责。我无意缔造翻译上的所谓"定本"，若假以时日，我自己也定会突破今天的理解。

克尔凯郭尔写作时并不刻意在概念的使用方面保持一致，他喜欢在丹麦本土语源的词汇和拉丁语源的词汇之间进行自由转换。若在翻译的过程中一味追求概念的一致性，势必会以牺牲译文的流畅为代价。我觉得，国际学界公认的英译本中的尴尬语句在不少情况下可归因于此。我在翻译过程中依据的是《丹麦语—英语词典》，以及28卷本的《丹麦语词典》，但有时根据丹麦语词汇的构成，我能找到比英语对应词更恰当的汉语对应词。每逢此时，欣喜之情溢于言表，不禁惊叹语言表达之间的相通性。我曾在《哲学片断》"译者的话"中表达过对老一辈翻译家的思慕之心，虽然自知因时代和环境的差异，我不太可能写出那样雅致的文字，毕竟我小学的第一堂语文课是"我爱北京天安门"。一代人有一代人的学问，也有一代人的文风。当这一切最终进入历史长河之后，一定会是有趣的现象吧。

翻译是一项艰苦的劳作。在两种不同的语言之中游走，在不同的思维方式和表达方式之间苦苦追寻，其间既有因言不尽意而无限苦恼的时刻，也有创造带来的喜悦瞬间。译者是文本的决定者和创造者。我坚信，让西方哲学经典说汉语的行为本身就是创造活动，是我们从事西方哲学研究的第一步。

我是个幸运的人，师友和家人对我一直关怀备至。有时，说感谢是客套话，但有时确是发自内心的必要。我的导师汝信先生是汉语克尔凯郭尔研究的先驱，没有他的学术洞见和开创性工作，就没有今天中国的克尔凯郭尔研究，更没有这套《克尔凯郭尔文集》的出版。1982年，汝信先生撰写了《克尔凯郭尔》一文，此文后收入《西方著名哲学家评传》第8卷，1985年由山东人民出版社出版，成为中国第一篇专论克尔凯郭尔哲学思想的长文。2005年，我受哥本哈根大学克尔凯郭尔研究中心之邀，参与其大型项目《克尔凯郭尔研究：来源、接受史和资源》的写作，撰写了题为《克尔凯郭尔在中国的接受史》的英文报告，回顾了自1908年克尔凯郭尔的名字出现在鲁迅《文化偏至论》一文中以来的中国克尔凯郭尔接受史。此时，我首次注意到了汝信先生的这篇文章在汉语克尔凯郭尔研究史上的地位和价值。2013年，我再次应邀为汉语克尔凯郭尔研究论著撰写书评，为此我重读了先生于2008年出版的《看哪，克尔凯郭尔这个人》，书中收录了先生多年来于繁重的行政工作之余撰写的克尔凯郭尔研究论文。这一次，我更加明确地以新中国学术史的视野考察这本书，第一次自觉地意识到了学术史的意义：如果我们不了解历史，就无法更好地面对今天的问题，更无法面对未来。读这本书的时候，我的脑海里还不断回响起汝信先生在审阅我提交的博士学位论文第一章初稿时提醒我的话：治学必须要有"批判的视角"。正是这个提醒把我从对克尔凯郭尔的迷恋之中唤醒，从此开始步入一个新的境界。在我毕业留所工作的20年间，每逢我在工作中遇到难解的困境之时，先生都会慷慨地助我渡过难关，令我感动。

中国社会科学出版社的冯春凤女士长期以来对《克尔凯郭尔文集》不遗余力地表示支持，我感谢她对我的理解和宽容。在翻译和校改本书的过程中，我曾与哲学所在西方经典著作翻译方面成就卓著的田时纲先生交流过经验和心得，得到了他的鼓励，在此表示衷心感谢。北京大学赵敦华教授很早就关注这本书的出版，他的信任和催促一直是我克服诸种困难的动力之一。

2016年9月8日上午，正当我审阅本书一校第94页的时候，惊闻敬爱的叶秀山老师在书房不幸辞世。叶老师一直重视翻译工作，就是他亲口告诉了我贺麟先生关于翻译的名言：翻译了一本书，你就征服了它。尽管他本人并未在翻译实践方面投入时间和精力，但《克尔凯郭尔文集》每出版一卷，叶老师都会带回家阅读。《哲学片断》2013年出版后，叶老师不仅欣然阅读，而且随后写出两篇文章，其中一篇《从"理智—理性"到"信仰"——克尔凯郭尔思路历程》作为"纪念克尔凯郭尔诞辰两百周年"专稿发表在《世界哲学》上；另一篇《"神性"，太"神性"了——克尔凯郭尔的"神"》发表于《宗教与哲学》上，标题是我最后敲定的，取与尼采的《人性，太人性了》相比照之意。在《附言》的翻译过程中，我曾就Overenstemmelse和Identitet的异同以及二者在德国古典哲学诸家中的不同理解求教于叶老师。《附言》是叶老师一直想读的书，相信他读后定会为学界奉献新作，然而我最终也没能让他读到这本书。现在，我只能把这本书献给叶秀山老师，带着心头永远的痛，带着叶老师对我多年的教导和期许，在哲学的园地里耕耘，完成叶老师托付给我们的工作。

2016年11月15日
写于马勒第四交响曲的乐音之中

后现代语境下的克尔凯郭尔

　　丹麦学者尤金姆·加尔夫（Joakim Garff）所著《克尔凯郭尔传》中文版于2019年底由浙江大学出版社启真馆出版。尤金姆是我1999—2001年在哥本哈根大学克尔凯郭尔研究中心从事博士后研究工作期间的同事和朋友。我至今仍清楚地记得这本书2000年首版时在丹麦引起的轰动，我还作为国际克尔凯郭尔研究的代表被中心派去接受丹麦一家电视台的采访。这本书很快在国际研究界走红，被译成多种文字。

　　这本传记的成功是有其背景的。克尔凯郭尔1855年去世，22年后的1877年，丹麦文学批评家、文化史家勃兰兑斯才出版了小册子《索伦·克尔凯郭尔：一个批判性的纲要》。两年后，小册子被译成德文，克尔凯郭尔得以跨越国界，走向了一个更广阔的世界。在英语世界，影响比较大的克尔凯郭尔评传是克尔凯郭尔的热心推介者和翻译者美国牧师沃尔特·劳瑞于1938年出版的《克尔凯郭尔》，以及1942年出版的《克尔凯郭尔小传》。两本传记的篇幅相差很大：前者600余页，因为当时的英语世界对克尔凯郭尔著作基本一无所知（那时英语世界的读者只能看到一本600余页的《克尔凯郭尔日记选》和《诱惑者日记》），传记三分之二的篇幅是对克尔凯郭尔作品的引用；而当后者出版时，克尔凯郭尔生前发表的著作已被译成英文出版或即将出版，于是一部以克尔凯郭尔人生经历为主线的真正意义上的传记就显得格外必要了。在克尔凯郭尔生前发表著作、死后出版日记和其时可见的同时代人回忆的基础上，劳瑞牧师对克尔凯郭尔的生活故事进行了提炼，构建了一个标准的叙事框架：克尔凯郭尔的父亲从日德兰半岛的穷苦牧童到哥本哈根富商的奋斗经历；母亲、哥哥、姐姐相继病逝带给克尔凯郭尔的"大地震"；父子之间的裂痕和克尔凯郭尔对神学的背离；1838年父亲去世后克尔凯郭尔与神学的和解；与雷吉娜的短暂婚约；1841—1845年的审美感性作品；1846年的作为转折点的《最后的、非科学性的附言》；《海盗船》事件；1848年后转向基督教写作；晚年与国教会论战的"神圣的讽刺"；葬礼风波。劳瑞牧师的目标明确，他就是要把克尔凯郭尔塑造成一个基督教的浪子，而浪子一旦回头，便义无反顾地走上了为基督教殉道之路，因而他有资格成为20世纪基督教的校正（corrective）。在翻译的顺序上，劳瑞牧师也遵循上述主张，他从《附言》之后的基督教时期作品开始翻译，并且呼吁读者以此作为阅读克尔凯郭尔的起点。

我最早接触克尔凯郭尔就是从阅读这本《小传》开始的，当时还是借阅汝信先生1980年在哈佛访学时淘来的旧书。1999年夏天我进入中心工作的时候,包括尤金姆在内的同事都对此深表遗憾,因为我没有看到美国历史学家布鲁斯·基尔姆泽(Bruce H. Kirmmse)1990年出版的《克尔凯郭尔与丹麦黄金时代》。该书虽不是标准传记文体,但却因提供了一个理解克尔凯郭尔生活和写作的宏大历史背景而开启了克尔凯郭尔研究的新方向。幸运的是,当时我对基督教思想了解甚微,只对克尔凯郭尔早期的假名作品感兴趣,不仅没有受到劳瑞牧师的影响,反而对他的宣教有种本能的抵触。这当然是歪打正着的结果。

克尔凯郭尔研究中心成立的直接原因是整理出版一套学术版《克尔凯郭尔文集》。它不仅收录克尔凯郭尔作品最多、最全,而且还为文本提供了集释卷,对克尔凯郭尔作品中的历史文化背景和语言难点进行了详尽解说。尤金姆就是这套文集名列第二位的编委,因此《克尔凯郭尔传》的写作是在整理、注释文集的过程中完成的。尤金姆亲口告诉我,传记的写作完全是他利用每天下班之余、周末和假日的时间完成的。当时,中心成员被要求每天上班,虽然中心没有严格执行朝九晚五的作息。即使像我这样的博士后,如果有一天突发奇想要到日德兰半岛旅行,也是需要向行政副所长打个招呼的。我还记得尤金姆在参与写作文集第18卷克尔凯郭尔的青年时代日记的注释时,跟与我同办公室的另一位丹麦同事讨论克尔凯郭尔1843和1845年两次柏林之行所乘交通工具和路线时的情景。作为外国人,我对这些历史细节的考证没有特别的兴趣,觉得它们跟克尔凯郭尔研究没有太大关系,不过对于丹麦学者的热情倒是能理解的。正是基于丹麦学者探索历史的热情和自身语言文化的优势,《克尔凯郭尔传》才能为我们构建出一幅克尔凯郭尔生活时代的立体图景,使我们了解到当时哥本哈根的城市建设、克尔凯郭尔生活过的每一处公寓、他受洗的教堂、他的家庭牧师、他的家族墓地,以及丹麦"黄金时代"的文化艺术群星像素描——安徒生、海贝格、马腾森、格隆德威等,无论敌友,他们都是激发克尔凯郭尔写作的灵感来源。美国著名历史作家巴巴拉·塔奇曼(Babara Tuchman)在《历史的技艺》一书中,把历史人物传记称为"能够折射出历史的三棱镜",强调写作人物传记需要接触一手的原始资料。这两点在《克尔凯郭尔传》中都得到了充分的反映。不过,历史人物传记与哲学家传记有所不同,构成前者的主体是历史人物所行之事,而支撑后者的则是哲学家的作品。这就解释了,为什么劳瑞牧师的第一本传记中三分之二的篇幅都是对作品的引用。在写作《克尔凯郭尔传》时,尤金姆充分利用了文集新整理出版的克尔凯郭尔日记。因为刚刚完成了克尔凯郭尔日记选的翻译,我很容易就辨认出,传记引用了克尔凯郭尔写于1838年的著名的吉勒莱日记AA:12的片断,以及日记NB:7、NB:34和NB:36这几则自我陈述报告的片断;尤金姆对于他自己直接参与注释工作的日记JJ的引用则多达44处。克尔凯郭尔著作中有一部分是假名出版的,因此研究中会出现"哪一种声音代表真正的克尔凯郭尔"这类问题,也有人倾向于以未发表日记作为甄别的依据。尤金姆在重述克尔凯郭尔人生故事的时候,充分吸收了文集的成果,不再秉持那种在假名作品和真名作品之间做出绝对划分的天真立场。这是因为，研究者们发现，《哲学片断》和《忧惧的概念》最初都是打算用真名出版的，直到送交出版商之际，才临时改为带隐喻意义的假名Johannes Climacus（意为"爬天梯的约翰尼斯"）和Vigilius Haufniensis（意为"哥本哈根的守望者"），可见作品署名有一定的偶然性。而日记的性质就更复杂了。以传记引用最多的日记JJ为例。日记JJ的写作时期是1842—1846年，与克尔凯郭尔假名写作的高峰期基本重合。在全部517条日记中，约有100条日记都是克尔凯郭尔在这段时间所出版书籍的素材，如传记引用的表现克尔凯郭尔因灵魂和肉体冲突而生的痛苦情绪的日记："如同伤者渴望着摆脱绷带，我健康的精神也渴望着摆脱身体的倦怠……"[1]这段取自JJ:375的日记，明白无误地出现在《附言》第二部第二册第四章中。这也就是说，克尔凯郭尔在日记本中写下的同样是作品，是或虚构或真实的文本，它们不能如人们通常设想的那样成为解读克尔凯郭尔人生和著作之谜的钥匙。循此线索，尤金姆在利用包括日记在内的克尔凯郭尔作品重构其人生故事的时候，一直小心地维护日记之为克尔凯郭尔的创作的认识。在书中，他不止一次地指出，日记文本可能就是一个"虚构的故事"，是克尔凯郭尔"人生的一个'替身'"，克尔凯郭尔从未停止与自己所写的这些虚构或不那么虚构的文本进行对话，而"恰恰是这些文本，是他真正的'凹透镜'"[2]。尤金姆的谨慎态度应该是符合克尔凯郭尔本人的意愿

---

1 尤金姆·加尔夫：《克尔凯郭尔传》，周一云译，浙江大学出版社，2019年，第315页。
2 同上书，第45页。

的。克尔凯郭尔曾说过，在他死后，无人能够对他的生活有任何了解。克尔凯郭尔所做的一切，都是为了保护自己最内在的自我不被人轻易识破，贯彻他在《非此即彼》中即宣称的"内在不同于外在"的生活原则。

除了对日记、书信的利用外，传记还利用了来自其他人和物的原始资料：克尔凯郭尔家人和师友的回忆；哥哥彼得·克里斯钦的日记；两任秘书克里斯钦和莱文的回忆；克尔凯郭尔死后的家居物品和书籍拍卖清单；克尔凯郭尔对巨额遗产的挥霍细节；自费出书的收支情况；甚至还有女粉丝的来信。虽然塔奇曼承认原始资料可能带有倾向性甚至欺骗性，但在从海量信息中提取传主生活故事的过程中，它们仍然具有参考价值。尤金姆显然不想让读者迷失在海量信息中，跟劳瑞牧师一样，他对这些原始资料的利用也有明确的目的。除了要告诉我们诸如克尔凯郭尔读书做标记的习惯等事实外，尤金姆更多的是用这些原始资料达到他在引言中坦陈的写作目标——"多一点批判性和历史感，少一点虔诚和顶礼膜拜"[1]。以对哥哥彼得日记的引用为例。这位哥哥没有掩饰他对弟弟在家庭中的受宠地位的嫉妒，他披露了弟弟与父亲的争吵，暗示父子关系并非如弟弟在自己的著述中所描绘的那样和谐。在对"父亲之死"这个重大事件的重构上，尤金姆对比了兄弟二人的日记，发现彼得的日记"严格遵守时间顺序详尽地记述了忙乱的最后时刻，而索伦·奥比的札记则措辞庄严、崇高、敏

1　尤金姆·加尔夫：《克尔凯郭尔传》，第4页。

感，简直是一首赞美诗"[1]。在描绘那场"大地震"以及除父亲受罚似的高龄外其他人都活不过34岁的魔咒时，尤金姆引用了弟弟写给哥哥的一封信，揭示出这个魔咒不过是老克尔凯郭尔与小克尔凯郭尔在忧郁中共同"培育"出来的"稀奇古怪的想法"[2]，在很大程度上解构了克尔凯郭尔在日记中表达的"耶稣在33岁时被钉死在十字架上"以及劳瑞牧师为之赋予的殉道的悲壮色彩。

在对待克尔凯郭尔在其短暂的43年人生中留下28卷作品的问题上，尤金姆从"悲愤出诗人"的弗洛伊德式立场出发，认为逆境、痛苦甚至虐待造就了克尔凯郭尔的丰产，写作成了他的精神治疗和快感来源——虽然克尔凯郭尔所谓"逆境"主要来自他自身的灵肉冲突，来自他的"肉中刺"。而生活中一旦没有了危机，克尔凯郭尔就不得不"复制自己"。比如尤金姆指出，《人生道路诸阶段》的主题是对《重复》的重复，结构是对《非此即彼》的模仿。克尔凯郭尔想把《诱惑者日记》的主角换成女性，写一部《交际花日记》。[3]在这个思路之下，克尔凯郭尔遭《海盗船》漫画讽刺的事件就不再被解读为庸众对天才的攻击，而是被视为克尔凯郭尔重新找到写作动力的契机。[4]尤金姆甚至大胆运用了当代对于涂写癖的研究，根据克尔凯郭尔闪烁其辞的日记揣测他或许患有颞叶癫痫症，完成了对克尔凯郭尔的天才创造的祛魅。但是如

1　尤金姆·加尔夫:《克尔凯郭尔传》，第95页。

2　参见同上书，第101页。

3　参见同上书，第272页。

4　参见同上书，第306页。

此，尤金姆就没有把前述日记之为创作的原则贯彻到底，不自觉地犯下了传记作者刺探传主隐私的偷窥病。[1]

总之，透过丹麦"黄金时代"的历史万花筒，尤金姆的克尔凯郭尔既不是他同时代的哥本哈根市民眼中带有几分天才的"怪人"，也不是劳瑞牧师竭力打造的基督教的殉道士，而是一个个性更丰满、更复杂的人物。在充分展现克尔凯郭尔的思想和写作艺术造诣及价值的同时，尤金姆也让我们看到了一个嫉妒的、缺乏安全感的、爱讽刺人的花花公子，一个用不停顿的书写作为精神治疗手段的作家。传记作家的任务不是记录传主的人生流水账，而是塑造传主的灵魂。在这个方面，尤金姆与劳瑞牧师的努力正相反对：劳瑞牧师为基督教事业努力神化克尔凯郭尔，而尤金姆则在后现代语境中势把克尔凯郭尔拉下神坛。丹麦社会历来强调平等，甚至堕入了为克尔凯郭尔所痛恨的"平均化"的泥淖。后现代的丹麦社会更不需要英雄，不求卓越。虽然丹麦人也会嘲弄造成丹麦社会平均化后果的延特法则（Janteloven），但实际上他们对于平等的接受远大于排斥。在这种文化背景之下，想必尤金姆不会生出把克尔凯郭尔塑造成英雄和卫道士的念头吧。

尤金姆1960年出生于哥本哈根的上流知识分子家庭。虽然拥有哥本哈根大学神学系博士学位，但他进入神学系就是为了研究克尔凯郭尔，因为哥本哈根大学哲学系是分析哲学的天下。在《克尔凯郭尔传》出版之前，尤金姆的研究就显现出了明显的

---

[1] 参见尤金姆·加尔夫：《克尔凯郭尔传》，第338—341页。

后现代立场。他独立出版的《不眠者》(1995年)和与他人合作的《克尔凯郭尔的美学》(1995年),都是从审美感性的角度解读克尔凯郭尔的。他毫不掩饰地欣赏甚至模仿克尔凯郭尔的行文风格,有意无意地回避克尔凯郭尔与基督教之间充满张力的关系。这个后现代立场在这本按编年史方法写就的《克尔凯郭尔传》中表现得更加明显,突出的例子是他对克尔凯郭尔1843年出版的《重复》一书的解说。尤金姆认为,这本书"形式怪诞",是"一片游戏场,一个闹声喧杂的实验室"。[1]他否认"重复"是一个哲学术语,只强调要从修辞意义上去理解它:"如果我们试图绕到修辞背后去接近重复这个概念的内在含义,得到的可能是最不重要的。《重复》比其他作品更需要被阅读。一读再读。"[2]很遗憾,这种表层的后现代主义克尔凯郭尔研究只关注到了修辞和书写形式,而没有注意到"重复"作为哲学概念的可能性。"重复"既可能意味着"人不能两次踏进同一条河流"的赫拉克利特式的重复之不可能,还可能指示着《传道书》所言"日光之下并无新事"的相同事物的单调重复,更可能昭示着尼采那充满生命意志的创造力量的"永恒回归"。而对于克尔凯郭尔假名写作时期最重要的两部哲学著作《哲学片断》和《附言》,传记几乎是一笔带过,没有探究克尔凯郭尔对古典哲学的批判,以及他就在世俗化社会中如何做一名基督徒的问题所做出的理论努力,没有

---

1 参见尤金姆·加尔夫:《克尔凯郭尔传》,第171页。

2 同上书,第172页。

能站在从整体上理解克尔凯郭尔思想的高度。这不能不说是一个遗憾。

尤金姆的《克尔凯郭尔传》出版后的第二年，国际克尔凯郭尔研究界的大腕阿拉斯泰尔·汉内（Alastair Hannay）出版了英文的《克尔凯郭尔传》，该书同样引起了学界的轰动。不过汉内的书与其说是传记，不如说是一部克尔凯郭尔思想的导论。作为传记体裁的尤金姆的《克尔凯郭尔传》，恐怕一时无人能超越。

（原载《读书》2021年第1期）

写在十卷本《克尔凯郭尔文集》出版完成之际

2021年3月23日，一条来自中国社会科学出版社微信公共号的链接"十卷本《克尔凯郭尔文集》已全部出版"在朋友圈中广泛传播，同人们由衷的喜悦和热情鼓励令人感动。《克尔凯郭尔文集》从意向确立，到签订出版协议，到2005年第一卷《论反讽概念》出版再到出齐，差不多历时20载。这期间，承蒙学界各位朋友的耐心等待和不懈支持。我想，这是我们能够在学术翻译事业中艰难前行的动因之一。

翻译出版一套中文版《克尔凯郭尔文集》的动议，可以追溯至1999年夏天。当时，我刚进入哥本哈根大学克尔凯郭尔研究中心从事博士后研究，中心的负责人、最新学术版《克尔凯郭尔文集》的发起者尼尔斯·扬·凯普伦教授找我谈话，探讨与我所在的哲学所合作，翻译出版一套克尔凯郭尔选集的可能性，把新版《克尔凯郭尔文集》的成果传播出去。凯普伦教授还希望把我培养成一位译者，特许我在中心工作时间去学习丹麦语。为此，我首先加入了哥本哈根大学为来自欧美的交换学生开设的丹麦语速成班，在那里很快掌握了丹麦语语法和阅读；后来又在友人的推荐下到哥本哈根市专为新移民开设的语言学校，用每天新课前背诵和默写10个句子、定期考试以决定升班的方法，提高口语水平。在2000—2001年间，我和凯普伦教授就中文版克尔凯郭尔选集的立项、编委会的组成、翻译的书目、译者遴选等细节多次沟通。在翻译原则上，我还向当时在中心工作的西班牙语和意大利语译者"取经"。2001年初，中心慷慨地为我支付旅费，让我回到北京，由汝信先生牵头，与社科院哲学所和出版社的领导进行面对面的沟通。当时中国社会科学出版社的社长是张树相先生，讨论的问题很多，我只清楚地记得一个细节，就是大家一致被丹麦文版封面所采用的大海的颜色所吸引，希望将之移植到中文版的封面设计中，后来也顺利得到了中心的授权。最终，在汝信先生和哲学所的大力支持下，中心与中国社会科学出版社在2003年4月签订了出版协议，决定从包括克尔凯郭尔生前未出版文稿、日记、笔记在内的28卷皇皇巨著中，选取10部最能全面反映克尔凯郭尔思想历程和写作风貌的作品，作为汉语克尔凯郭尔研究的基础。现在，这套十卷本文集终于摆在读者面前了。我希望以此为契机，开启汉语克尔凯郭尔研究的新局面。

找出2003年的出版协议，看到我初拟的书目译名，其中好几部都与正式出版时的译名有所不同。这使我想到，参与翻译这套《克尔凯郭尔文集》对我而言是一个学习的过程。十卷本中，我

中文版克氏作品

只承担了三卷的翻译，一百多万字的工作量；除了有个人兴趣和能力的原因外，满足现有科研评价体系的要求也是一个考量。但即便只是三卷的翻译，也提高了我对克尔凯郭尔思想本身的理解，增进了我对西方历史文化的了解、对克尔凯郭尔语言风格的把握；在保持、保留原义和大胆而有节制地进行跨文化移植之间的平衡的翻译伦理（translation ethics）方面也积累了一定的经验。译无止境，愿与所有同道一起努力，共同进步。

一个历时20年的项目，背后定有默默支持的人。虽说摆在我们面前的这套十卷本文集就是我们的回馈，虽说较之于巨大的内在和外在的支持力度，感谢的分量实在太轻，但是，我仍然想借此机会特别感谢《克尔凯郭尔文集》的两位主编汝信先生和凯普伦教授。没有他们，就没有今天这套文集。还要感谢学术版《克尔凯郭尔文集》集释卷的作者们，他们中的大多数都是我昔日在中心工作时的同事和朋友。我至今犹记得他们对克尔凯郭尔作品中出现的人物和历史细节认真考证、考释的模样，他们提供的集释卷无疑是译者的福音。

中文版《克尔凯郭尔文集》的出版也是对我的两位精神导师叶秀山老师和考古学家、哥本哈根大学考古系Klavs Randsborg教授（我给他起的中文名是"韩斯堡"）的在天之灵的告慰，他们不幸于2016年秋冬相继离世。叶老师对我的影响毋庸多言，这里想讲的是亦师亦友的韩斯堡教授对我的影响。从我们认识开始，他就鼓励我掌握克尔凯郭尔生活时代的历史、文化和语言。除了多次引导我参观并为我讲解丹麦国家博物馆的藏品外，他还带我在哥本哈根这座他口中的"巨大的露天博物馆"内漫游，寻找历史文化遗迹。在我临回国之际，韩斯堡特地从他的藏书中找出《国王的哥本哈根》《丹麦诗歌精粹》等书赠予我，提醒我回国后不忘加强对克尔凯郭尔写作背景的掌握。中文版《克尔凯郭尔文集》出版之际，我向两位导师献上我无尽的思念。

作为中文版《克尔凯郭尔文集》的编委会秘书，我要向翻译团队的汤晨溪教授、京不特先生以及中国社会科学出版社的冯春凤女士表达我诚挚的感谢，感恩人生中这段愉快的合作。与汤晨溪教授的初次见面是2000年，在中心会议室，当时他还是芝加哥大学德语系的助理教授，而见面的机缘就是商讨翻译出版克尔凯郭尔的可能性。后来他转到加州大学伯克利分校，由于工作繁忙和雅虎业务在中国关闭，我们失去了联系。这次因为中文版《克

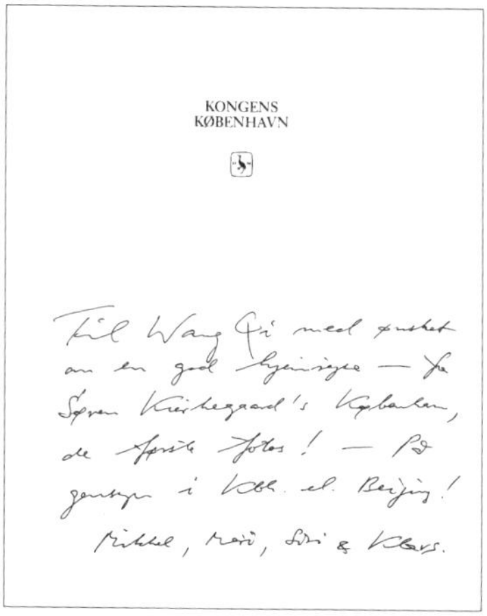

韩斯堡赠书

尔凯郭尔文集》出版完成，我托人找到汤晨溪的联系方式，时隔十多年后再闻友人声音，竟然没有丝毫的陌生感。见到新丹麦人京不特是在2007年，在哲学所西方哲学史研究室，他由他的朋友张广天导演陪同来访，商议加入翻译团队的可能性。京不特是作家、诗人和广义的丹麦语文学的翻译者。我们见面时他已出过诗集，用丹麦语写的小说《时光在音乐中流转》已获北欧的一个文学奖，还被译成英文，在丹麦文学界小有名气。不过他并无作家的派头，是一个率真、真挚的人。京不特不是学术圈中人，生活轨迹跟我们迥异，但难能可贵的是，他对学术翻译投入了极大的热情和心血。十卷中有六卷都由他承担，而且多是大部头著作，成为我们这个由"六零后"组成的翻译团队中的挑大梁者。在随后的合作中，京不特对工作的专注、热情和高效令人敬佩，那种从不患得患失的人生态度，那种既积极进取又随遇而安的洒脱，让我学到很多。能够与两位勤奋且聪明过人的译者一起工作，与有荣焉。

2013年，值克尔凯郭尔诞辰两百周年暨学术版《克尔凯郭尔文集》出版完成之际，我们联合中国社会科学出版社在哲学所会议室召开过一次小型研讨会，京不特当时也参加了这次会议。我们原计划在中文版《克尔凯郭尔文集》出版完成之际召开一次全国性的学术研讨会，但由于疫情的原因，这个意向恐怕在明年实施比较稳妥。这里借助"外国哲学研究"公号，写下这段工作汇报，仅为记住这个时间节点。

（2021年4月10日首发于"外国哲学研究"微信公众号）

光启随笔书目

（按出版时间排序）

《学术的重和轻》	李剑鸣 著
《社会的恶与善》	彭小瑜 著
《一只革命的手》	孙周兴 著
《徜徉在史学与文学之间》	张广智 著
《藤影荷声好读书》	彭 刚 著
《生命是一种充满强度的运动》	汪民安 著
《凌波微语》	陈建华 著
《希腊与罗马——过去与现在》	晏绍祥 著
《面目可憎——赵世瑜学术评论选》	赵世瑜 著
《中国的近代：大国的历史转身》	罗志田 著
《随缘求索录》	张绪山 著
《诗性之笔与理性之文》	詹 丹 著
《文学的异与同》	张 治 著
《难问西东集》	徐国琦 著
《西神的黄昏》	江晓原 著
《思随心动》	严耀中 著
《浮生·建筑》	阮 昕 著

《观念的视界》　　　　　　　　　　　李宏图 著

《有思想的历史》　　　　　　　　　　王立新 著

《沙发考古随笔》　　　　　　　　　　陈　淳 著

《抵达晚清》　　　　　　　　　　　　夏晓虹 著

《文思与品鉴：外国文学笔札》　　　　虞建华 著

《立雪散记》　　　　　　　　　　　　虞云国 著

《留下集》　　　　　　　　　　　　　韩水法 著

《踏墟寻城》　　　　　　　　　　　　许　宏著

《从东南到西南——人文区位学随笔》　王铭铭 著

《考古寻路》　　　　　　　　　　　　霍　巍著

《玄思窗外风景》　　　　　　　　　　丁　帆著

《法海拾贝》　　　　　　　　　　　　季卫东 著

《走出天下秩序：近代中国变革的思想视角》萧功秦 著

《游走在边际》　　　　　　　　　　　孙　歌著

《古代世界的迷踪》　　　　　　　　　黄　洋著

《稽古与随时》　　　　　　　　　　　瞿林东 著

《历史的延续与变迁》　　　　　　　　向　荣著

《将军不敢骑白马》　　　　　　　　　卜　键著

《依稀前尘事》　　　　　　　　　　　陈思和 著

《秋津岛闲话》　　　　　　　　　　　李长声 著

《大师的传统》　　　　　　　　　　　王　路著

《书山行旅》　　　　　　　　　　　　罗卫东 著

《本行内外——李伯重学术随笔》　　　李伯重　著

《学而衡之》　　　　　　　　　　　孙　江　著

《五个世纪的维度》　　　　　　　　俞金尧　著

《多重面孔的克尔凯郭尔》　　　　　王　齐　著

《信笔涂鸦》　　　　　　　　　　　郭小凌　著

《摸索仁道》　　　　　　　　　　　张祥龙　著

《文明的歧路：十九世纪的知识分化

　　及其政治、文化场域》　　　　　梁　展　著

《追寻希望》　　　　　　　　　　　邓小南　著